Meisterhaft zeichnen

Mark Way · Stuart Trotter

Meisterhaft zeichnen

Perspektive und Illustration schnell und perfekt

BECHTERMÜNZ

Titel der englischen Ausgaben: „Perspective Drawing“ und „Drawing Cartoons“
Zuerst erschienen bei: OUTLINE PRESS (BOOK PUBLISHERS) LIMITED

Genehmigte Lizenzausgabe
für Weltbild Verlag GmbH, Augsburg 2000
(Sammelband der im F. Bruckmann Verlag erschienenen Ausgaben „Perspektivisches Zeichnen“ und „Illustrationen zeichnen“)

Anfertigung der Zeichnungen: Mark Way (Perspektive) und Stuart Trotter (Illustrationen)
Handgeschriebene Schriftzüge der deutschen Ausgabe: Beate Fuß
Ins Deutsche übertragen von Johannes Kiebranz
Einbandgestaltung: ARTelier für Grafik & Werbung, Peter Hofstätter, München
Gesamtherstellung: Westermann Druck Zwickau GmbH
Printed in Germany
ISBN 3-8289-2367-4

Inhalt

Perspektivisches Zeichnen

Illustrationen zeichnen

Perspektivisches Zeichnen

Kapitel eins

Grund-prinzipien

In diesem Kapitel werden – als Einführung ins perspektivische Zeichnen – die Grundlagen und Begriffe erklärt, die Sie kennen müssen und die man zur Beschreibung verwendet.

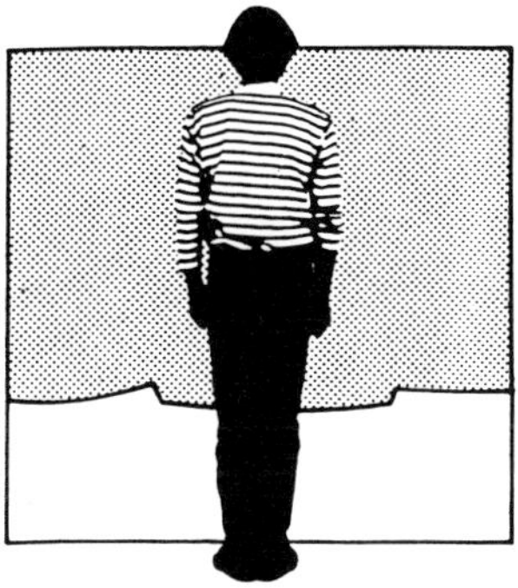

Die Horizontlinie

Die Horizontlinie ist die Trennlinie zwischen Wasser und Himmel und erscheint als eine gerade, horizontale Linie. Wenn Sie aufs Meer hinausblikken, liegt die Horizontlinie deutlich erkennbar in der Ferne. Schauen Sie übers Land, gibt es ebenfalls eine Horizontlinie auf Meeresspiegelhöhe, doch sie muß nicht direkt sichtbar sein, da der tatsächliche Horizont von Hügeln oder Gebäuden verstellt sein kann.

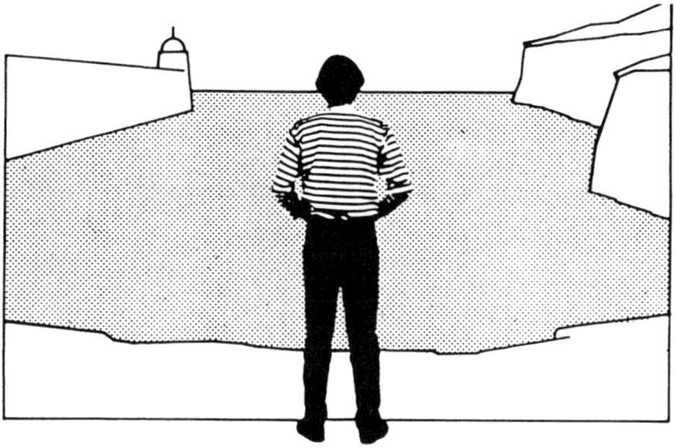

Manchmal ist die Horizontlinie nur teilweise sichtbar, wie zum Beispiel in der Abbildung, wo die Linie in Höhe des Meeresspiegels nach links hinter die Hafenmauer und nach rechts hinter die Kliffs verlängert werden kann.

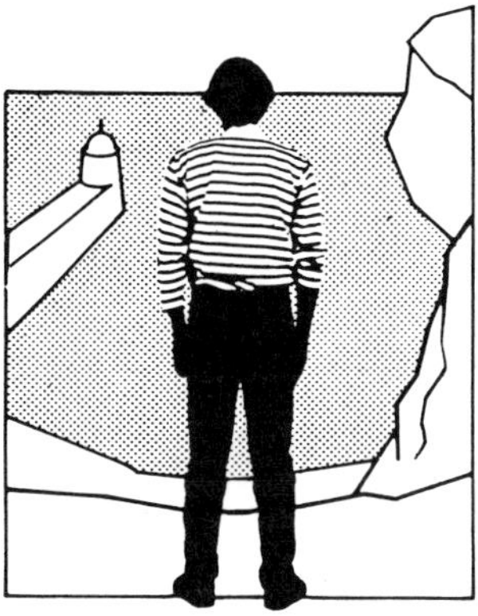

Der Blickpunkt

In perspektivischer Sicht ist es von Bedeutung, die Beziehung zwischen dem Betrachter und der Horizontlinie herzustellen. Diese Linie repräsentiert in einer Zeichnung immer die Augenhöhe des Betrachters, und ihre Lage hängt vom eingenommenen Blickpunkt ab.

Ein erhöhter Blickpunkt, wenn Sie zum Beispiel oben auf einem Kliff stehen und in Richtung Horizont schauen, läßt Sie mehr von der Grundebene sehen.

Ein tiefer Blickpunkt zeigt weniger von der Grundebene, und die Horizontlinie sinkt innerhalb Ihres Blickfeldes.

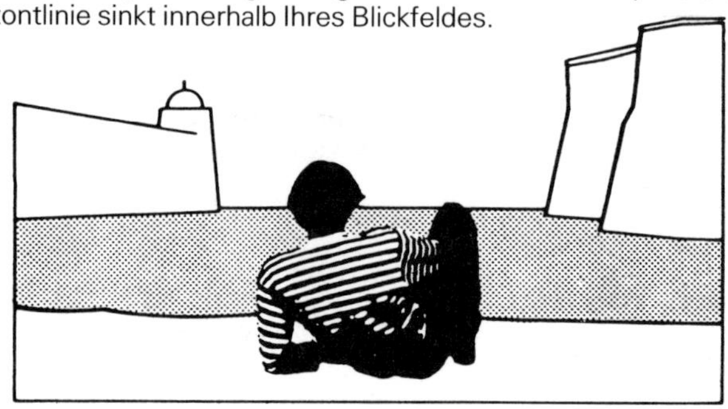

Die Bildebene

Um eine perspektivische Darstellung anzufertigen, stellen Sie sich eine Bildebene vor, die mit der glatten Oberfläche korrespondiert, auf der Sie Ihre Zeichnung anfertigen. Die Bildebene läßt sich als eine Glasscheibe veranschaulichen, die zwischen Ihnen (dem Betrachter) und dem Motiv steht, das Sie ins Auge gefaßt haben.

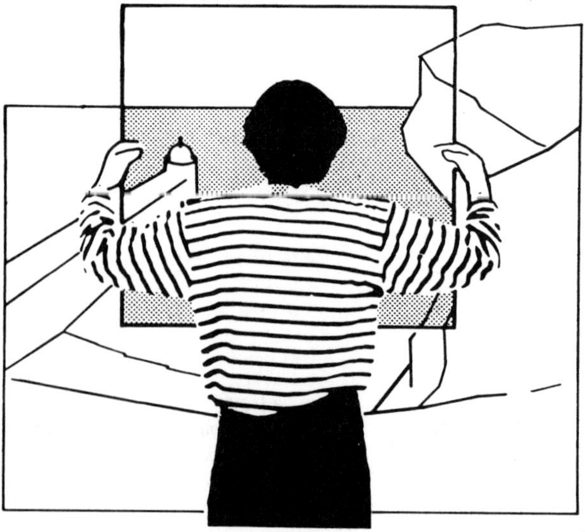

Diese Elemente sind grundlegend für den Aufbau Ihrer perspektivischen Darstellung, gleichgültig, ob Ihr Sujet eine Landschafts-, Stadt- oder Innenansicht, ob ein einzelnes Objekt oder eine Gruppe von Objekten ist. Die entsprechenden Positionen zwischen dem Betrachter, der Horizontlinie und der Bildebene bestimmen die Konstruktion der perspektivischen Zeichnung.

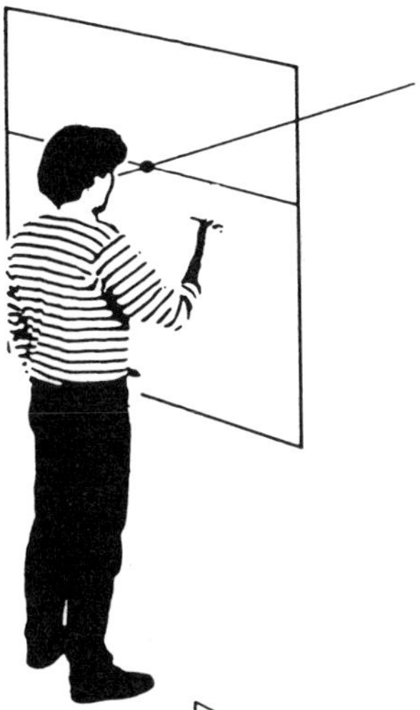

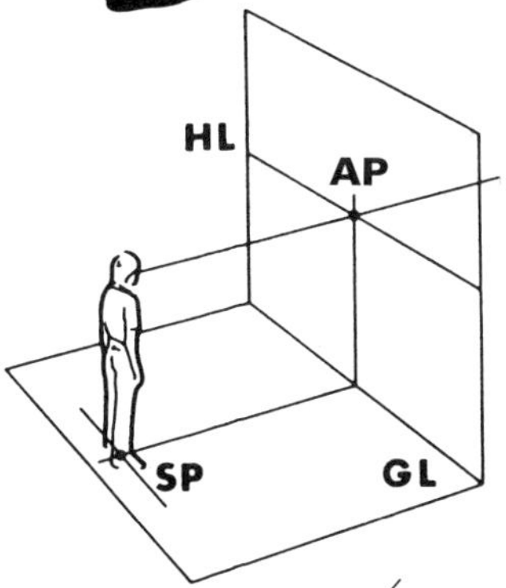

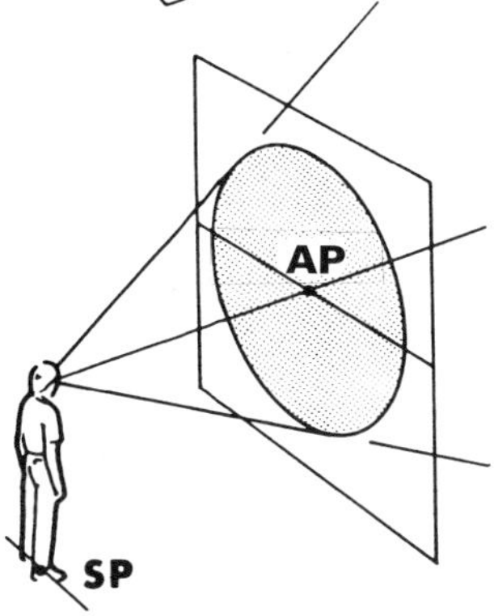

Fachbegriffe aus der Perspektive

Distanzlinie (DL)
Eine gedachte Linie, die vom Auge des Betrachters ins Unendliche führt.

Horizontlinie (HL)
Eine Linie, die im Schnittpunkt mit der Distanzlinie horizontal über die Bildebene gezogen wird.

Augenpunkt/Haupt-(Flucht-) Punkt (AP)
Der Schnittpunkt von Distanzlinie und Horizontlinie auf der Bildebene.

Standpunkt (SP)
Der Punkt auf der Grundebene, auf dem der Betrachter steht.

Bildebene
Eine vertikale Ebene, die man sich als eine Glasscheibe vor dem Betrachter vorstellen kann und durch die man das Objekt (das Subjekt der perspektivischen Zeichnung) sieht.

Grundlinie (GL)
Eine horizontale Linie, die die Schnittlinie zwischen Bild- und Grundebene darstellt.

Gesichtswinkel/Blickfeld/Blickkegel (GW)
Für gewöhnlich begrenzt man die Fläche, die die Distanzlinie umgibt, in einem Radius, den das Auge bequem erfassen kann. Innerhalb dieses Radius sollten Objekte scharf und ohne nennenswerte Verzerrungen erfaßt werden können, was normalerweise bei einem GW mit maximaler Flächendeckung von 60°, d. h. bei einem Halbmesser von 30° beiderseits der Distanzlinie der Fall ist.

Verkürzung
So wie sich in perspektivischer Sicht Objekte, die in die Ferne fliehen, zu verkleinern scheinen, so werden gleiche Maße und Maßeinheiten entlang einer Fluchtlinie scheinbar kleiner (kürzer), je weiter entfernt sie sich befinden. Bei geringer Perspektive verläuft die Verkürzung graduell. Bei starker Perspektive nimmt die Verkürzung dramatisch zu, da die Maßeinheiten sich immer rascher verkürzen.

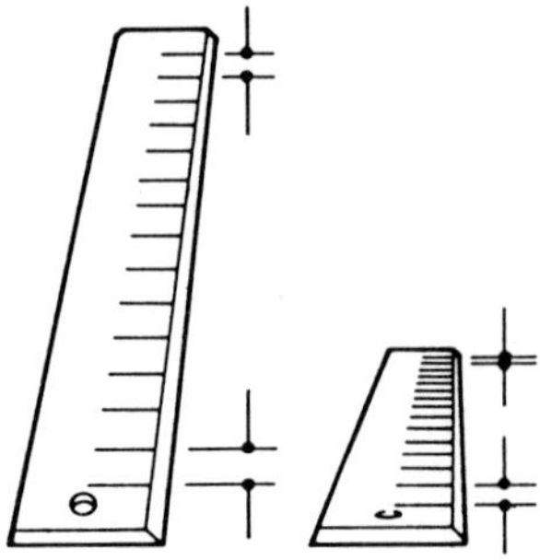

Standort des Betrachters
Ändert sich der Standort des Betrachters, so ändert sich auch zwangsläufig die Ansicht des Objekts. Je näher Sie zum Objekt stehen, um so verkürzter erscheint das Bild des Objekts auf der Bildebene, wobei sich die Größe des Objekts allerdings nicht dramatisch verändert.

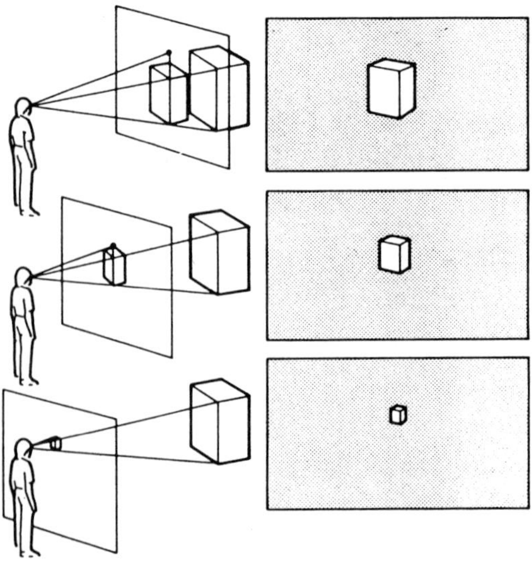

Standort der Bildebene
Verharren Objekt und Betrachter auf einem festen Standort, und nur die Lage der Bildebene verschiebt sich, dann läßt sich die Größe des Bildes auf der Bildebene beträchtlich verändern. Befindet sie sich nahe

beim Objekt, weicht die Größe des Bildes nur wenig von der Größe des Objekts ab. Steht die Bildebene weit vom Objekt entfernt, das heißt nahe beim Betrachter, dann erscheint das Bild des Objekts auf der Bildebene klein.

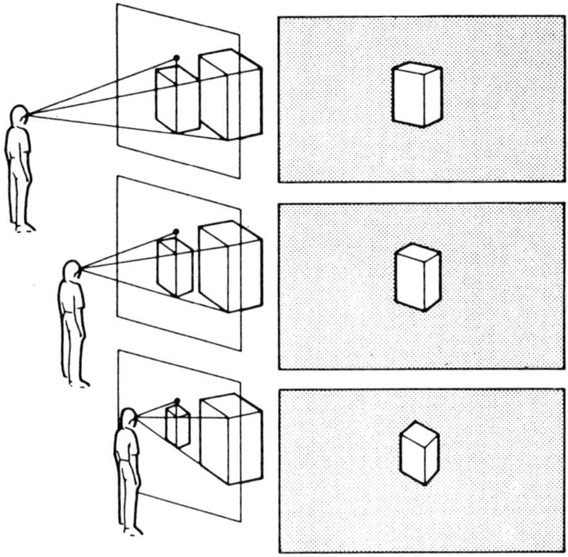

Grundsätze der Konvergenz

Betrachtet man Objekte mit parallelen Seiten in der Perspektive, dann laufen parallele vom Betrachter wegflüchtende Linien scheinbar auf der Horizontlinie zusammen. Flüchten diese Linien im rechten Winkel zum Betrachter, konvergieren sie im Augenpunkt. Diese Linien werden als Fluchtlinien bezeichnet, der Konvergenzpunkt ist auch unter dem Begriff Fluchtpunkt bekannt.

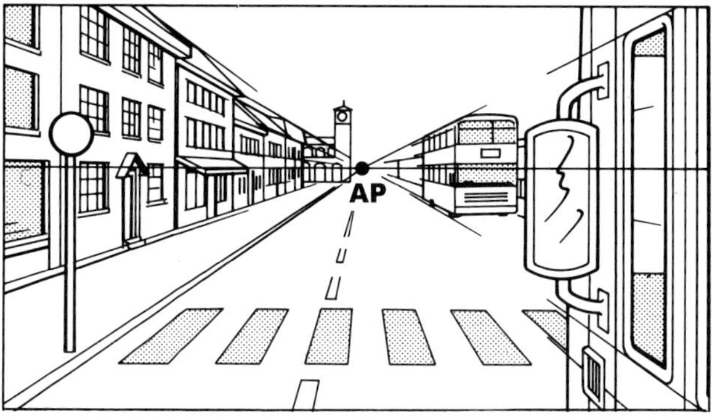

Kapitel zwei

Einpunkt-perspektive

Konstruktionen erklären schrittweise die Anwendung dieses einfachen Systems, mit dem man dreidimensionale Darstellungen von Einzelobjekten, Innenansichten und Luftperspektiven erfolgreich herstellen kann.

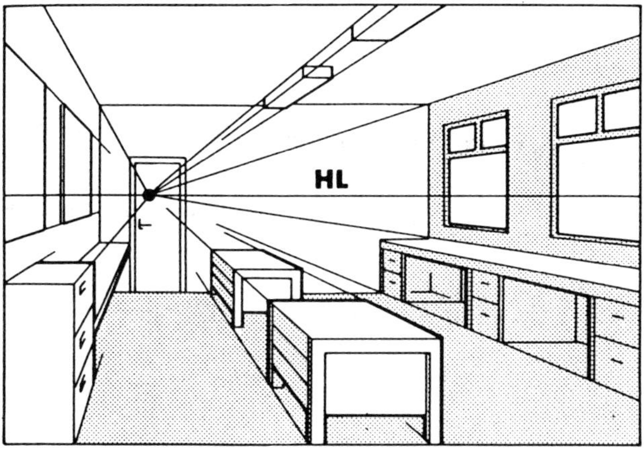

Die Einpunktperspektive ist die einfachste Form der perspektivischen Zeichnung, insofern, als alle parallelen Linien, die von Ihnen weglaufen, in einem Fluchtpunkt, dem Augenpunkt, konvergieren. Andere Linien und Flächen, die rechtwinklig auf oder parallel zur Bildebene (und zum Betrachter) stehen, bleiben parallel und bewahren ihre ursprüngliche Form, ohne verzerrt oder verkürzt zu werden.

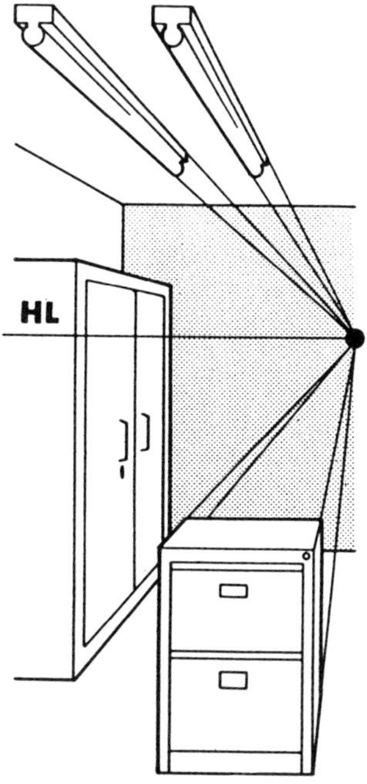

Oberhalb der Horizontlinie
Bei Objekten, die sich oberhalb der Augenhöhe, d. h. oberhalb der Horizontlinie befinden, laufen die Fluchtlinien abwärts zum Augenpunkt.

Ober- und unterhalb der Horizontlinie
Einige Objekte stehen zwar auf der Grundebene, erstrecken sich jedoch bis zu einer Höhe, die über dem Niveau der Horizontlinie liegt. Von diesen Objekten sagt man: Sie befinden sich ober- und unterhalb der Horizontlinie.

Unterhalb der Horizontlinie
Bei Objekten, die sich auf der Grundebene und unterhalb der Horizontlinie befinden, laufen die Fluchtlinien scheinbar nach oben zum Augenpunkt hin.

Die Abbildung läßt sich in wenige einfache Konstruktionslinien zerlegen. Es ist oft von Vorteil, den Umriß eines Objekts auf der Grundebene zu skizzieren, dann von diesem Umriß aus vertikale Linien zu errichten und auf diesen die Höhe des Objekts anzugeben. Diese Methode läßt sich gleichermaßen auf Objekte anwenden, die nicht auf der Grundebene stehen, da der Grundriß derselbe ist, auch wenn die Grundhöhe über der Grundebene liegt.

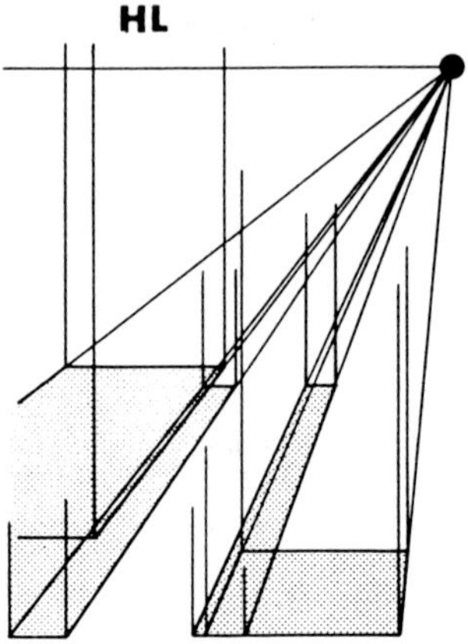

Ihr Papier als Bildebene

Wenn Sie das erste Mal eine perspektivische Konstruktion in Angriff nehmen, müssen Sie sich die Bild- und Grundebene und den Betrachter auf einem gegebenen Standpunkt vorstellen. Von dieser Position aus können Sie die Horizont- und Grundlinie lokalisieren.

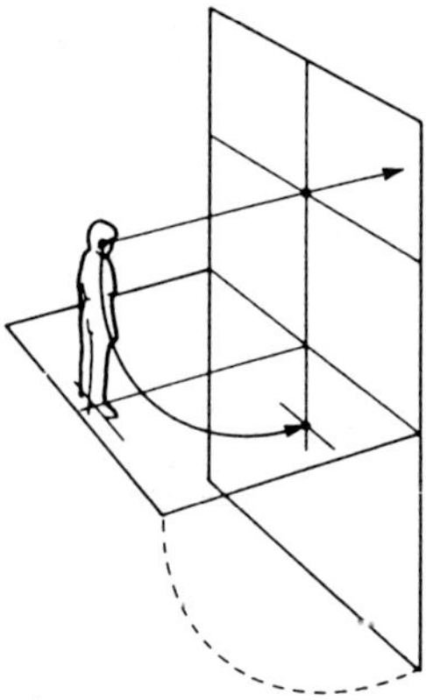

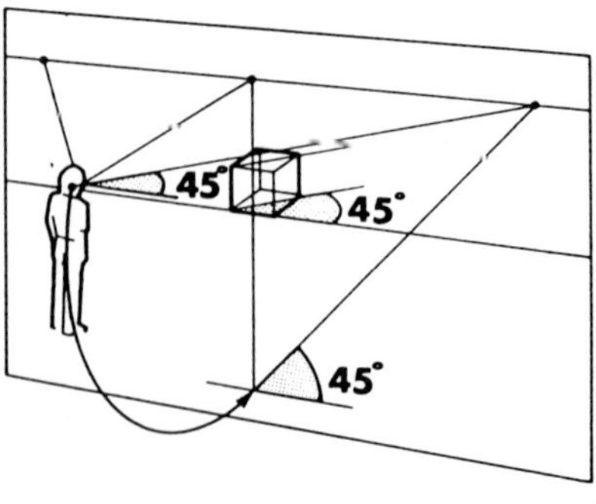

Dann stellen Sie sich die Grundebene als die flach nach hinten umgeklappte Verlängerung der Bildebene vor. Das ermöglicht Ihnen, den Standpunkt zu ermitteln.
Stellen Sie sich nun einen Würfel vor, der auf der Grundebene hinter der Bildebene steht, dessen Vorderfront parallel zu ihr verläuft und sie berührt. Zieht man eine Diagonale von einer Ecke des Würfels, so verläuft sie im Winkel von 45° zur Bildebene. Dieser 45°-Winkel wird vom Auge des Betrachters aus festgelegt und verlängert, bis er die Horizontlinie trifft.

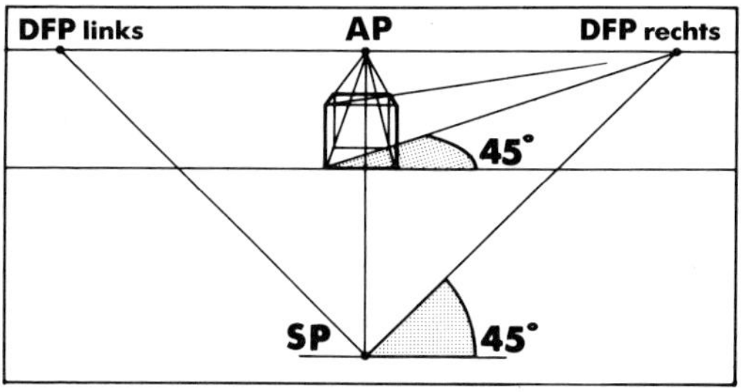

Wird diese Konstruktion als Grundriß auf ein Blatt Papier gezeichnet, zieht man Horizont- und Grundlinie als waagrechte Linien, wobei der Standpunkt des Betrachters auf einer vom Augenpunkt aus vertikal fallenden Linie liegt. Von diesem Standpunkt aus zieht man die 45°-Fluchtlinie.
Der Punkt, in dem sich die Fluchtlinie mit der Horizontlinie trifft, nennt man den (rechts bzw. links vom Augenpunkt liegenden) diagonalen Fluchtpunkt (DFP bzw. DFP links, DFP rechts).

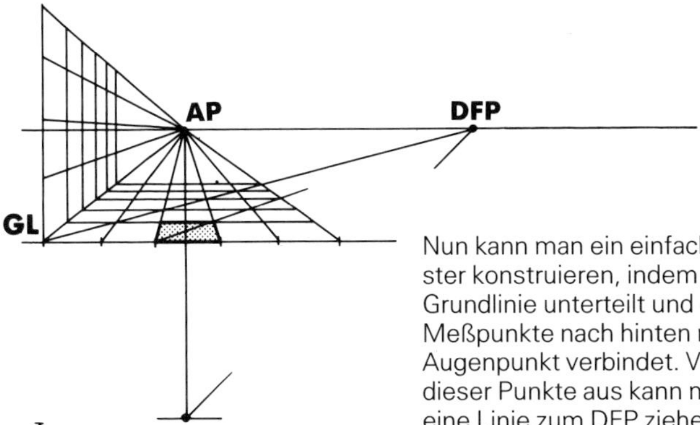

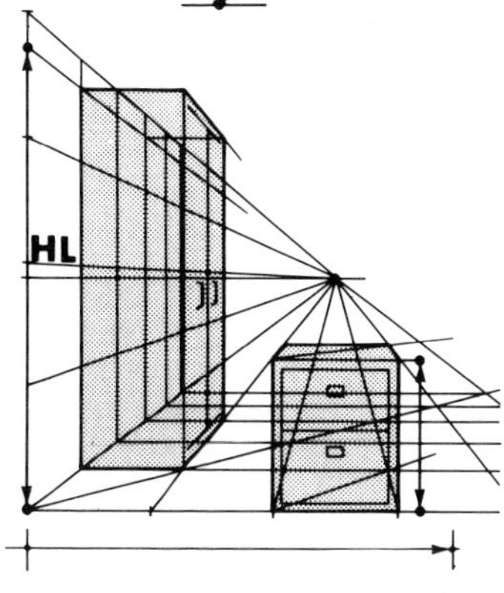

Nun kann man ein einfaches Raster konstruieren, indem man die Grundlinie unterteilt und diese Meßpunkte nach hinten mit dem Augenpunkt verbindet. Von einem dieser Punkte aus kann man auch eine Linie zum DFP ziehen. Wo diese Linie jene schneidet, die im Augenpunkt zusammenlaufen, zeichnet man horizontale Linien, die dann ein Quadratraster ergeben.
Fügt man eine vertikale Linie mit denselben Unterteilungen hinzu, so läßt sich das Quadratraster in einer vertikalen Ebene fortsetzen. Die Form der Objekte zeichnet man auf der Grundebene ein, die Höhe der Objekte findet man unter Verwendung von Lotlinien.

Konstruieren eines Einpunktperspektivrasters

Ziehen Sie auf einem Stück Papier die Horizontlinie. Zeichnen Sie um diese ein Rechteck und unterteilen Sie dessen Seiten in gleichmäßige, nicht zu kleine Teilabschnitte.

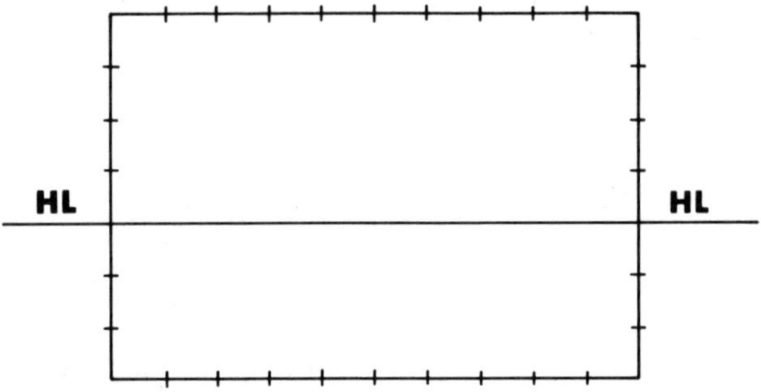

Verbinden Sie die Markierungspunkte auf der unteren Seite des Rechtecks mit dem Augenpunkt und lassen Sie sie vom Rechteck weg zu sich weiterlaufen.

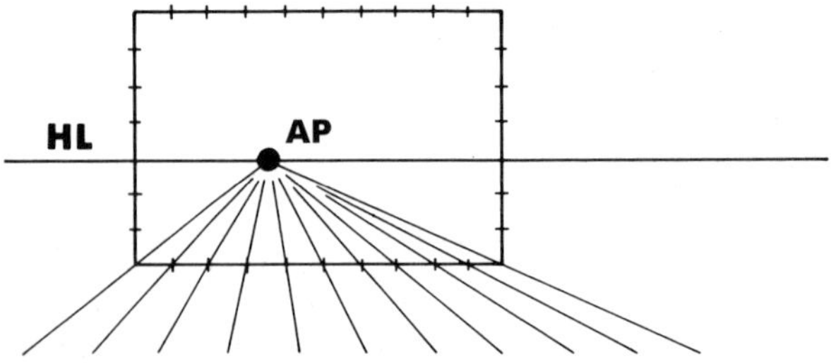

Setzen Sie rechts oder links von dem Rechteck den diagonalen Fluchtpunkt. Je näher der Fluchtpunkt am Rechteck liegt, umso stärker wird die Verkürzung sein.
Ziehen Sie eine Linie vom linken unteren Eckpunkt des Rechtecks zum rechten diagonalen Fluchtpunkt. Wo diese sich mit den Linien schneidet, die nach hinten zum Augenpunkt laufen, zeichnen Sie horizontale Linien und konstruieren auf der Grundebene ein Quadratraster.

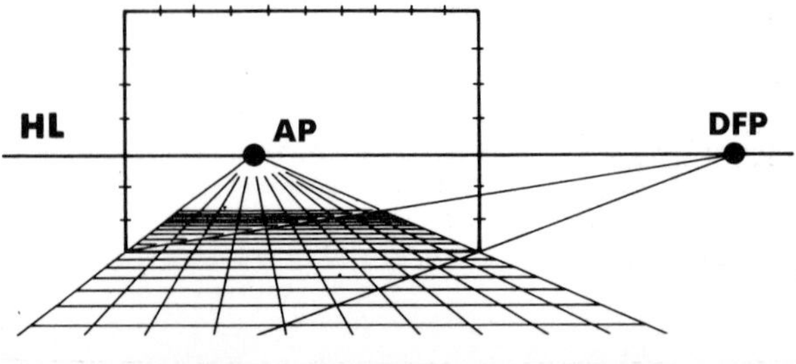

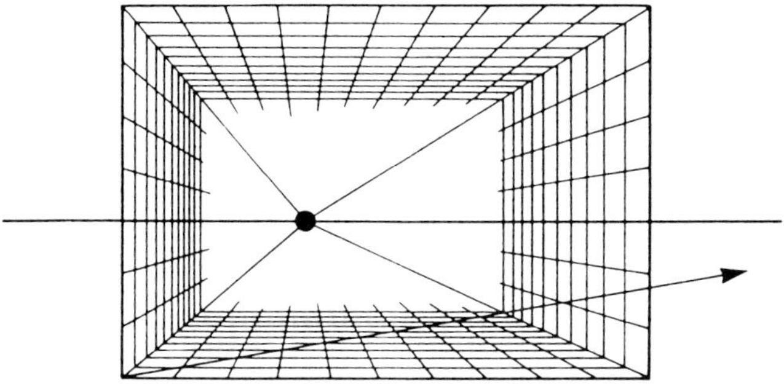

Verbinden Sie die restlichen Punkte auf den anderen Seiten des Rechtecks mit dem Augenpunkt. Errichten Sie dann auf den Randpunkten des Quadratrasters links und rechts in der Grundebene Linien auf den vertikalen Ebenen, setzen Sie dieses Verfahren auf der Oberseite fort und vervollständigen Sie somit das Einpunktquadratraster.

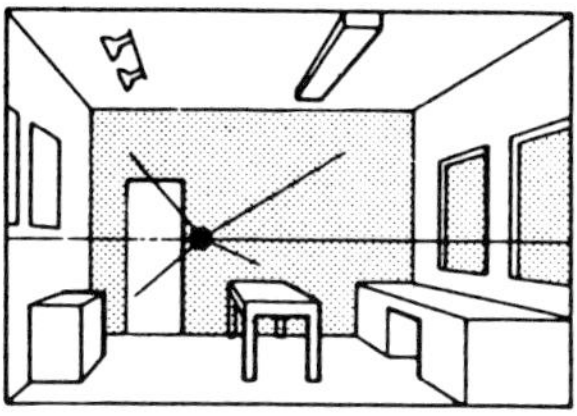

Innenansicht
Diese einfachen Einpunktraster werden für wirklichkeitsnahe Effekte bei Innenansichten verwendet, wobei die perspektivischen Grundraster Boden, Wände und Decke eines Raumes darstellen. Objekte innerhalb des Raums werden in Relation zum Raster eingezeichnet, um eine realistische Ansicht zu konstruieren.

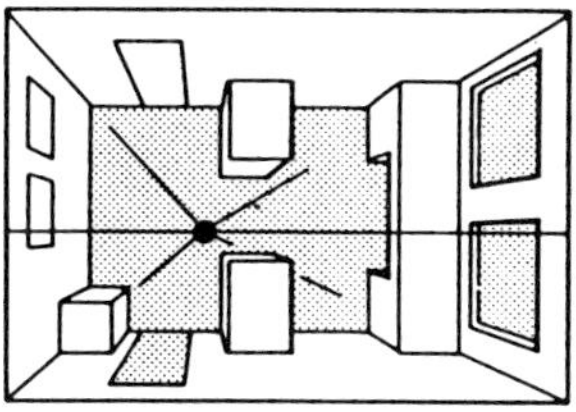

Luftperspektive
Luftperspektiven lassen sich problemlos herstellen, indem man einfach einen Grundriß des Rauminneren zeichnet und die Objekte nach draußen, d. h. zum Betrachter hin, verlängert. Diese Perspektive vermittelt einen klaren Eindruck von der Anordnung der Objekte und von ihren räumlichen Verhältnissen innerhalb des Entwurfs.

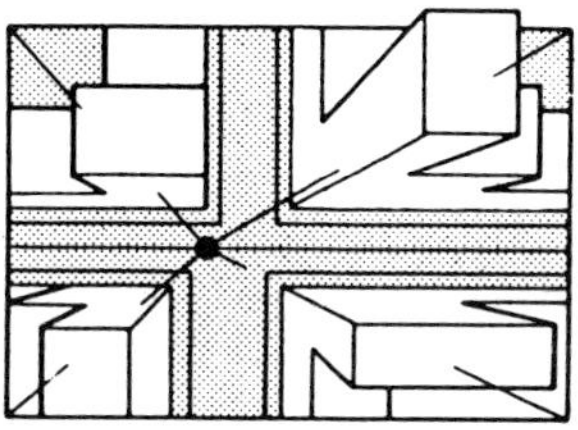

Vogelperspektive
Draufsichten in größerem Maßstab sind ebenfalls möglich, um zum Beispiel Gebäude und Straßenkreuzungen darzustellen. Dabei verbinden sich der genaue Eindruck räumlicher Anordnung mit dem Gefühl von Höhe und relativem Maßstab.

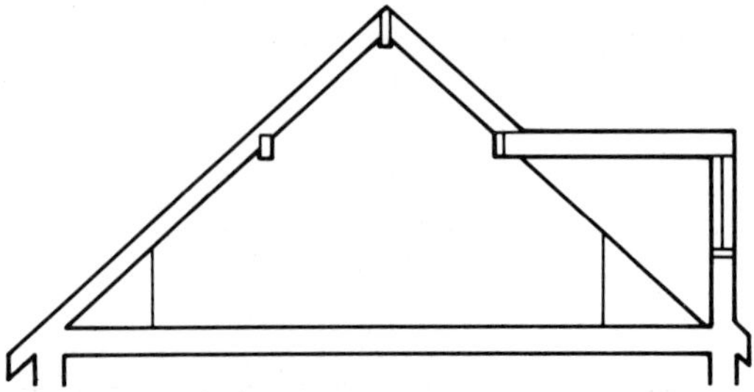

Perspektivischer Schnitt

Die diagonale Meßlinie auf der Grundebene

Eine einfache perspektivische Innenansicht kann man konstruieren, indem man der Zeichnung den Aufriß eines Raums im Schnitt zugrunde legt.

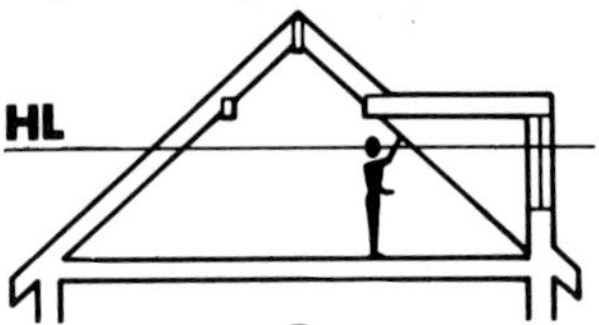

Zeichnen Sie dazu die Horizontlinie in Augenhöhe ein. Je weiter oben die Augenhöhe angesetzt wird, desto mehr wird von der Grundebene erkennbar.

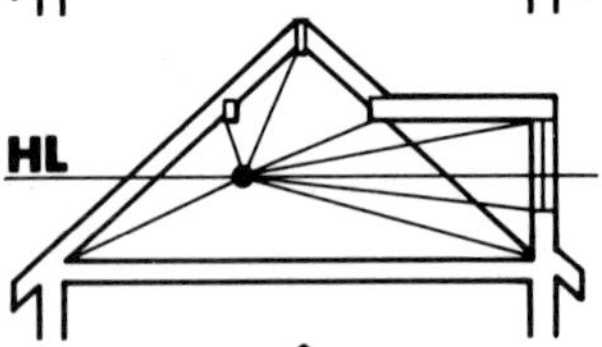

Tragen Sie den Augenpunkt auf der Horizontlinie ein. Normalerweise legt man ihn seitlich vom tatsächlichen Mittelpunkt des Objekts oder des Blicks fest, um eine interessante, asymmetrische Konstruktion zu erhalten, wobei dann von einer Seite mehr gezeigt wird als von der anderen.

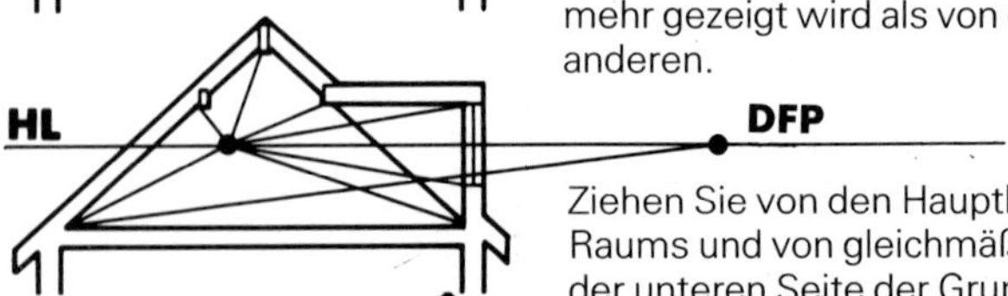

Ziehen Sie von den Hauptlinien des Raums und von gleichmäßig auf der unteren Seite der Grundfläche angeordneten Punkten Linien zum Augenpunkt.

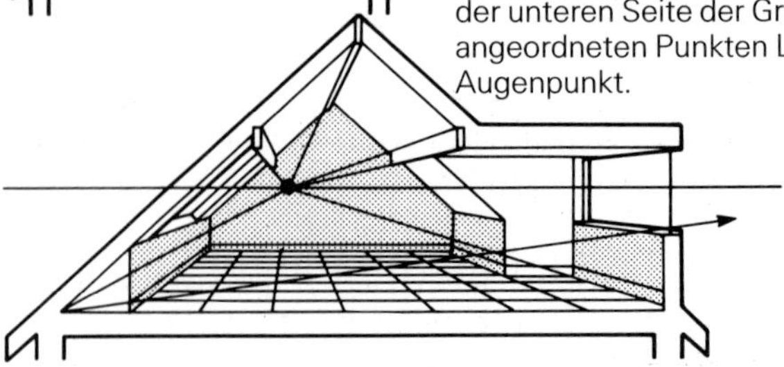

Setzen Sie auf einer Seite des Aufrisses den DFP fest. Der Abstand des DFP vom Augenpunkt sollte mindestens der Breite des zu zeichnenden Schnittes gleich sein. Fügen Sie die diagonale Fluchtlinie ein, um auf der Grundebene ein perspektivisches Raster zu konstruieren.

Indem Sie die sich verjüngenden Vierecke als Maßstab nehmen, können Sie Entfernungen in den Hintergrund des Raums einzeichnen und Punkte rings um den Raum markieren, um das vollständige Bild der Ansicht aufzubauen.

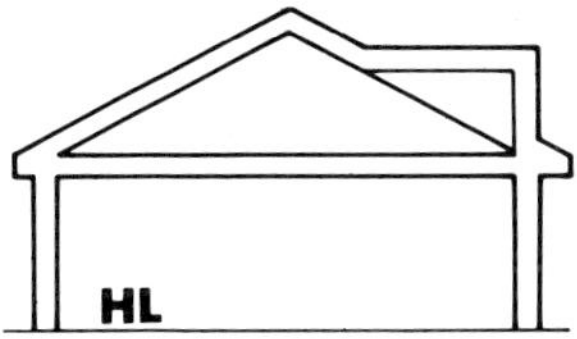

Der perspektivische Schnitt

Hilfsmeßlinie (HGL)

Manchmal verlangt die Darstellung der von Ihnen beabsichtigten Innenansicht eine andere als die vorhin beschriebene Methode. Das ist der Fall, wenn Ihr Auge mit der Grundlinie zusammenfällt (die sog. Froschperspektive oder der Blick, den man erhält, wenn man durch eine Speicherfalltür nach oben steigt).

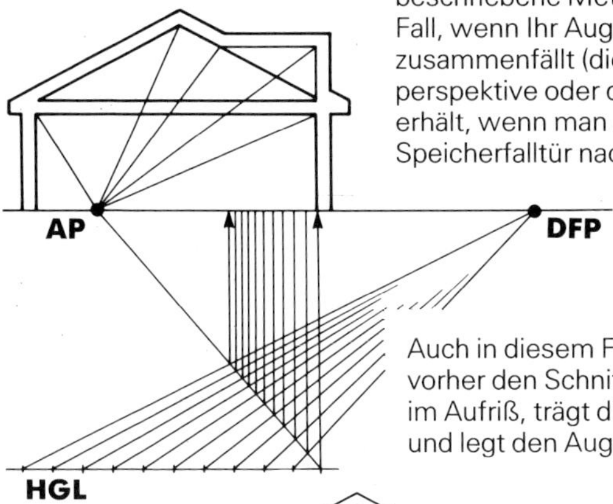

Auch in diesem Fall zeichnet man wie vorher den Schnitt des Innenraums im Aufriß, trägt die Horizontlinie ein und legt den Augenpunkt fest.

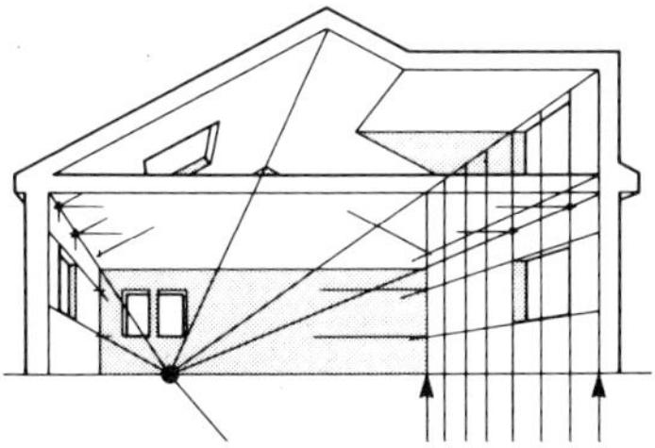

Zusätzlich wird eine Hilfsgrund- oder Hilfsmeßlinie (HGL) in angemessener Entfernung unterhalb oder auch oberhalb des Schnittes gezogen. Unterteilen Sie die Hilfslinie in gleiche Abstände und verbinden Sie die Markierungspunkte mit dem diagonalen Fluchtpunkt auf der Horizontlinie. Ziehen Sie eine Fluchtlinie zum Augenpunkt, die alle diagonalen Fluchtlinien schneidet. Von den Schnittpunkten aus errichten Sie vertikale Linien ins Rauminnere.

Diese Linien stellen Trennlinien des perspektivischen Rasters dar, das an der Innenwand nach hinten verläuft. Nun können unter Verwendung dieser Linien zusätzliche Punkte eingezeichnet und entlang der Wand wie auch der Decke zu einer Perspektive vervollständigt werden.

Der Würfel in der Einpunktperspektive

Zeichnen Sie eine Horizontlinie, den Standpunkt und den Augenpunkt. Die diagonalen Fluchtpunkte finden Sie, indem Sie den Abstand zwischen Augen- und Standpunkt auf der Horizontlinie links und rechts vom Augenpunkt abtragen. Diese Punkte nennt man zuweilen auch Meßpunkte des Augenpunkts (MPAP).
Zeichnen Sie ein Quadrat auf die Bildebene und verlängern Sie seine vier Eckpunkte zum Augenpunkt.
Zeichen Sie von den beiden unteren Eckpunkten jeweils eine Linie zu den diagonalen Fluchtpunkten, wo diese die Linien schneiden, die zum Augenpunkt laufen, ist die rückwärtige untere Würfelkante gefunden.

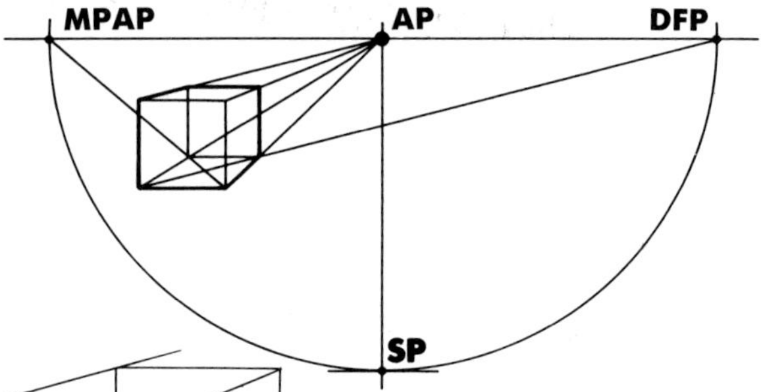

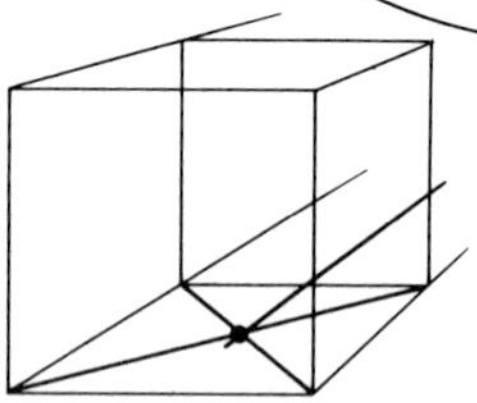

Zur Darstellung mehrerer Würfel benötigen Sie den Mittelpunkt der Würfelgrundfläche, der sich als Schnittpunkt der Diagonalen ergibt.

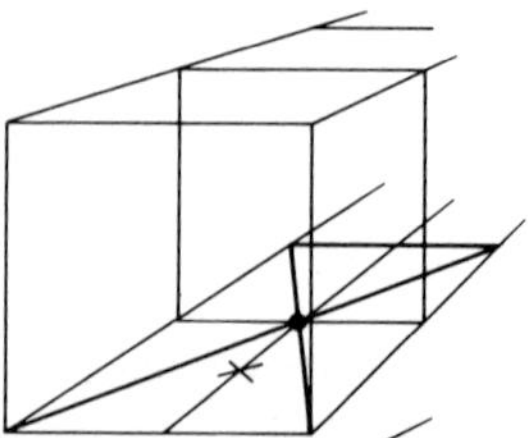

Von diesem Schnittpunkt aus ziehen Sie eine Linie von den vorderen unteren Eckpunkten des Würfels durch die Mitte der hinteren Unterkante und verlängern sie, bis sie die nach hinten verlängerten unteren Seitenkanten des Würfels schneiden.

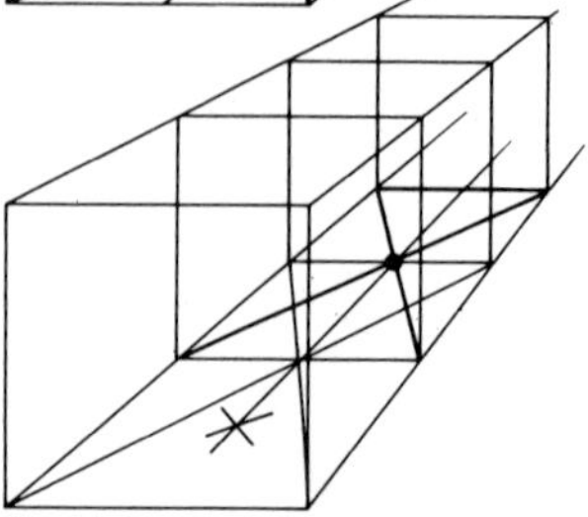

Diese Schnittpunkte ergeben die hinteren unteren Eckpunkte des nächsten Würfels.

Diesen Prozeß kann man, so oft man will, wiederholen und erhält damit eine beliebige Anzahl von perspektivischen Würfeln.

Erweiterung von einer vertikalen Ebene aus

Wenn der Würfel auf oder nahe der Horizontlinie liegt und nur wenig von der Grundebene zeigt, dann ist es schwierig, Diagonalen genau genug zu zeichnen, um neue Würfel herzustellen. In diesem Fall definiert man den Standpunkt als diagonalen Fluchtpunkt des Quadrats auf der vertikalen Ebene.

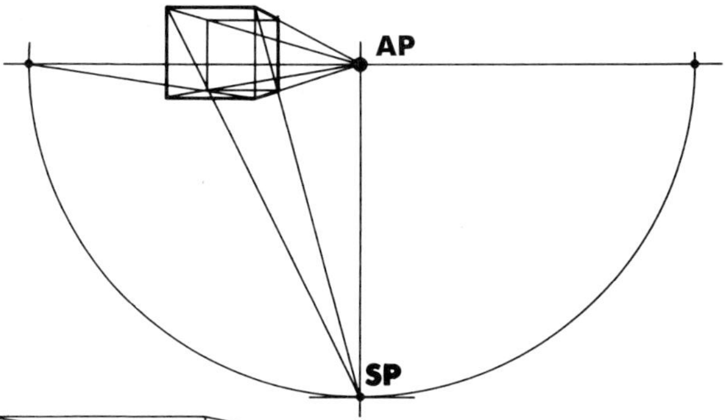

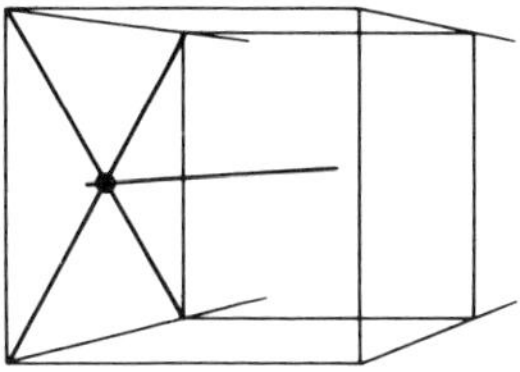

Finden Sie den Mittelpunkt einer der vertikalen Ebenen des Würfels. Ziehen Sie von dort aus eine Fluchtlinie nach hinten, um die Mitte der vertikalen hinteren Würfellinie zu ermitteln.

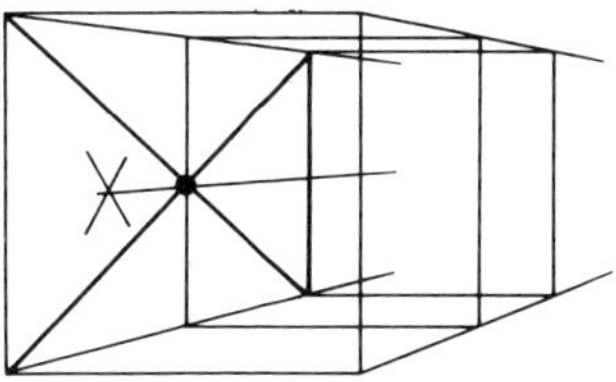

Verlängern Sie die oberen und unteren Fluchtlinien der Vertikalebene nach hinten zum Augenpunkt. Ausgehend von den beiden vorderen Eckpunkten der Vertikalebene ziehen Sie Linien durch den Mittelpunkt der rückwärtigen Linie, die die verlängerten Quadratseiten schneiden. Diese Schnittpunkte ergeben die rückwärtigen Ecken des nächsten Würfels.

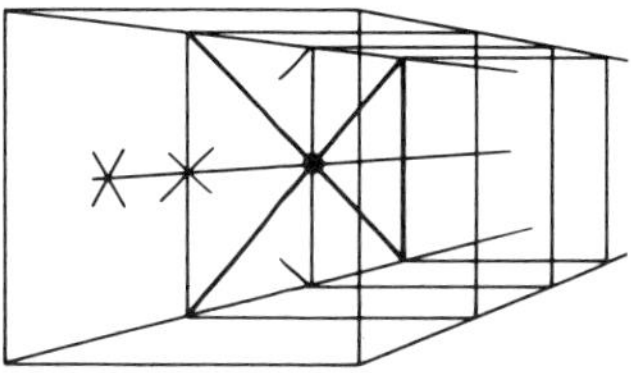

Das läßt sich wiederholen, und man kann damit eine Reihe von perspektivischen Würfeln erzeugen. Vom Original ausgehend kann man die Würfel auch nach vorne verlängern.

Auf diese Weise kann man ein Würfelraster erstellen, innerhalb dessen sich Objekte konstruieren lassen.

Rasterkonstruktionen

Vergrößern eines Würfels

Ausgehend von einem sorgfältig gezeichneten Würfel kann man ein kompliziertes Einpunktperspektivraster konstruieren. Dieses Raster kann als Grundlage für die perspektivische Darstellung jedes beliebigen Objekts innerhalb des Würfels dienen. Der erste Schritt ist die Vergrößerung eines perspektivischen Würfels in einem für das Raster geeigneten Maßstab.

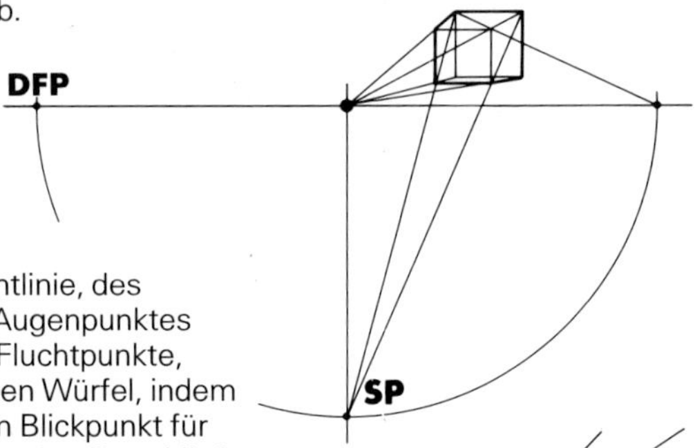

Mit Hilfe der Horizontlinie, des Standpunktes, des Augenpunktes und der diagonalen Fluchtpunkte, konstruieren Sie einen Würfel, indem Sie einen passenden Blickpunkt für das Objekt festlegen, das Sie schließlich innerhalb des Würfelrasters zeichnen wollen. Markieren Sie ungefähr in der Mitte des Würfels einen Punkt und ziehen Sie von diesem Linien nach außen durch alle seine Eckpunkte.

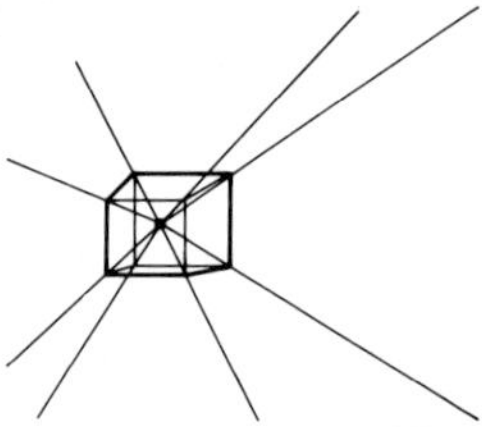

Ziehen Sie mit Abstand zum Originalwürfel eine Linie parallel zu einer seiner Kanten.
Anschließend ziehen Sie von einem der Eckpunkte Ihrer ersten Linie aus eine Parallele zu einer anderen Würfelkante.
Setzen Sie diesen Prozeß fort, werden Sie in der Lage sein, einen größeren Würfel mit den gleichen Winkelmaßen und Proportionen wie das Original zu zeichnen.

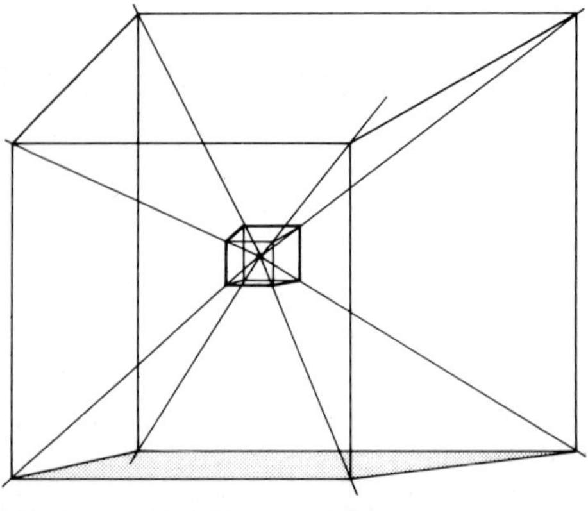

Unterteilung mit Hilfe von Diagonalen
Mit Hilfe von Diagonalen können Sie die Vorderseite des Würfels in Viertel, Achtel und so weiter unterteilen, indem Sie die Diagonalen mit vertikalen und horizontalen Linien verbinden. Auch die Seitenflächen lassen sich auf diese Weise durch Vertikalen und Fluchtlinien unterteilen, die die Diagonalen in der einen wie der anderen Richtung schneiden. Sie werden einige Sorgfalt aufwenden müssen, den genauen Fluchtpunkt dieser Linien zu ermitteln.

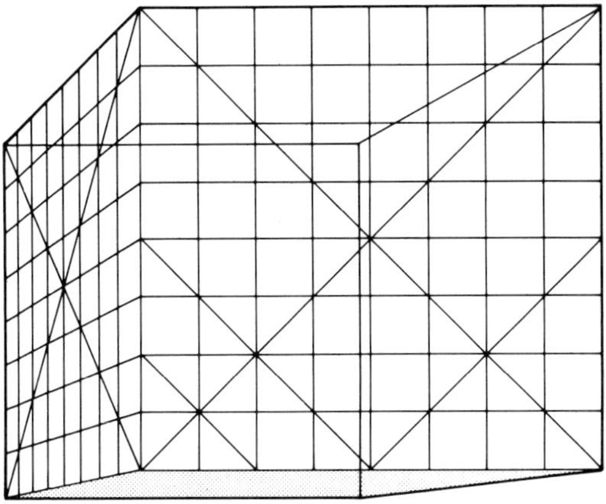

Innenflächen
Nach demselben Verfahren können die Innenflächen des Würfels unterteilt werden. Damit erhalten Sie ein gleichmäßiges Raster und ein Mittel, Objekte innerhalb dieses Rahmens zu konstruieren. Zwischenmaße kann man entlang einer Vertikalen oder Horizontalen abtragen und von einer der Würfelseiten aus auf die Hauptdiagonale verlängern, um einen exakten Eindruck der Verkürzung zu vermitteln.

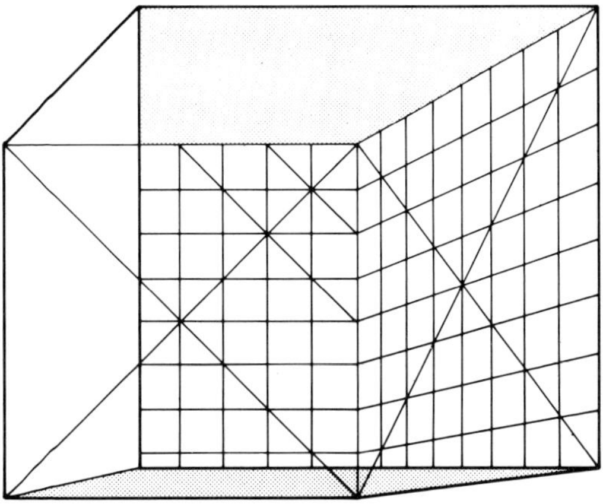

Kreise in der Perspektive

Wird ein Kreis senkrecht zur Augenlinie gesehen, so ist sein Abbild ein echter Kreis.

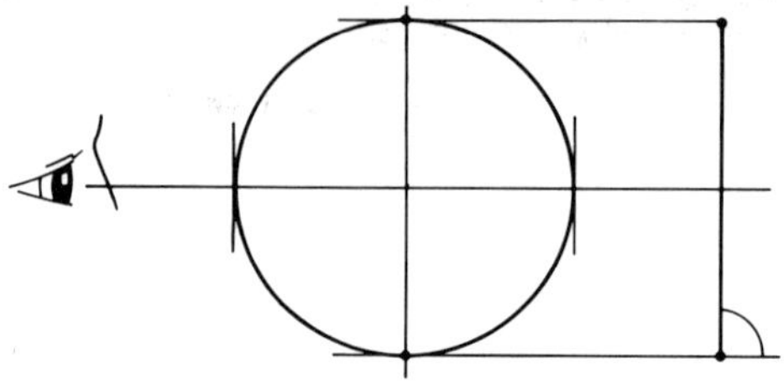

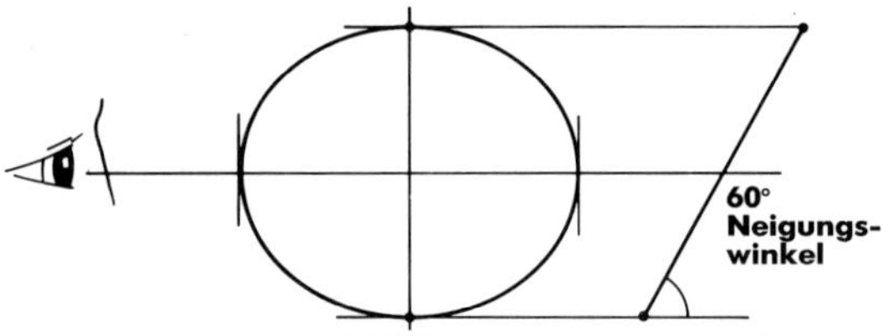

60° Ellipse

Wird der Kreis, sagen wir um 60°, geneigt, so wird eine Achse verkürzt, und wir sehen eine Ellipse. Wir nennen dies ein 60°-Ellipsenverhältnis.

Eine Ellipse ist das Bild, das man erhält, wenn ein Kreis in irgendeinem Winkel anders als einem rechten gesehen wird. Je spitzer der Winkel, desto stärker ist die Verkürzung auf einer Achse und umso schmaler erscheint die Ellipse.
Ellipsenzirkel und -schablonen sind mit abgestuften und passenden Winkelmaßen versehen. Sie variieren von 80° (fast ein Kreis) in Fünferschritten hinunter bis zu 10° oder 5° schmalen Ellipsen.

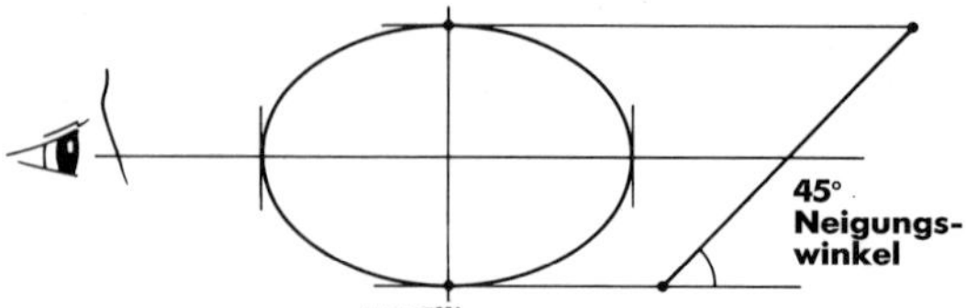

45° Ellipse

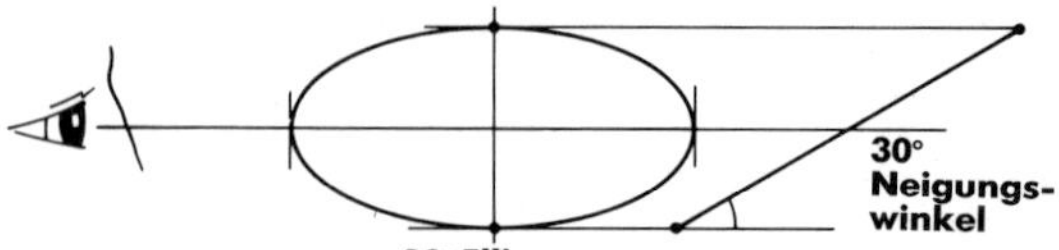

30° Ellipse

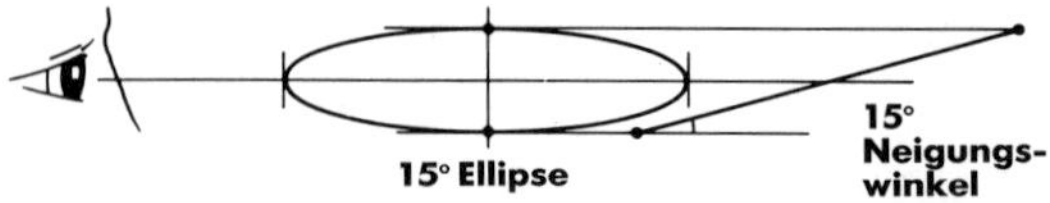

15° Ellipse

Eine Ellipse hat zwei Hauptdurchmesser. Der größere, die Hauptachse, ist die längste Maßeinheit und gleich dem Durchmesser des Kreises, aus dem die Ellipse hervorgeht. Der kleinere, die Nebenachse, steht senkrecht auf der Hauptachse und ist die kürzeste Maßeinheit einer Ellipse. Sie zeigt die stärkste Verkürzung des Kreises.

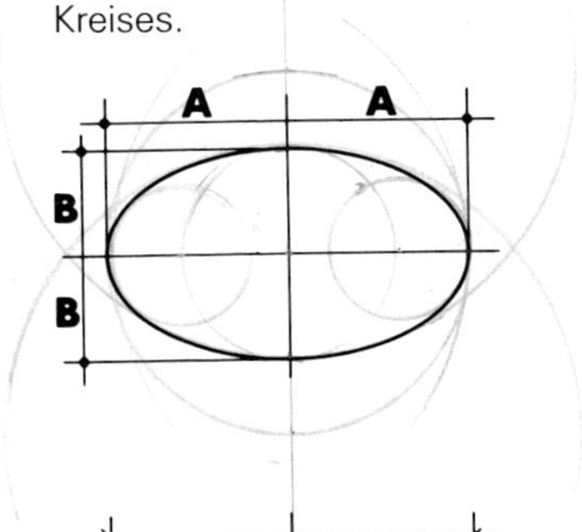

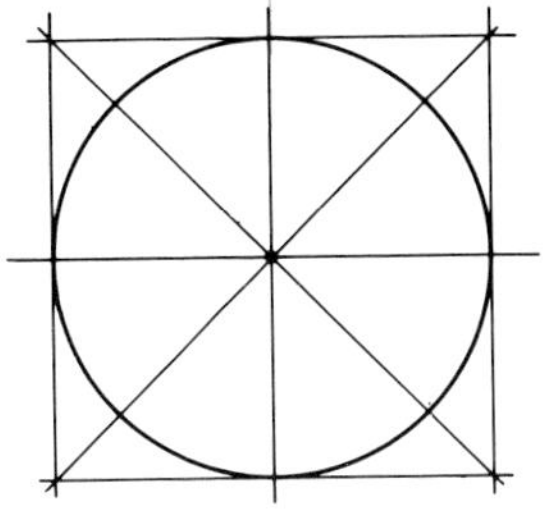

Wenn man einen Kreis perspektivisch darstellt, sollte man nicht vergessen, daß der perspektivische Mittelpunkt des Kreises nicht identisch ist mit dem geometrischen Mittelpunkt der Ellipse.
Zeichnen Sie um den Kreis ein Quadrat in perspektivischer Wiedergabe, können Sie eine perfekte Ellipse hineinzeichnen. Der Mittelpunkt dieser Ellipse liegt genau zwischen Vorder- und Rückseite sowie beiden Seitenkanten des Quadrats. Doch der perspektivische Mittelpunkt des Kreises bleibt da, wo die Diagonalen des perspektivischen Quadrats sich schneiden. Jede neue Ellipse, die Sie zeichnen, sollte innerhalb eines Quadrats gelegt werden, das ihrer Größe entspricht.

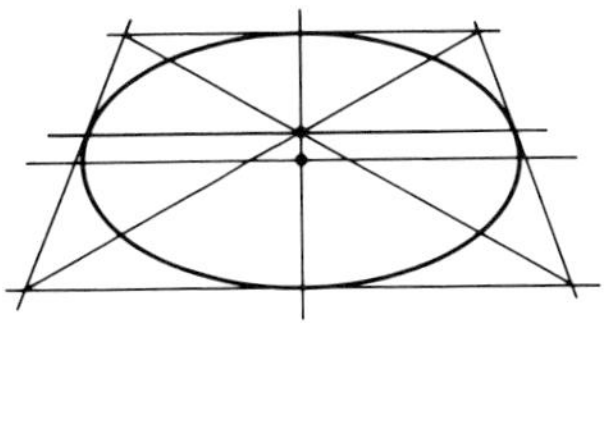

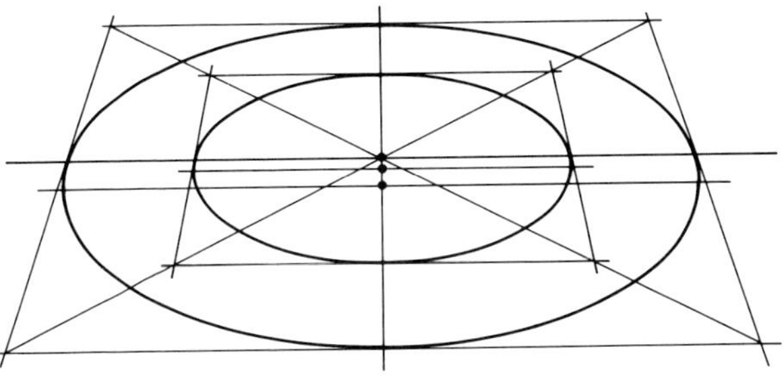

Kreiskonstruktionen

Kreise in Einpunktperspektivkonstruktion, wenn sie senkrecht zur Augenlinie stehen, erscheinen als Kreise.

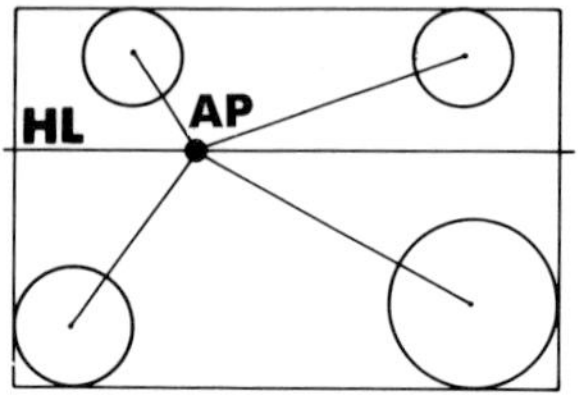

In diesem Fall zeichnen Sie Kreise verschiedener Größe auf die Bildebene und Fluchtlinien zum Augenpunkt.

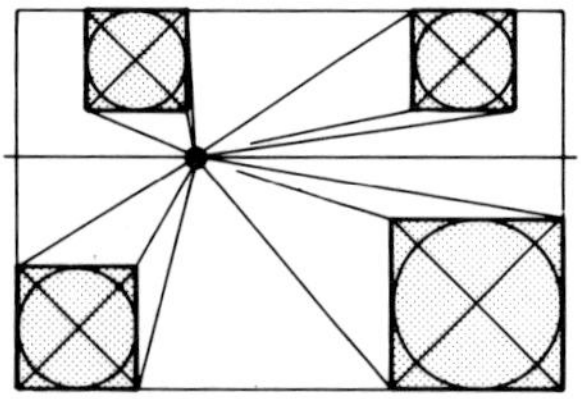

Ziehen Sie um die Kreise Quadrate und Fluchtlinien von den Eckpunkten des Quadrats zum Augenpunkt.

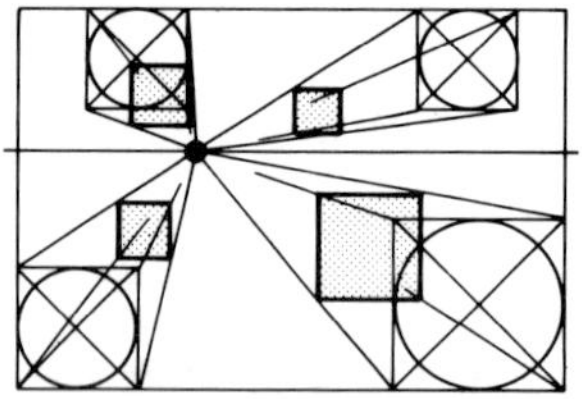

Nun lassen sich kleine Quadrate ins Bild einzeichnen, in die man weiter entfernte Kreise in perspektivischer Sicht legen kann.

Zeichnet man Kreise in jene Quadrate, kann man sie als die Endflächen von Zylindern unterschiedlicher Länge betrachten. Werden die Hauptachsenpunkte zwischen den Kreispaaren miteinander verbunden, so ergeben sich vollständige zylindrische Formen.

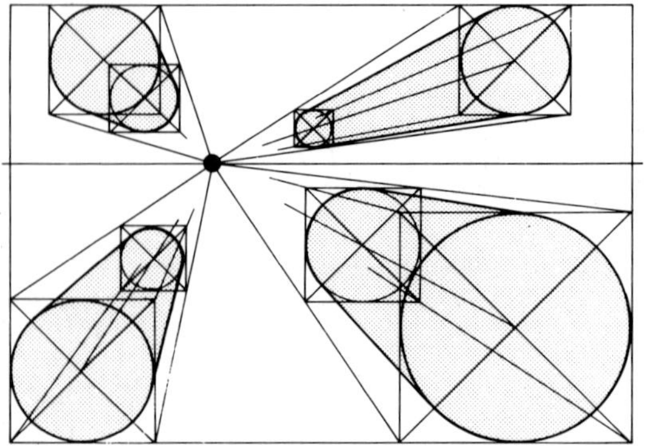

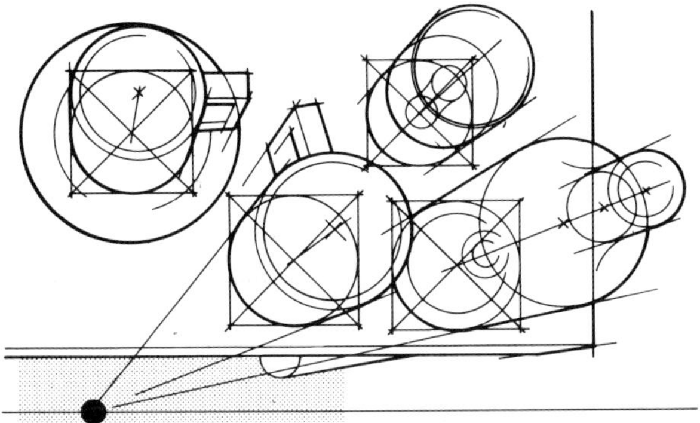

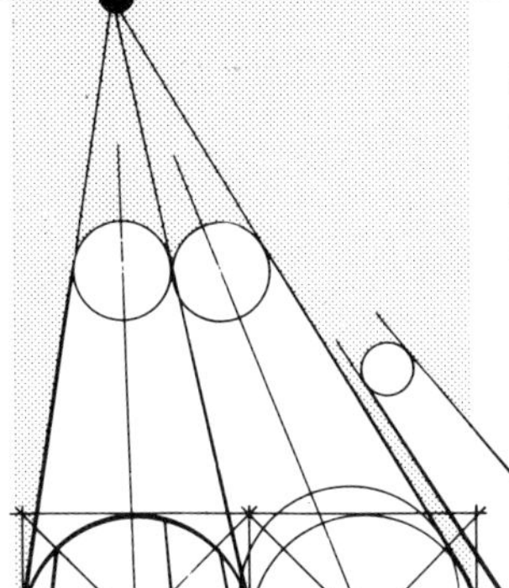

Das ist eine sehr einfache Darstellung eines zylindrischen Objekts in Einpunktperspektive. Die Luftperspektive will zeigen, daß Kreisschnitte des Objekts Kreise bleiben.

Sie alle wurden zunächst in Höhe einer angenommenen Tischplatte gezeichnet, dann nach vorn oder hinten verlängert. Die Entfernungen, die diese Objekte vermitteln, sind geschätzt.

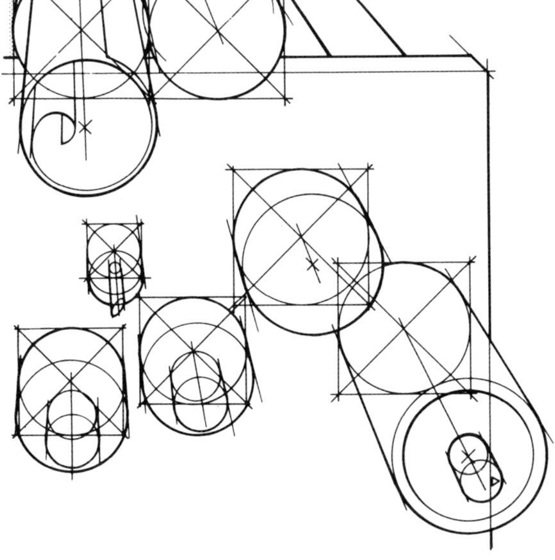

Horizontale Ellipsenkonstruktion

Wenn Kreise als Einpunktperspektivkonstruktionen auf der Horizontalebene zu liegen kommen, erscheinen sie als Ellipsen.

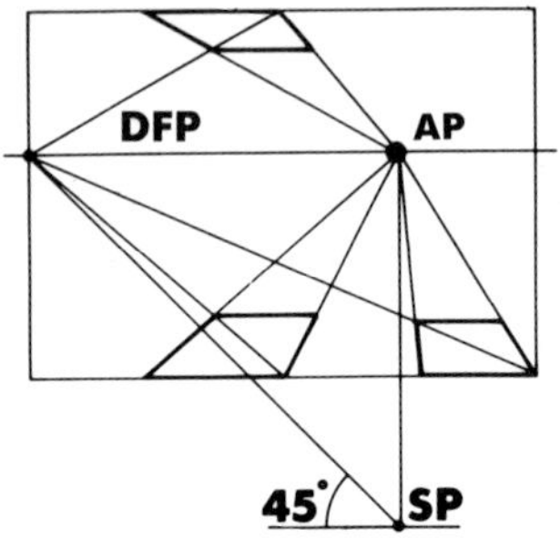

In diesem Fall legt man die Durchmesser der Kreise als horizontale Linien auf der Bildebene fest und zieht Fluchtlinien nach hinten zum Augenpunkt. Zudem bestimmt man einen diagonalen Fluchtpunkt und zeichnet, um ein perspektivisches Raster zu erzeugen, die diagonalen Fluchtlinien ein.

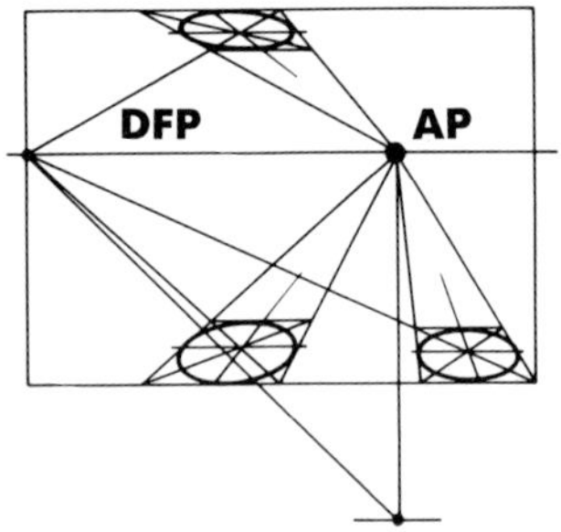

Nun kann man in die Quadrate Ellipsen legen. Das Achsenverhältnis der Ellipsen variiert je nach Abstand ober- oder unterhalb der Horizontlinie.

Unter Verwendung der Fluchtlinien des ursprünglichen Quadrats und der diagonalen Fluchtlinien konstruiert man zusätzliche Ellipsen, die sich perspektivisch verkleinern. Diese Verkleinerung trifft sowohl auf das Achsenverhältnis der Ellipsen als auch auf die Länge der Hauptachse zu, abhängig von ihrer Lage bezüglich der Horizontlinie.

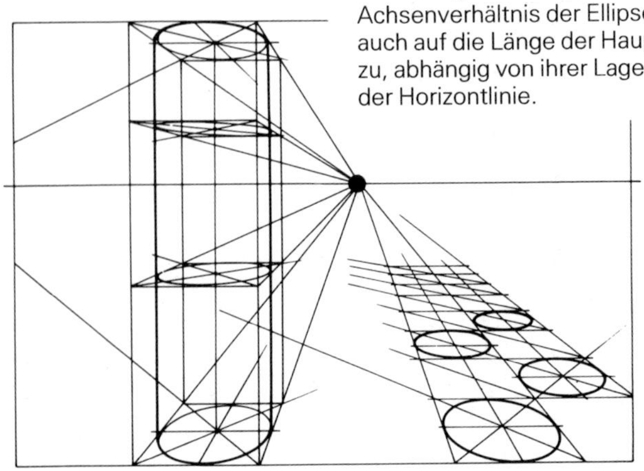

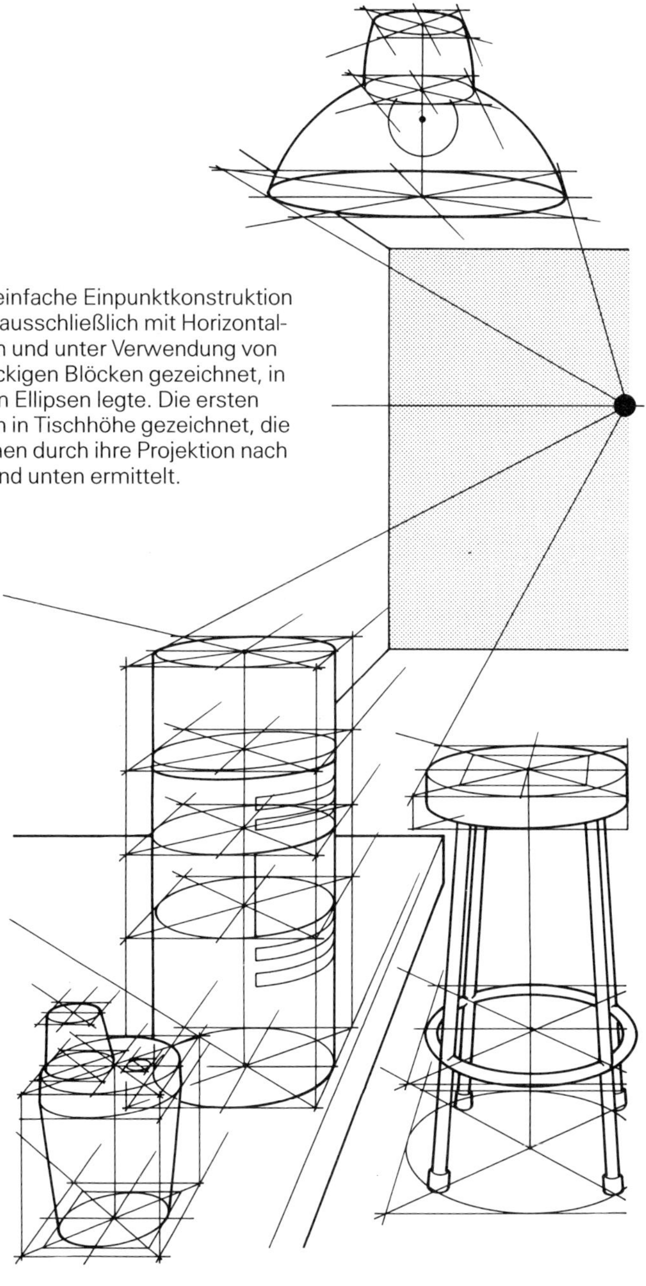

Diese einfache Einpunktkonstruktion wurde ausschließlich mit Horizontalellipsen und unter Verwendung von rechteckigen Blöcken gezeichnet, in die man Ellipsen legte. Die ersten wurden in Tischhöhe gezeichnet, die restlichen durch ihre Projektion nach oben und unten ermittelt.

Vertikale Ellipsenkonstruktion
Bei Kreisen, die auf vertikalen Ebenen in Einpunktperspektive nach hinten flüchten, definiert man den Standpunkt als diagonalen Fluchtpunkt.

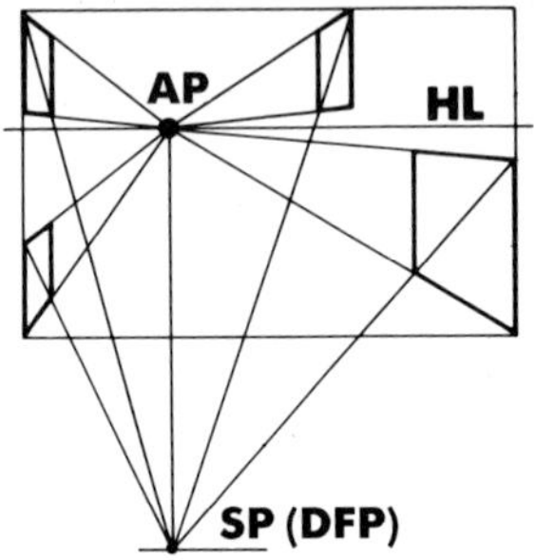

Die Durchmesser der Kreise werden auf der Bildebene als vertikale Linien festgelegt und Fluchtlinien nach hinten zum Augenpunkt gezogen.

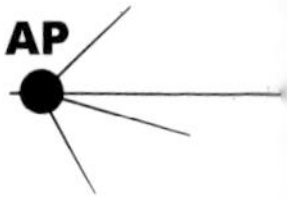

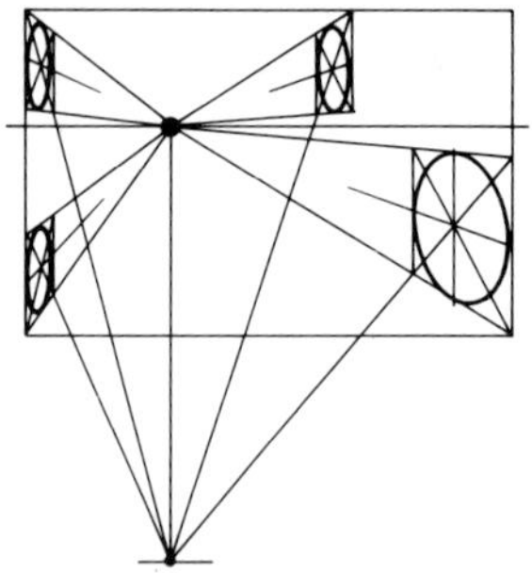

Zudem werden Fluchtlinien von einem Endpunkt jeder Vertikalen zum diagonalen Fluchtpunkt (= Standpunkt) gezogen. Diese ergeben perspektivische Quadrate, in die man Ellipsen legen kann.

Alle zusätzlichen Quadrate und Ellipsen werden auf dieselbe Weise konstruiert. Die Hauptachse der Ellipse sollte eine vertikale Linie sein, wobei Verzerrung nicht auszuschließen ist, da das Blickfeld über den Bereich des Gesichtswinkels hinausgeht.

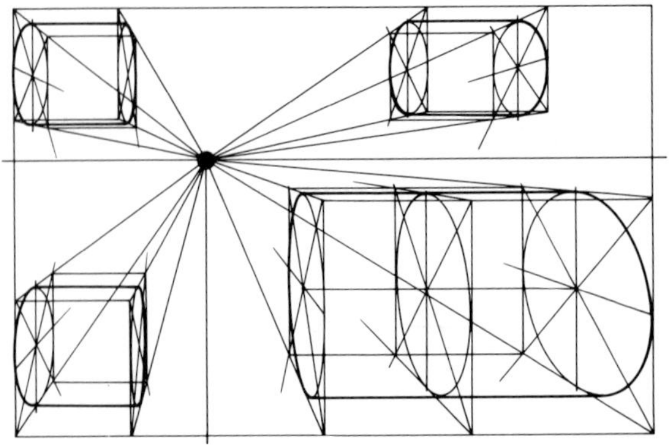

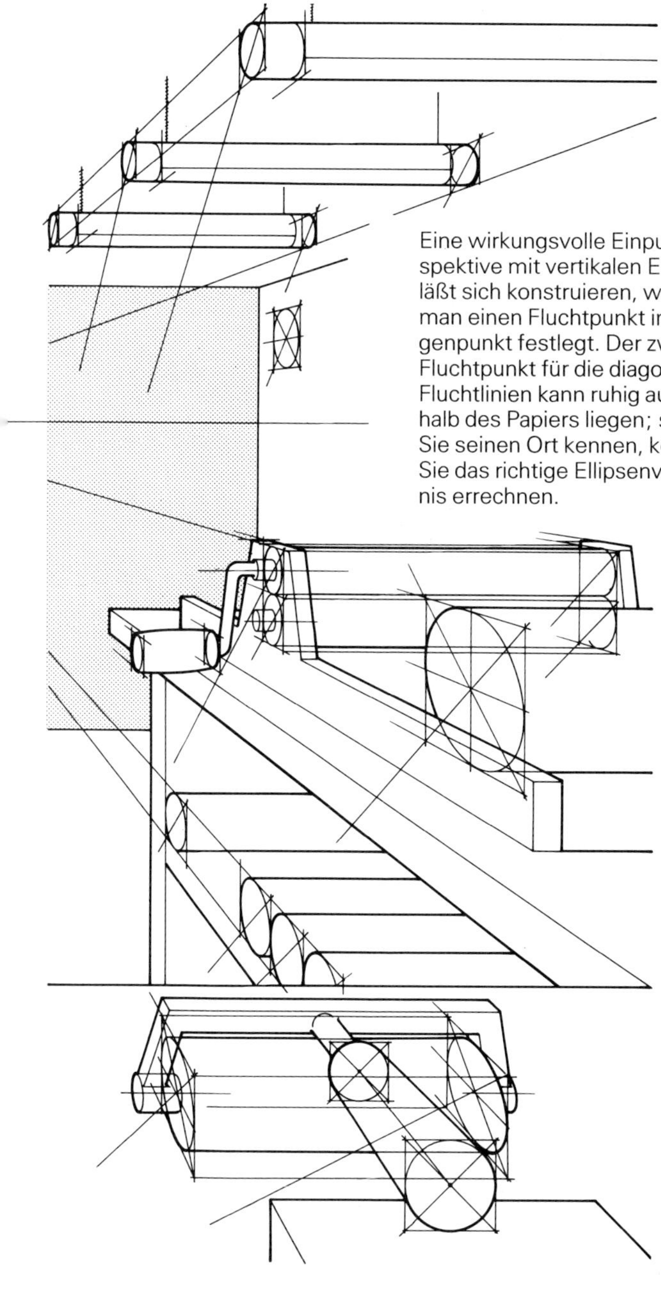

Eine wirkungsvolle Einpunktperspektive mit vertikalen Ellipsen läßt sich konstruieren, wenn man einen Fluchtpunkt im Augenpunkt festlegt. Der zweite Fluchtpunkt für die diagonalen Fluchtlinien kann ruhig außerhalb des Papiers liegen; solange Sie seinen Ort kennen, können Sie das richtige Ellipsenverhältnis errechnen.

Kapitel drei

Zweipunkt-perspektive

Diese Methode gestattet Ihnen, dreidimensionale Ansichten und Blickwinkel viel differenzierter anzugehen und Ihre perspektivische Darstellung weitaus naturgetreuer zu gestalten.

In der Zweipunkt- oder Schrägperspektive stehen die parallelen Seiten eines Körpers in verschiedenen Winkeln zur Bildebene. Für Objekte mit regelmäßiger Form gibt es zwei Fluchtpunkte auf der Horizontlinie.

Wenn man Objekte oder Raster in Zweipunktperspektive konstruiert, arbeitet man normalerweise mit Linien und Ebenen, die, wie die Ecken oder Seiten eines Würfels, im rechten Winkel zueinander stehen. Die drei Würfel sollen als Beispiel dienen.

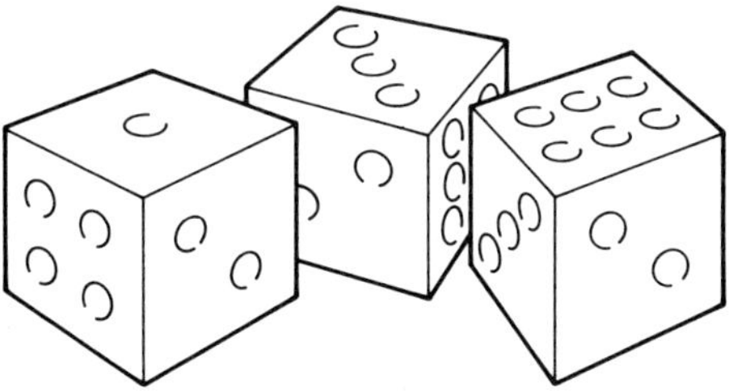

Betrachtet man die Objekte im Grundriß, können die Winkel, in denen sie zur Bildebene stehen, angegeben werden. Man setzt diese Winkel vom Standpunkt aus fest, um die verschiedenen Fluchtpunkte auf der Horizontlinie zu lokalisieren.

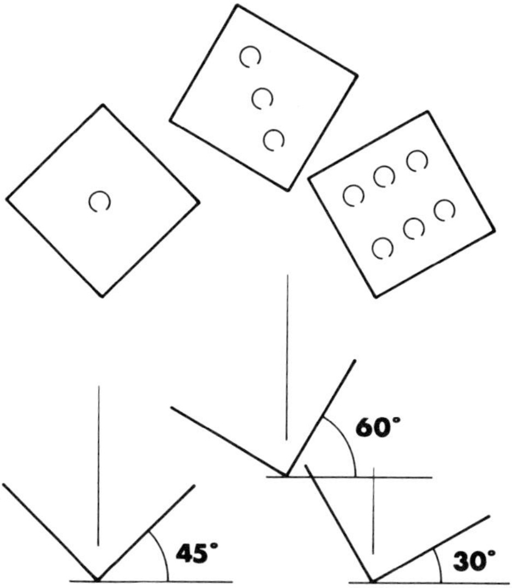

Die folgenden drei Konstruktionen zeigen die Fluchtpunkte im Verhältnis zu den Winkeln der Würfel (45°, 60° rechts und 60° links). Diese Fluchtpunkte sollten eindeutig bestimmt und auf der Horizontlinie markiert werden.

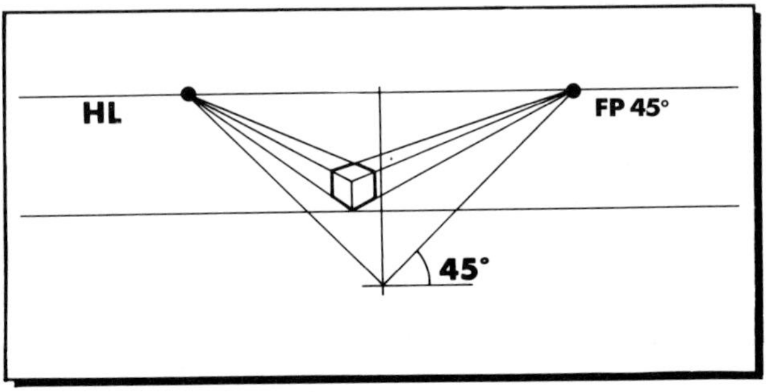

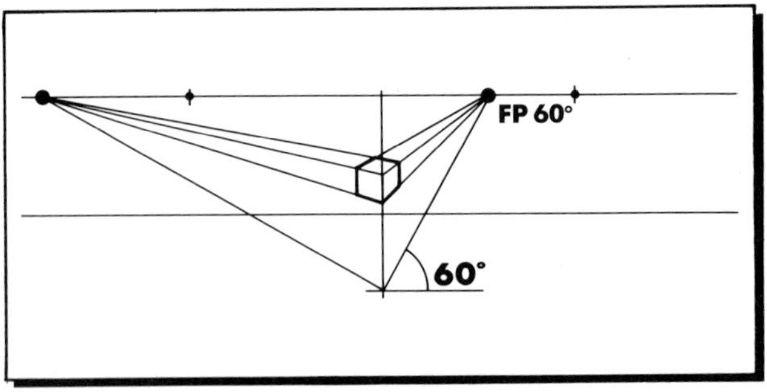

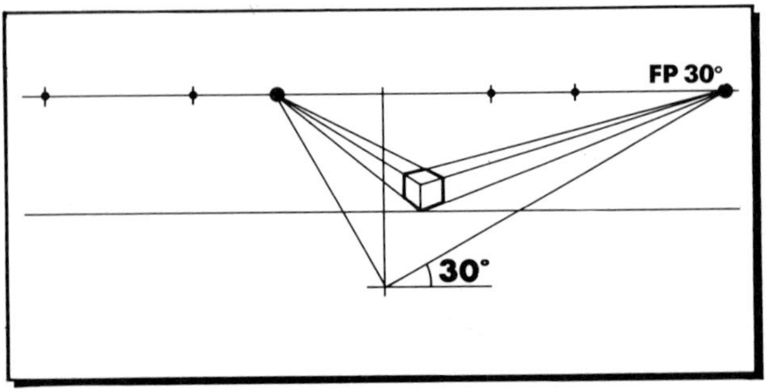

Höhen

Höhen verwendet man zur Messung der Höhe einer Linie, sofern das Objekt die Bildebene berührt. Aber auch zur Höhenmessung von Linien hinter der Bildebene, beziehungsweise innerhalb des Bildes, kann man sie einsetzen.

Eine Höhe wird senkrecht zur Grundlinie errichtet, und auf ihr werden die Maße abgetragen.

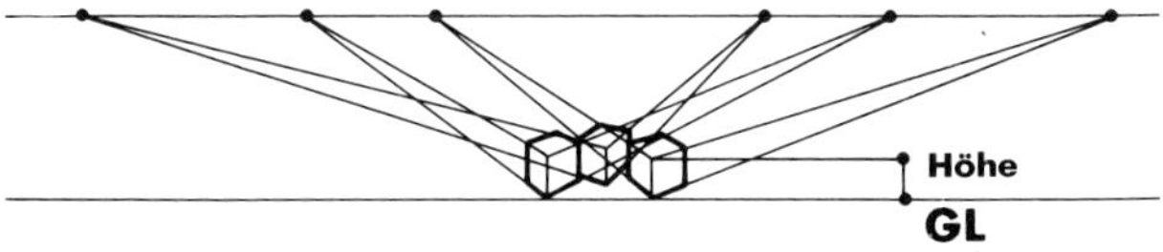

Höhen können in jedem beliebigen Punkt der Grundlinie errichtet werden, doch oft empfiehlt es sich, sie da zu errichten, wo Linien eines Objekts die Bildebene direkt oder in der Verlängerung berühren.

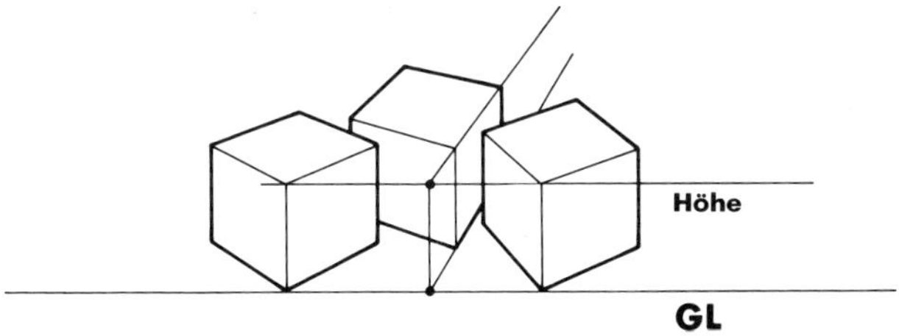

Alle Seiten mit gleicher Höhe können auf der Bildebene gemessen und nach hinten zu jedem beliebigen Punkt auf der Horizontlinie projiziert werden.

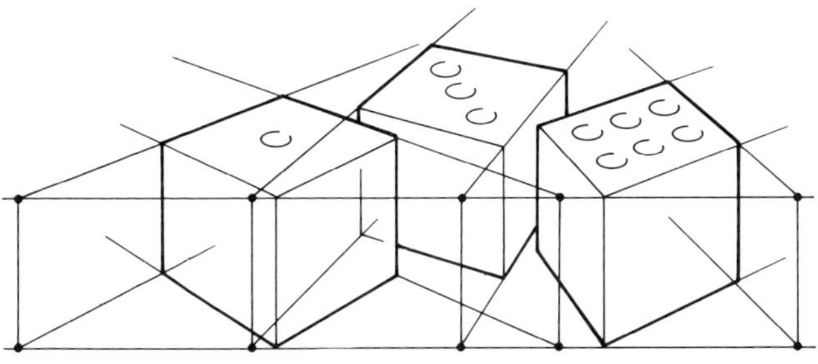

Ein einzelnes Objekt in der Zweipunktperspektive

Um eine einfache Zweipunktperspektive von einem Objekt zu konstruieren, müssen Sie als erstes die Winkel festlegen, in denen das Objekt zur Bildebene steht.

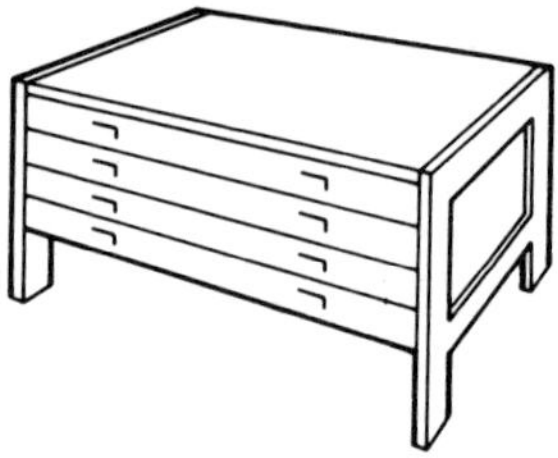

Dies erreicht man, indem man das Objekt im Grundriß betrachtet und seine Winkel einzeichnet.
Zudem trägt man die Bildebene und den Standpunkt des Betrachters ein und zieht Linien zu den Eckpunkten des Objekts, die die Bildebene schneiden. Diese Schnittpunkte sind zugleich die Meßpunkte.

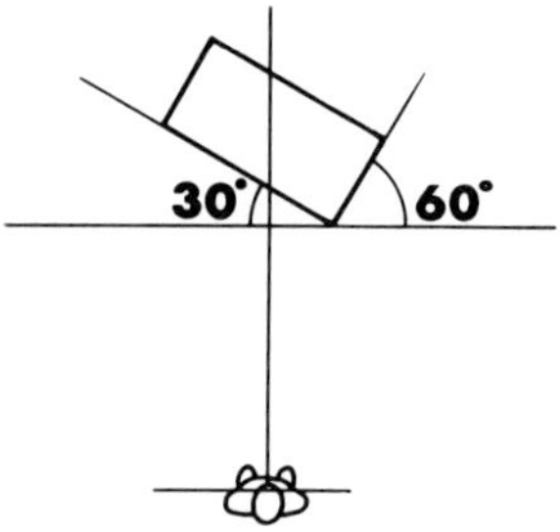

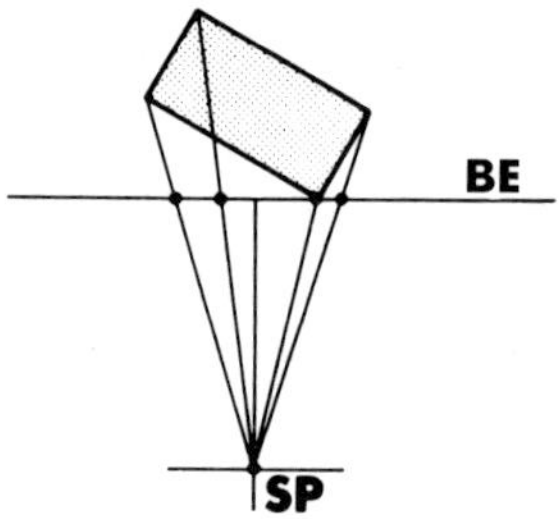

In Diagrammform, mit dem Betrachter vor der Bildebene, berührt die vordere Kante des Objekts diese in Punkt A.
Nun zieht man vom Auge des Betrachters parallel zu den Seiten des Objekts Linien, die die Horizontlinie in den entsprechenden Fluchtpunkten rechts und links treffen.

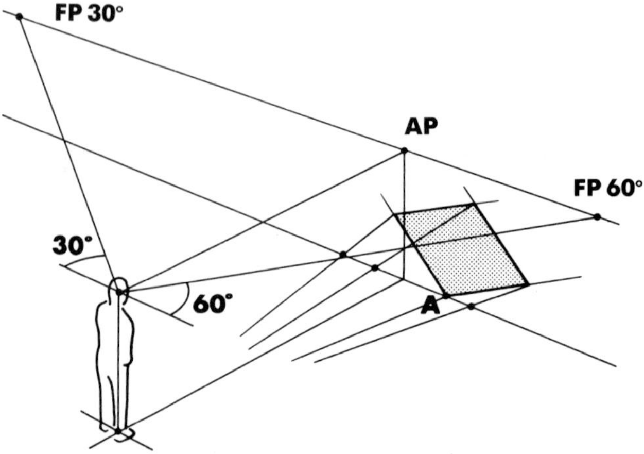

Mit der Horizont- und Grundlinie, dem Standpunkt und den Fluchtpunkten können Sie beginnen, das Objekt zu konstruieren. Markieren Sie die Vorderecke des Objekts (Punkt A) auf der Grundlinie. Tragen Sie die restlichen Meßpunkte ein.

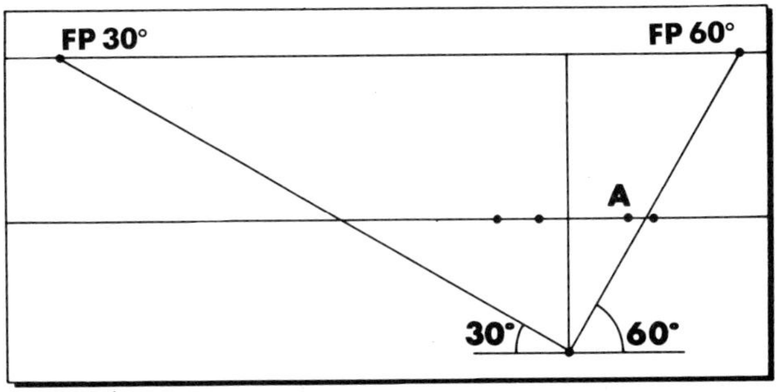

Errichten Sie von diesen Meßpunkten aus vertikale Linien. Die Vertikale in Punkt A wird als Höhe genommen und die Höhe des Objekts auf ihr abgetragen. Von dieser Höhenmarke aus ziehen Sie Fluchtlinien zu den beiden Fluchtpunkten.

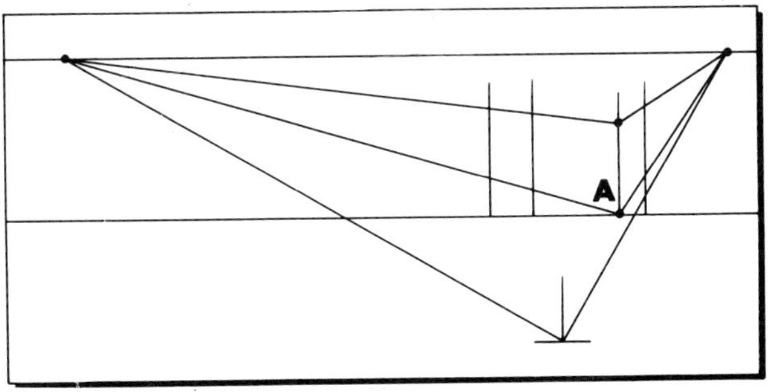

Die Punkte, in denen die Fluchtlinien die Vertikalen schneiden, markieren die verschiedenen Punkte, die notwendig sind, um das Objekt in seiner gesamten Form zu zeichnen.

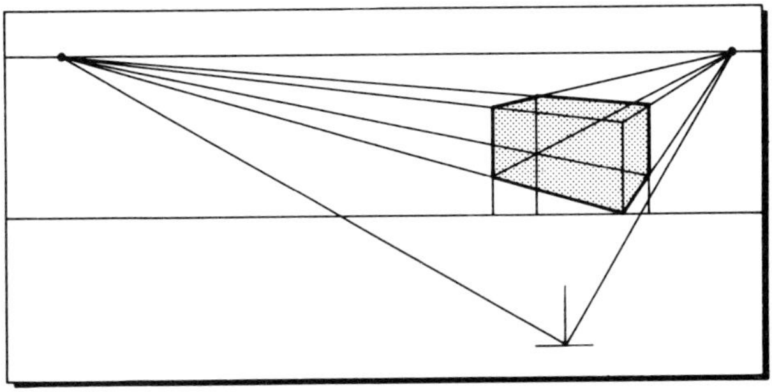

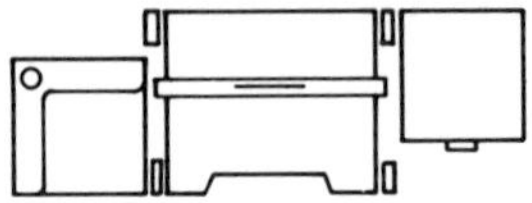

Eine Objektgruppe in der Perspektive

In dieser Übung soll eine Gruppe von drei Objekten in der Zweipunktperspektive gezeichnet werden: ein Ablagetisch, ein Zeichentisch und ein Registraturschrank. Der Grundriß zeigt die Bezugsverhältnisse der drei Objekte zueinander.

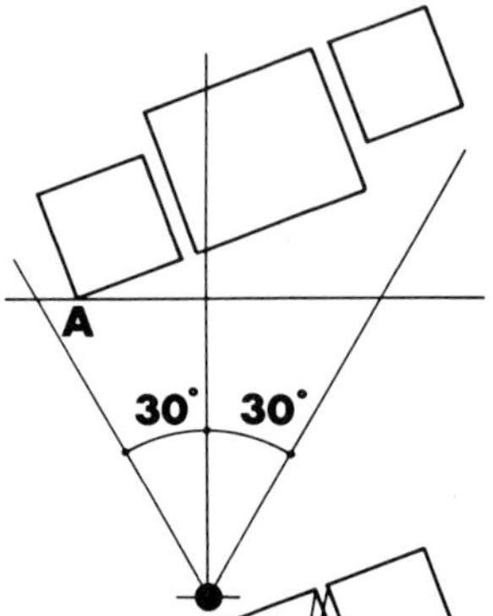

Zeichnen Sie einen einfachen Grundriß, der die Objekte in ihrem genauen Bezug zur Bildebene wiedergibt. In Punkt A berührt das erste Objekt die Bildebene.

Legen Sie den Standpunkt fest und überprüfen Sie, daß alle Objekte innerhalb des Gesichtswinkels, d. h. in einem Winkel von 30° beiderseits der Distanzlinie, liegen.

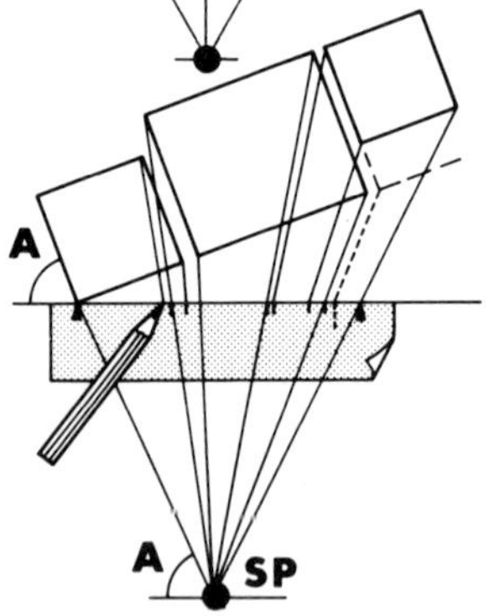

Ziehen Sie Linien (Sichtlinien) von den Objektecken auf die Bildebene und tragen Sie diese Meßpunkte auf einem extra Papierstreifen ab.

Um die Perspektive festzulegen, zeichnen Sie zunächst die Horizontlinie, die Grundlinie und die Fluchtpunkte. Tragen Sie den Punkt A in genauem Abstand zu einer Seite ein. Errichten Sie in diesem Punkt die Höhe.

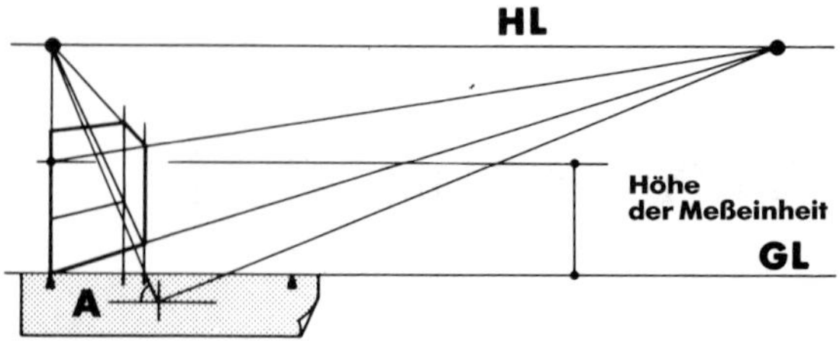

Markieren Sie die Meßpunkte für das erste Objekt auf der Grundlinie und errichten Sie auf ihnen Vertikalen. Ziehen Sie von der Höhe aus Fluchtlinien nach hinten zum rechten Fluchtpunkt. Wo diese Linien die Vertikalen schneiden, liegen die Punkte, mit deren Hilfe Sie die Form des ersten Objekts zeichnen können.

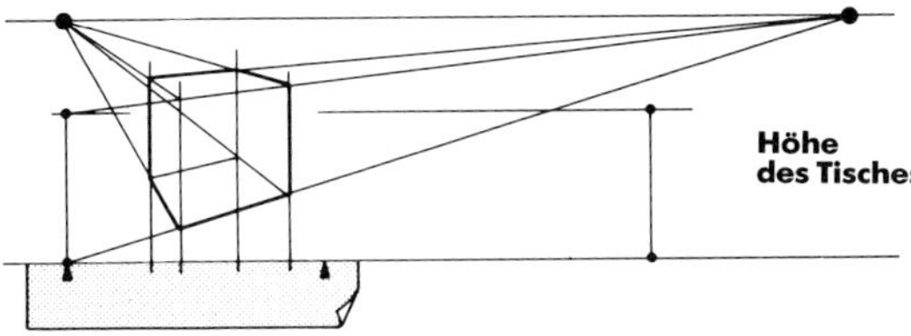

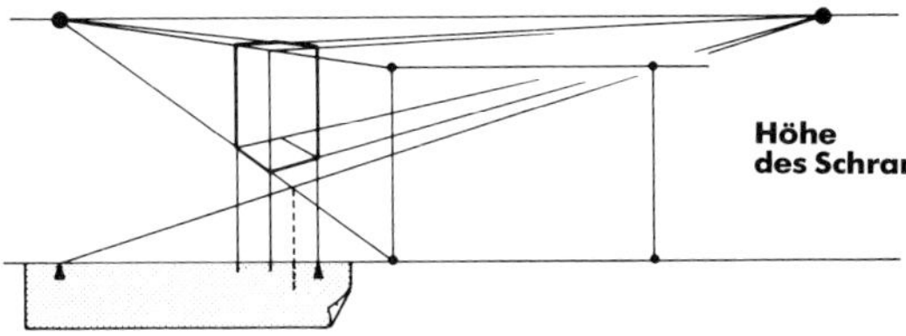

Wiederholen Sie diesen Prozeß für das zweite und dritte Objekt, verwenden Sie dabei die Meßpunkte, die Sie zuvor auf Ihrem Papierstreifen abgetragen haben und übertragen Sie diese auf die Grundlinie. Dann errichten Sie in diesen Punkten Höhen. Auf diesen markieren Sie die jeweilige Höhe der Objekte. Dabei wurde für den Registraturschrank aber noch eine zusätzliche Höhe (die gepunktete Linie) eingezeichnet, da er im Verhältnis zu den vorderen Kanten der ersten beiden Objekte nach hinten versetzt steht.

In jedem Fall wird der Umriß der Objekte auf der Grundebene konstruiert, seine Höhe wird durch eine Höhe auf der Bildebene bestimmt. Das ist der einzige Ort, wo wahre Maßeinteilungen vorgenommen werden können.

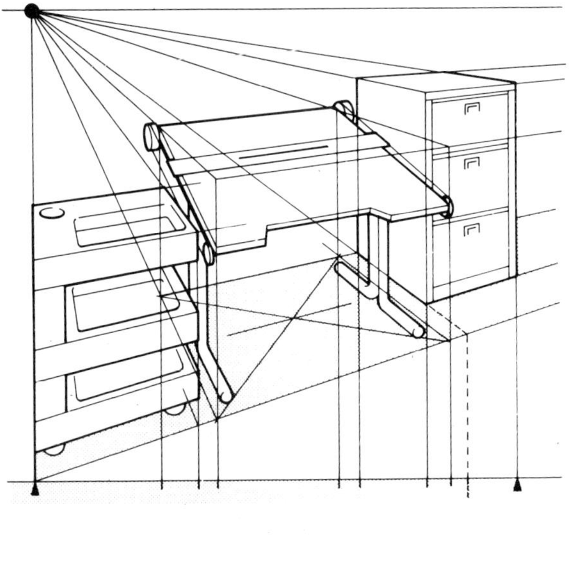

Zusätzliche Fluchtpunkte

In den meisten Fällen stehen die Fluchtpunkte, wenn Sie im Grundriß gesehen werden, im rechten Winkel zueinander. Aber es gibt oft Ausnahmen dazu. Angelehnte Türen, Mauern mit eigenartigen Winkeln, Straßen, die in verschiedenen Richtungen verlaufen, alle brauchen ihren eigenen Fluchtpunkt, der aber weiterhin auf der Horizontlinie liegt.

Bei Ebenen, die in bezug zur Horizontebene schräg oder geneigt erscheinen, flüchten die Seiten nicht zu Punkten auf der Horizontlinie, sondern zu Punkten, die vertikal ober- oder unterhalb derselben liegen, die aber Fluchtpunkte auf der Horizontlinie wären, würden die Ebenen flach liegen.

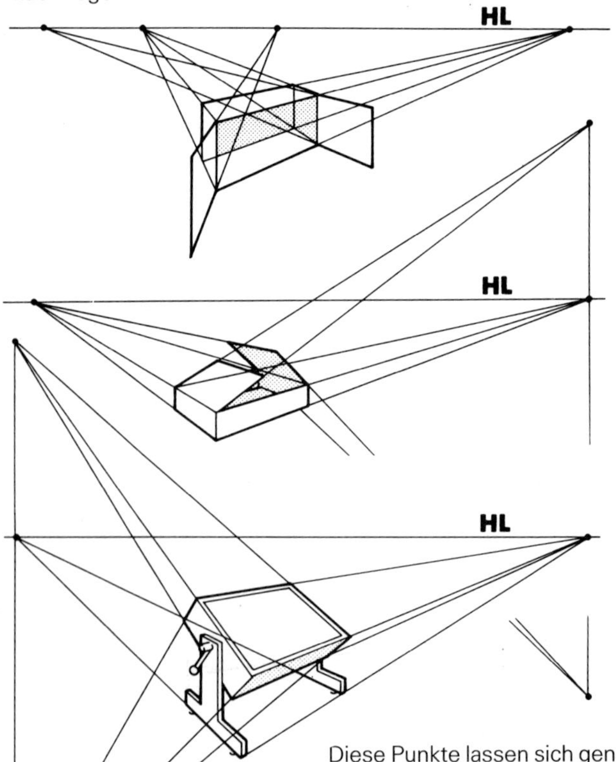

Diese Punkte lassen sich genau bestimmen, indem man eine komplizierte Meßpunktmethode anwendet, aber solange keine technische Präzision verlangt ist, können Sie die zusätzlichen Fluchtpunkte nach Augenmaß festsetzen. Die hier gezeigten Beispiele demonstrieren das Prinzip, daß die Fluchtpunkte dieser schiefen Ebenen vertikal ober- oder unterhalb des entsprechenden horizontalen Fluchtpunktes liegen.

Wenn Sie etwa ein Haus mit schrägem Dach konstruieren, dann ist es wichtig, sich über die Fluchtpunkte der Dachseiten klar zu werden. Sie helfen Ihnen, einen genauen Eindruck von der Perspektive zu vermitteln, obwohl die Form des Daches auch ohne sie konstruiert werden kann.

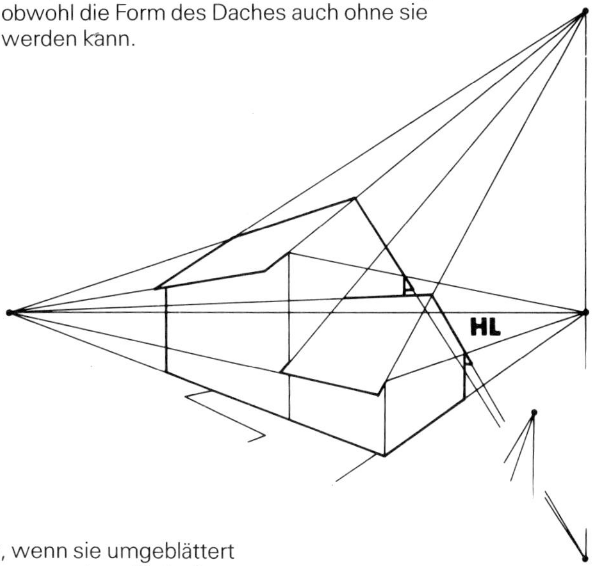

Buchseiten, wenn sie umgeblättert werden, erzeugen eine elliptische Form, denn ihre Ebenen haben gleiche Länge. Ihre Kanten flüchten zu Punkten ober- oder unterhalb der Horizontlinie. Dieses Prinzip gilt auch für andere, ähnlich konstruierte Objekte.

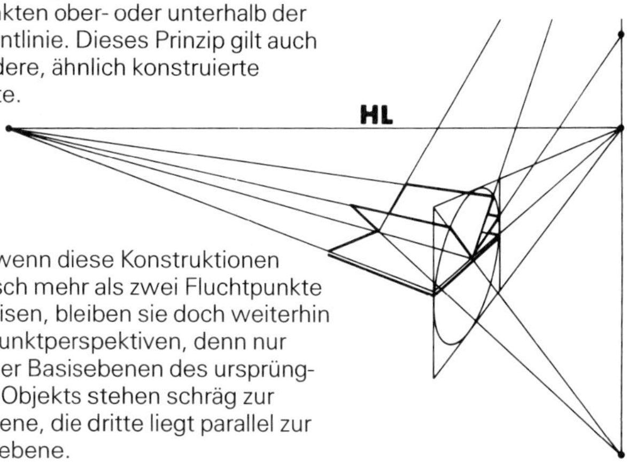

Auch wenn diese Konstruktionen praktisch mehr als zwei Fluchtpunkte aufweisen, bleiben sie doch weiterhin Zweipunktperspektiven, denn nur zwei der Basisebenen des ursprünglichen Objekts stehen schräg zur Bildebene, die dritte liegt parallel zur Grundebene.

Architektonische Darstellung

Häufig wendet man die Zweipunktperspektive dann an, wenn die Zeichnung des Architekten einen mehr künstlerischen Eindruck vermitteln soll. Die Konstruktion ist einfach, ausgehend von den genauen Grund- und Aufrissen, die der Architekt normalerweise in einem geeigneten Maßstab zeichnet.

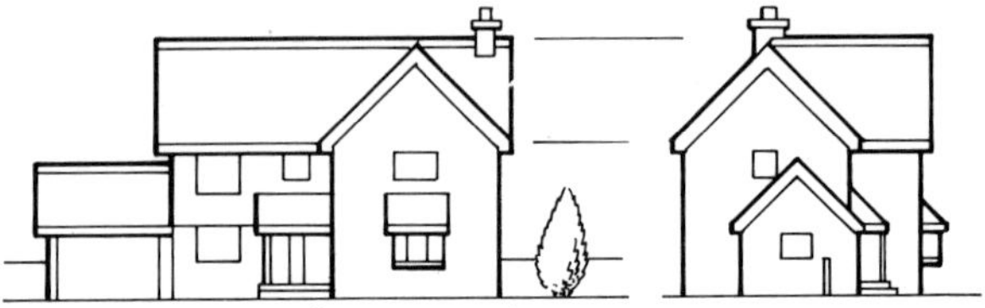

Frontalaufriß

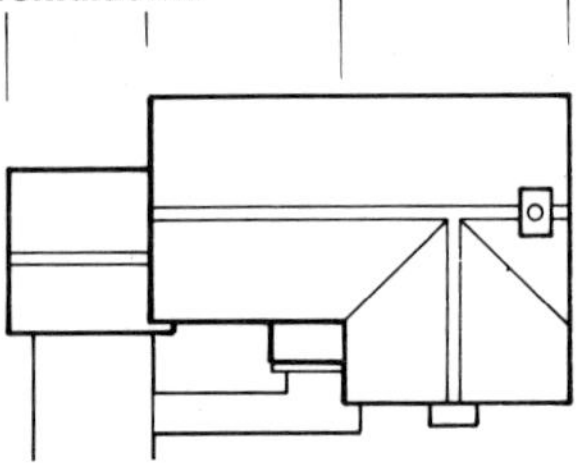

Grundriß

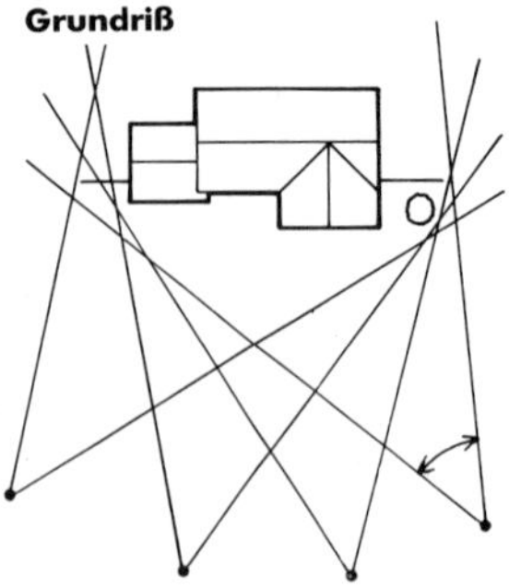

Standpunkt des Betrachters
Als erstes legt man den Standpunkt des Betrachters fest. Dabei dürfen Sie den Gesichtswinkel nicht außer acht lassen, da alle Objekte innerhalb dieses Radius erkennbar sein sollen.

Wichtig ist auch, um eine realistische Ansicht zu vermitteln, die Entfernung des Betrachters vom Gebäude; diese errechnet sich normalerweise aus dem Dreifachen seiner Höhe.

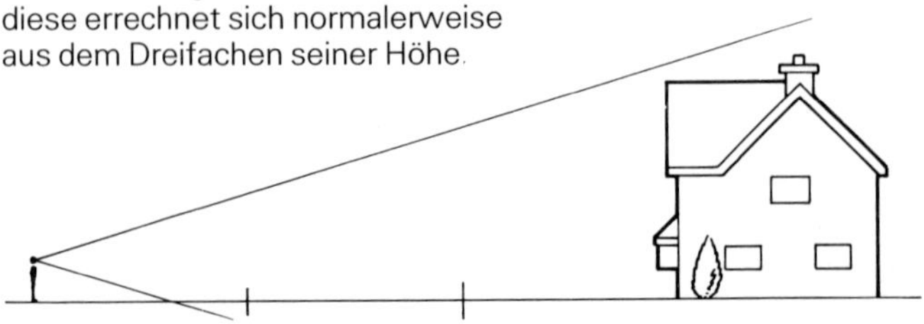

Es ist wichtig, mehrere Standpunkte einzunehmen, um sich dann für den zu entscheiden, der das Gebäude am vorteilhaftesten wiedergibt. In der ersten Abbildung ist die Giebelseite nach vorne verlängert und dominiert zu stark. Einzelheiten um die Eingangstür gehen verloren.

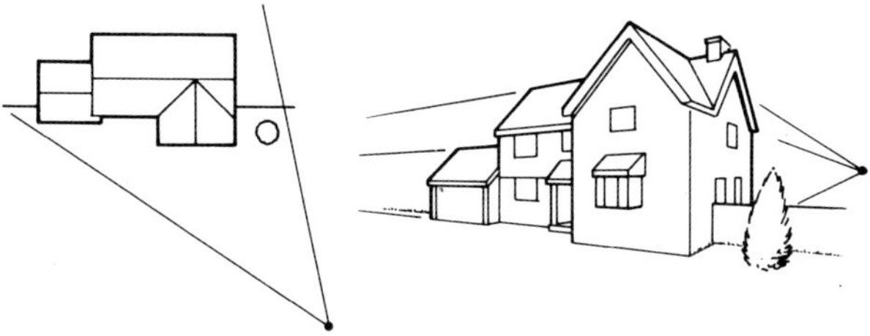

In der zweiten Abbildung kommt zuviel von der Rückmauer ins Bild, und der Frontalaufriß ist zu stark verkürzt. Zwar ist es die richtige Seite, von der aus man die vordere Eingangstür erkennen kann, aber der Betrachter sollte sich ein wenig weiter herum zur Vorderfront des Hauses bewegen, um eine direktere Ansicht zu erhalten.

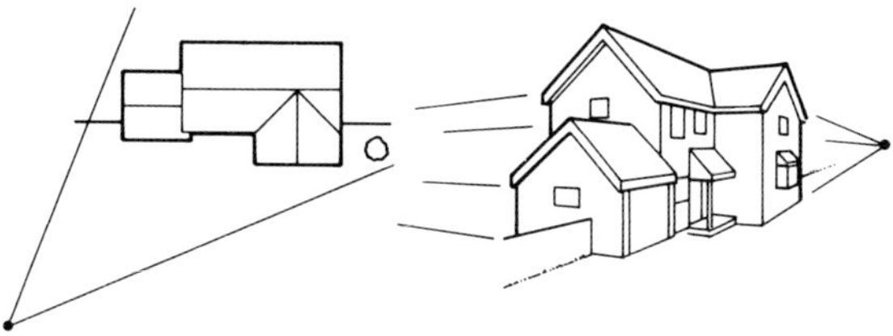

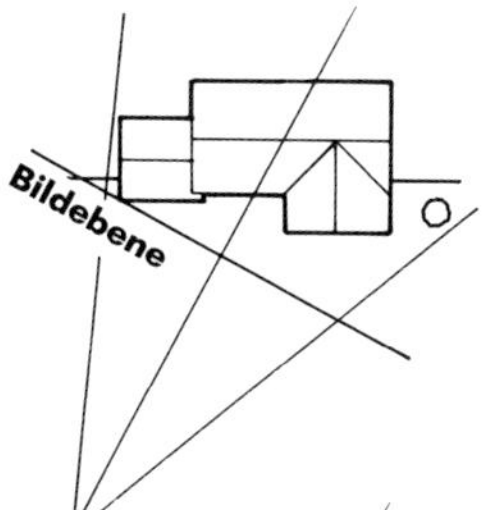

Sobald Sie den Standpunkt und die Distanzlinie festgelegt haben, müssen Sie den Standort der Bildebene bestimmen.

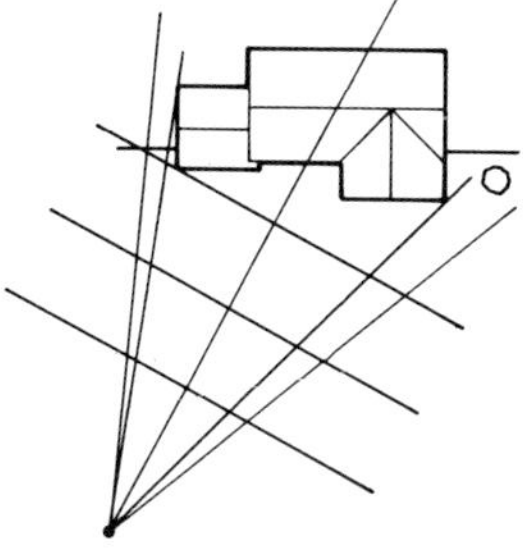

Eine Änderung des Standorts der Bildebene hat keinen Einfluß auf die Perspektive, aber auf die Größe des auf ihr gezeichneten Objekts.

Standort der Bildebene

Wird die Bildebene unmittelbar vor dem Gebäude plaziert, und werden Linien von den Hauptpunkten des Objekts zum Betrachter gezogen, so geben die Schnittpunkte dieser Linien mit der Bildebene die Größe der Zeichnung an.

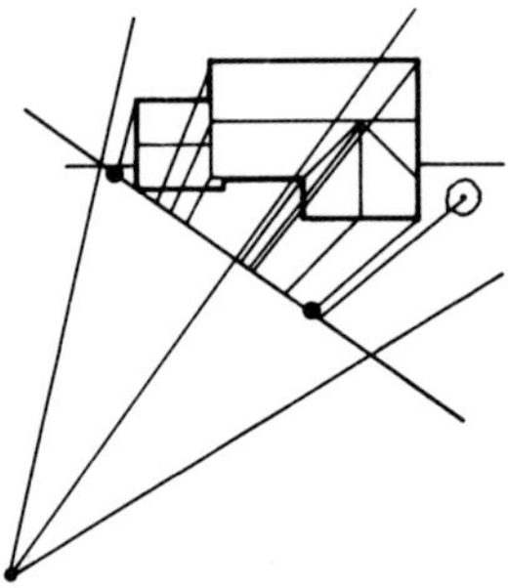

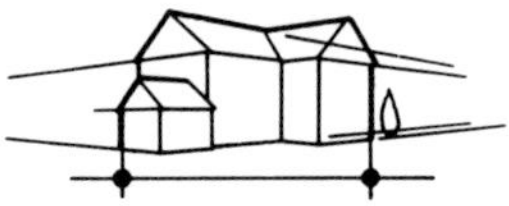

Brauchen Sie eine größere Zeichnung, kann die Bildebene nach hinten ins Gebäude hinein verschoben werden. Das Gebäude ragt dann vorne und hinten über die Bildebene hinaus.

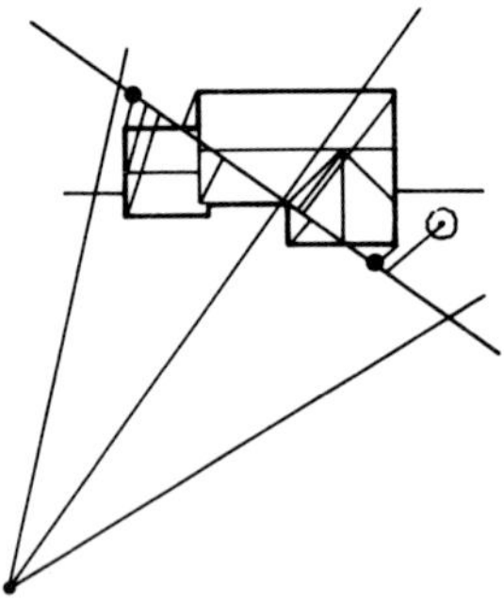

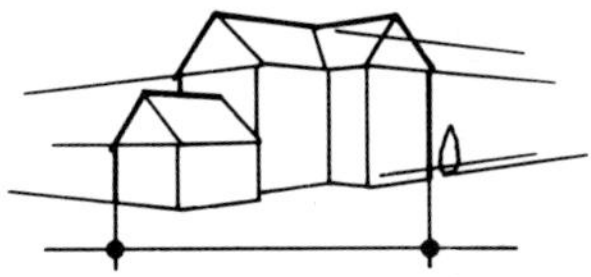

Sichtstrahlen werden dann sowohl nach vorne wie auch nach hinten auf die Bildebene gezogen.
Soll die Zeichnung noch größer sein, kann die Bildebene hinter dem Objekt

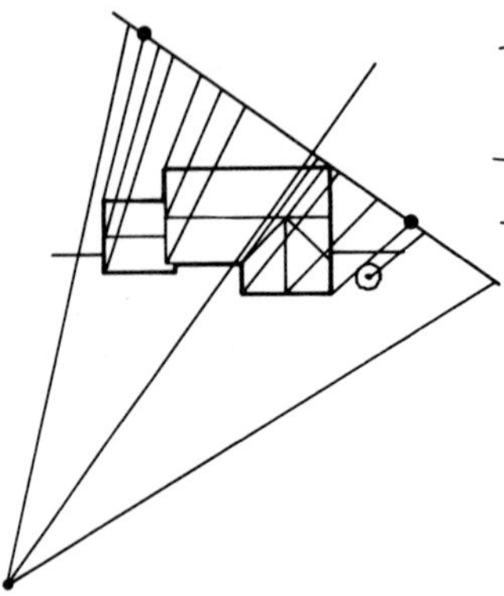

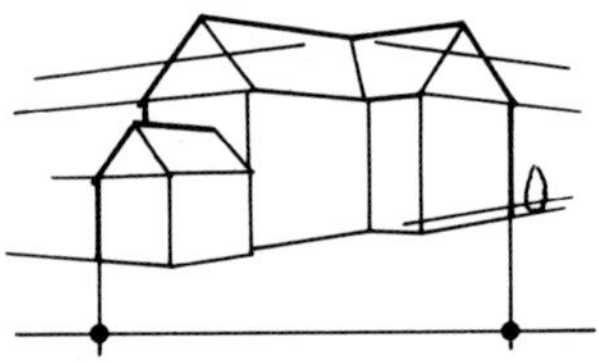

plaziert werden, und alle Sichtstrahlen werden vom Betrachter aus durch die entsprechenden Punkte auf die Bildebene gezogen.
Der einzige Nachteil dabei ist, daß die Hauptkonstruktionspunkte, die Fluchtpunkte, so weit auseinander liegen, daß sie nicht mehr so einfach auf ein großes Blatt Papier passen.

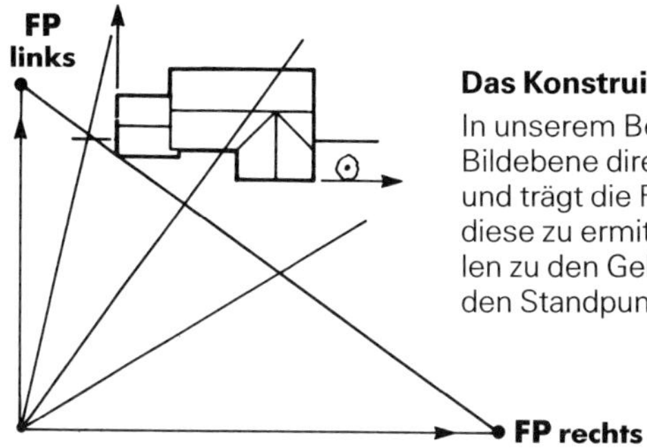

Das Konstruieren der Perspektive

In unserem Beispiel errichtet man die Bildebene direkt vor dem Gebäude und trägt die Fluchtpunkte ein. Um diese zu ermitteln, zieht man Parallelen zu den Gebäudemauern durch den Standpunkt auf die Bildebene.

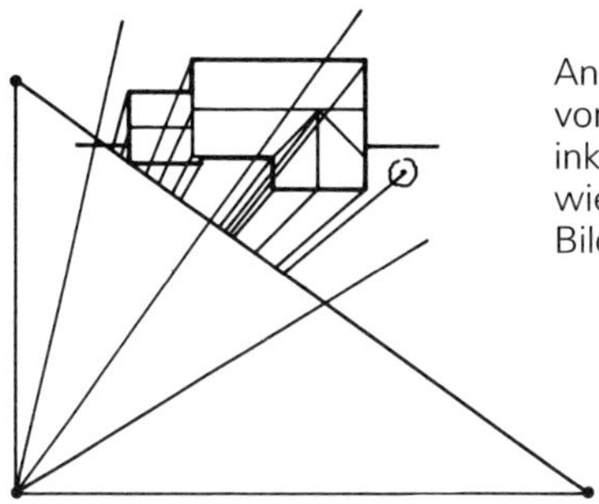

Anschließend zieht man, ausgehend von allen Hauptpunkten des Hauses, inklusive der »versteckten Details« wie Fenster und Türen, Linien auf die Bildebene.

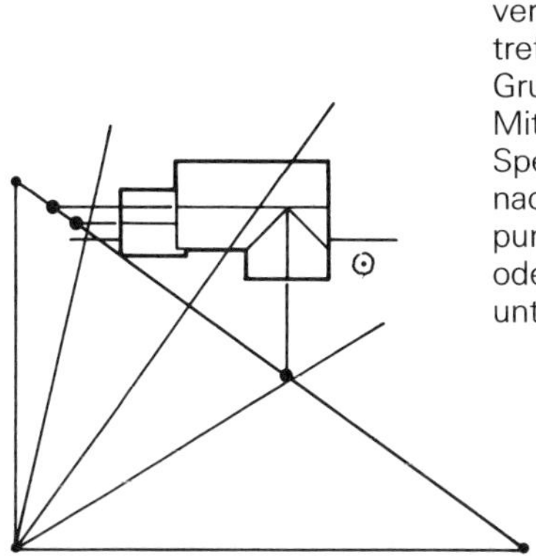

Auch legt man die Haupthöhen fest, indem man die Firstlinien so weit verlängert, bis sie die Bildebene treffen. Nun können Sie die Lage der Grund- und Horizontlinie bestimmen. Mit deren Hilfe können Sie ein breites Spektrum von Ansichten erzeugen, je nachdem, ob Sie einen tiefen Blickpunkt, d. h. von unten nach oben, oder einen erhöhten, von oben nach unten, einnehmen.

Der tiefe Blickpunkt Befindet sich die Grundebene oberhalb von Ihnen, erscheint auch die Grundlinie oberhalb Ihrer Augenhöhe, der Horizontlinie. Aus dieser Position blicken Sie zum Gebäude hinauf. Einige tieferliegende Details des Hauses verlieren sich dann hinter der Grundlinie.

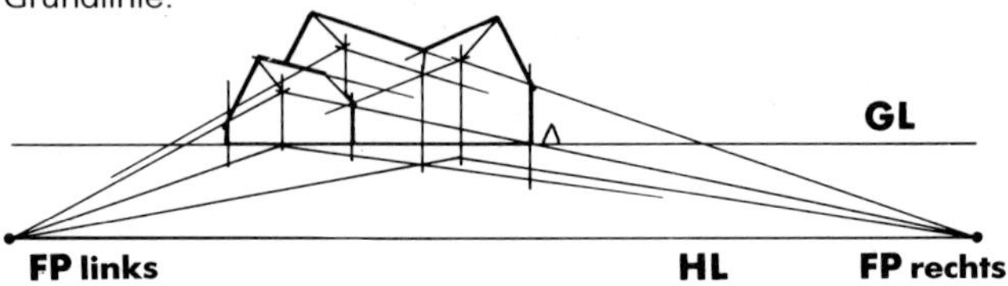

Der erhöhte Blickpunkt Befindet sich die Grundebene weit genug unterhalb von Ihnen, dann schneidet sie die Bildebene tief unten auf Ihrem Blatt Papier und bildet eine Grundlinie, die weit genug von der Horizontlinie entfernt liegt. Das ergibt eine Luftperspektive, doch ein Nachteil dabei ist, daß das Gebäude sich wie ein Modell in kleinem Maßstab ausnimmt.

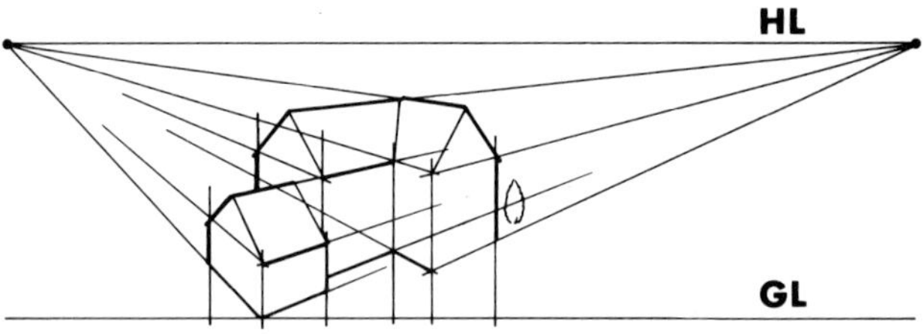

Vermeiden Sie, daß die Horizontlinie mit einer der horizontalen Hauptlinien des Hauses zusammenfällt, denn dadurch könnten seltsame Eindrücke entstehen.

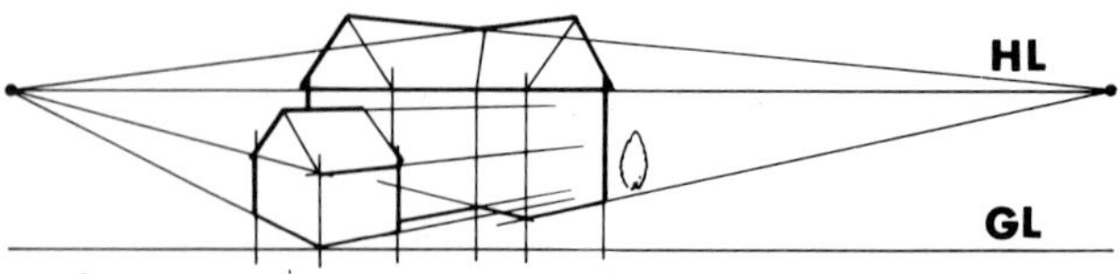

Eine gute Lösung bietet die Vorstellung, das Gebäude und Sie als Betrachter stünden auf der Grundebene. Das ermöglicht eine natürliche Augenhöhe und läßt das Gebäude in einem personengerechten Maßstab erscheinen.

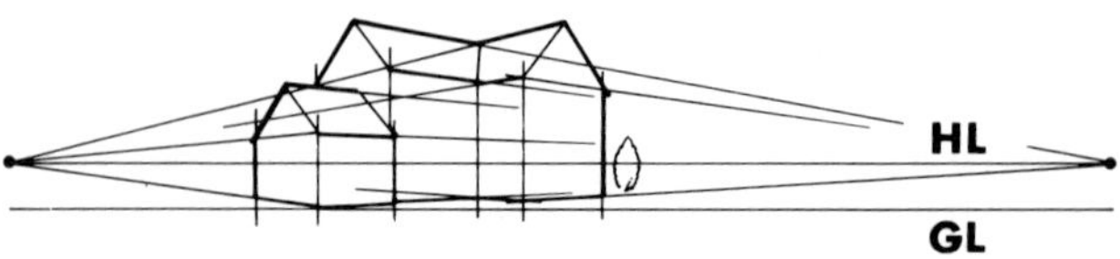

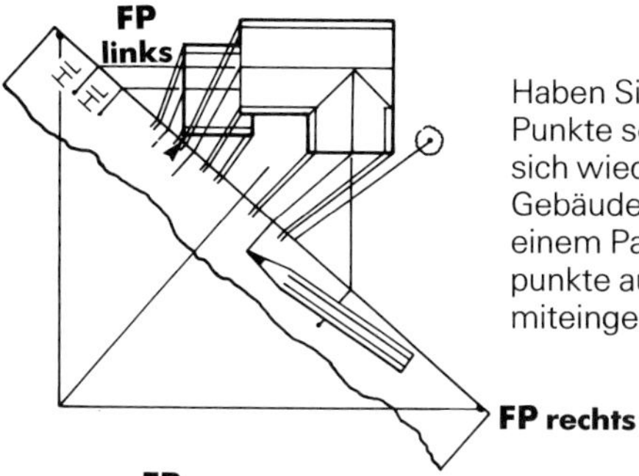

Haben Sie alle vorhergegangenen Punkte soweit erfüllt, wenden Sie sich wieder dem Grundriß des Gebäudes zu und tragen Sie auf einem Papierstreifen alle Schnittpunkte auf der Bildebene, die Höhe miteingeschlossen, ab.

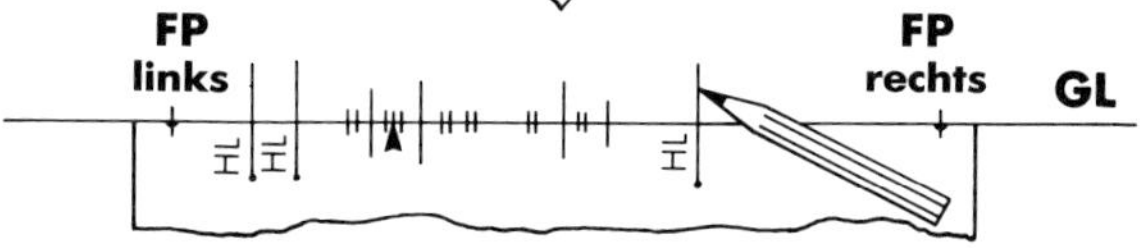

Übertragen Sie diese Maße auf die Grundlinie, die Sie auf Ihrem großen Blatt Papier eingezeichnet haben. Ergänzen Sie die Horizontlinie, die Fluchtpunkte und den Augenpunkt.

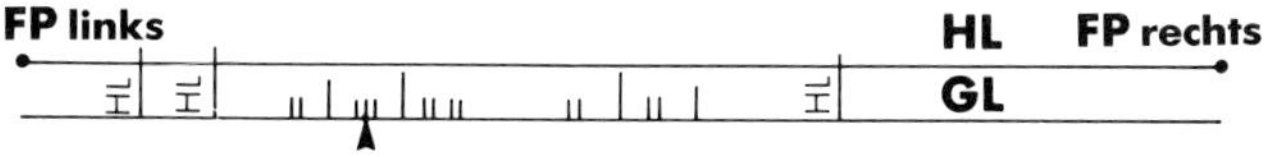

Beginnen Sie die perspektivische Konstruktion, indem Sie von Punkt A aus (der nächstgelegene Punkt des Gebäudes, der die Bildebene berührt) Fluchtlinien zu den beiden Fluchtpunkten ziehen.

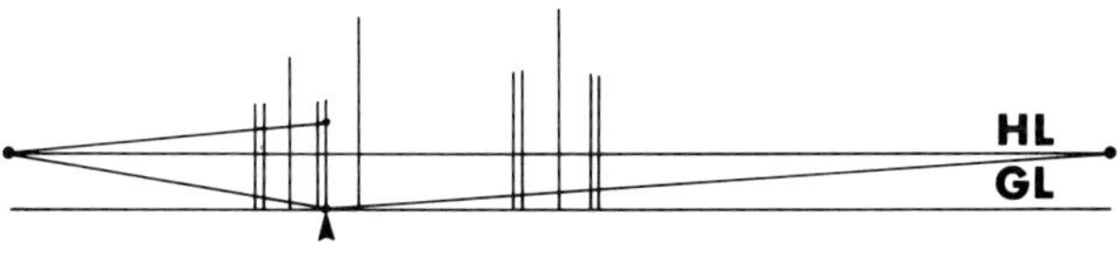

Errichten Sie von der Grundlinie aus vertikale Linien in den Punkten der Giebelseiten. Zeichnen Sie die Höhen ein und markieren Sie auf diesen die Höhe der Firste und Dachvorsprünge. Von diesen Höhen ziehen Sie Fluchtlinien nach hinten, bis sie den vertikalen Mittelpunkt jeder einzelnen Giebelseite treffen.

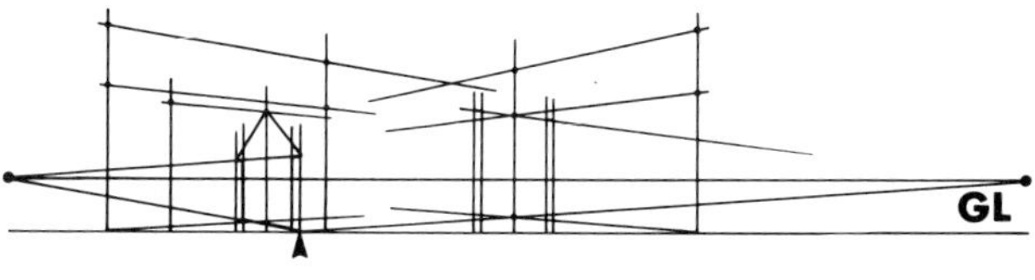

Nun können, ausgehend von den verschiedenen Schnittpunkten, die Giebelseiten gezeichnet werden.
Ziehen Sie Fluchtlinien von den Dachpunkten aus, verbinden Sie diese miteinander und konstruieren Sie den Gesamtverband aller Dächer und Mauern.

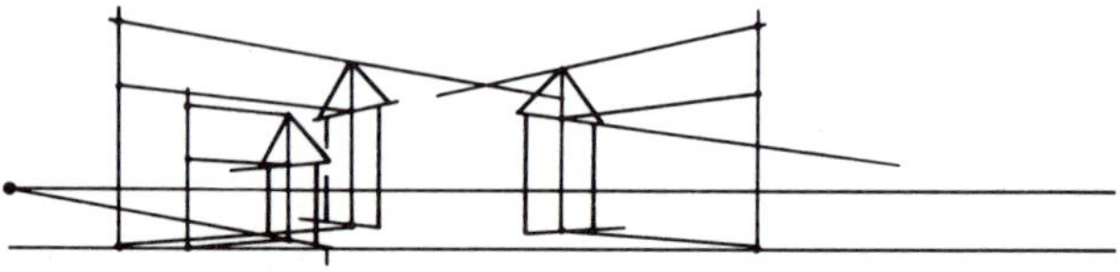

Nun können Einzelheiten, wie Fenster und Türen, deren Meßpunkte auf der Grundlinie markiert sind, konstruiert werden. Errichten Sie in diesen Punkten vertikale Linien, die auf den Mauern des Gebäudes erscheinen. Tragen Sie die verschiedenen Höhen auf den entsprechenden Linien ab und verlängern Sie diese Höhen mit Hilfe von Fluchtlinien auf die Mittellinie der Giebelseite. Diese Punkte werden dann rund um das Gebäude verlängert, bis sie die richtigen Vertikalen schneiden.

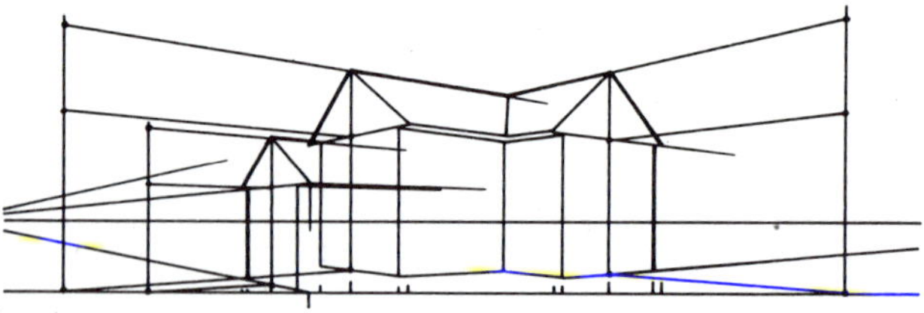

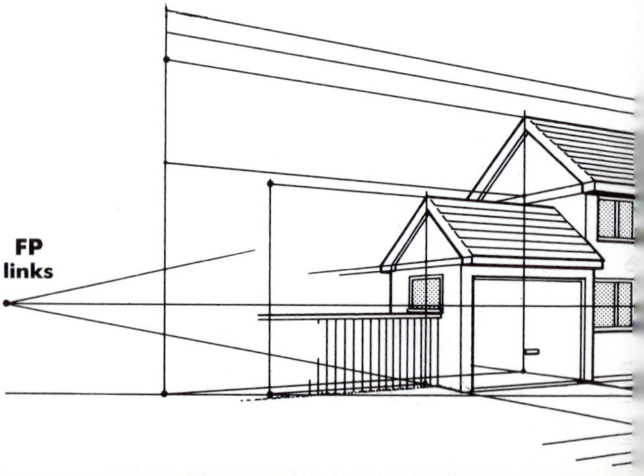

Beim Konstruieren von architektonischen Ansichten lohnt es sich, besonders zu Beginn einige Sorgfalt aufzuwenden und so genau wie möglich zu sein. Sind die Hauptmerkmale erst einmal ganz genau plaziert, können Sie sich beruhigt an das Ergänzen der Einzelheiten machen, was nach Augenmaß oder durch Größenvergleich geschehen kann.

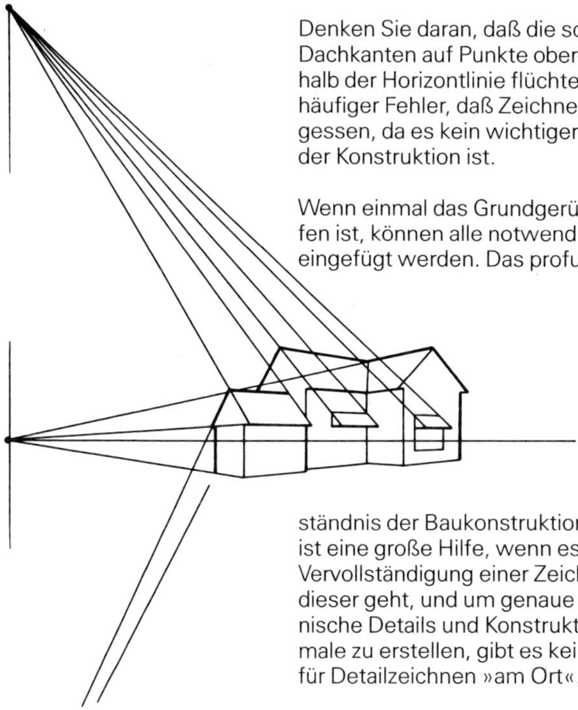

Denken Sie daran, daß die schrägen Dachkanten auf Punkte ober- oder unterhalb der Horizontlinie flüchten. Es ist ein häufiger Fehler, daß Zeichner dies vergessen, da es kein wichtiger Bestandteil der Konstruktion ist.

Wenn einmal das Grundgerüst entworfen ist, können alle notwendigen Details eingefügt werden. Das profunde Verständnis der Baukonstruktionsmethoden ist eine große Hilfe, wenn es um die Vervollständigung einer Zeichnung wie dieser geht, und um genaue architektonische Details und Konstruktionsmerkmale zu erstellen, gibt es keinen Ersatz für Detailzeichnen »am Ort«.

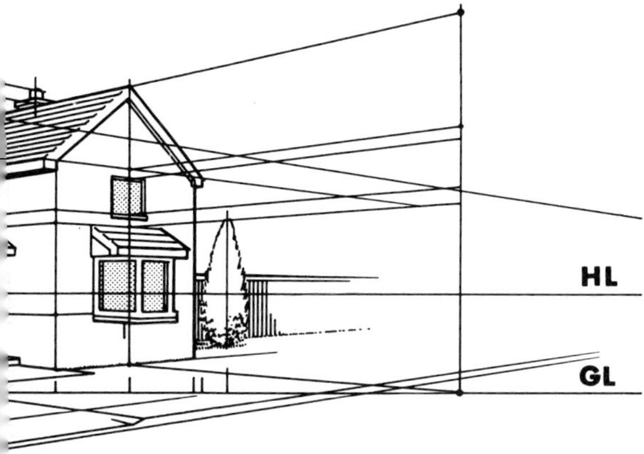

Kapitel vier

Perspektivische Raster

Rasterkonstruktionen – in diesem Kapitel anhand von Zwei- und Dreipunktperspektiven dargestellt – liefern ein Grundgerüst, innerhalb dessen Sie komplizierte Körper genau festlegen können.

Zweipunktperspektivraster

Die bisherigen Beispiele für perspektivisches Zeichnen machten direkten Gebrauch von einer Horizontlinie mit Fluchtpunkten, um die Perspektive zu konstruieren. Dies ist nicht immer die beste oder einfachste Methode. Beim Zeichnen eines einzelnen, komplizierten Objekts mit einer großen Anzahl von Komponenten, wird es zum Beispiel für Sie leichter sein, die Gesamtform des Objekts und die Beziehung seiner Komponenten zueinander festzulegen, wenn Sie ein Perspektivraster zugrunde legen. Das macht die Notwendigkeit der Horizontlinie und der Fluchtpunkte im Rahmen Ihrer Darstellung überflüssig.

Um das Prinzip der Rasterkonstruktion zu erkennen, stellen Sie sich zuerst zwei vertikale Ebenen vor, die ins Unendliche zu ihren respektiven Fluchtpunkten laufen.

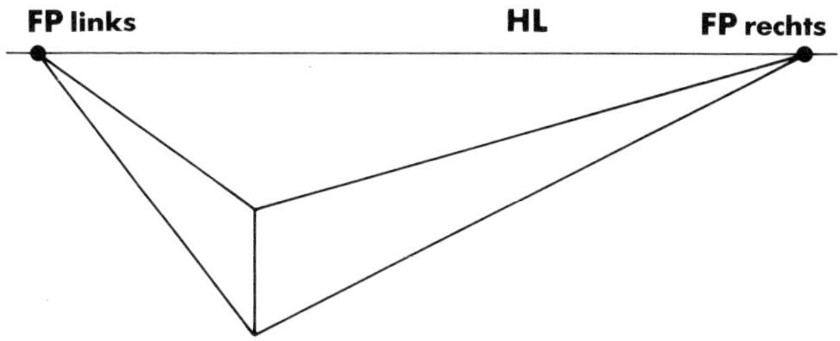

Diese Ebenen können unterbrochen werden, indem man sie von einer dem Betrachter und in diesem Fall senkrecht zur Distanzlinie stehenden, vertikalen Ebene schneiden läßt.

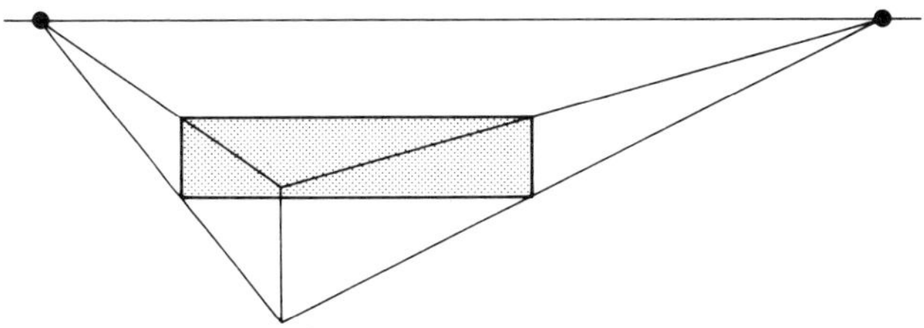

Zieht man weitere Fluchtlinien von der ursprünglichen Höhe nach hinten zu verschiedenen Punkten auf der Horizontlinie, werden Sie beobachten, daß diese die neue Vertikalebene schneiden und eine genormte, verkürzte Höhe ergeben.

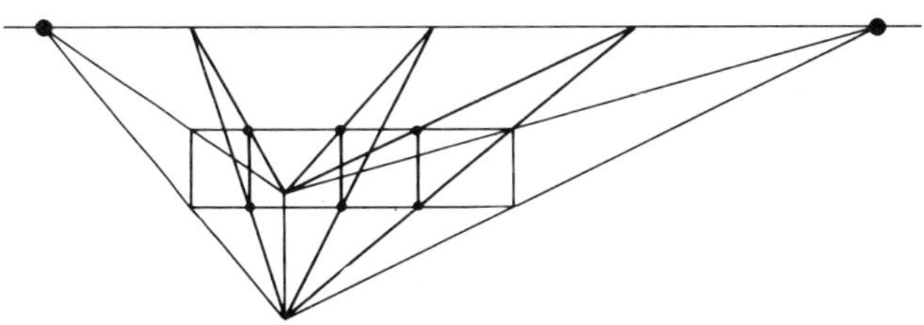

Zeichnen Sie nun eine Reihe von perspektivischen Linien, indem Sie eine Vertikale AB errichten und links wie rechts von ihr die Fluchtrichtung 1 und 2 festsetzen. Ergänzen Sie dann die neue Fluchtrichtung 3, um den perspektivischen Effekt zu erzielen. Zeichnen Sie eine horizontale Bezugslinie (HBL) ein und errichten Sie Vertikalen in den Schnittpunkten der horizontalen Bezugslinie mit den Linien 1 und 2. Wo die Vertikale Linie 3 schneidet, ziehen Sie eine zweite horizontale Linie, die die Fluchtrichtung 4 angibt.
Aus dem Originalbeispiel wissen wir, daß die Fluchtlinien 1 und 4 sowie 2 und 3 sich auf einer gemeinsamen Horizontlinie treffen würden, wenn man sie verlängerte.

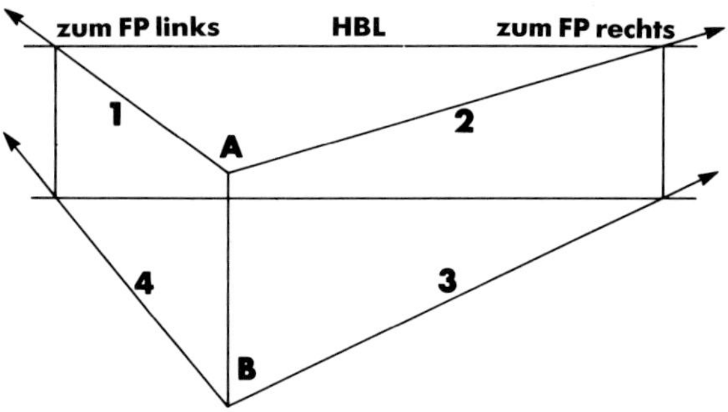

Unterteilung des Rasters
Um ein einfaches Linienraster herzustellen, wird die Vertikale zunächst halbiert, dann geviertteilt. Dasselbe geschieht mit den Vertikalen 1 und 4 sowie 2 und 3. Parallele Fluchtlinien gewinnt man, wenn die entsprechenden Punkte auf den Vertikalen miteinander verbunden werden.

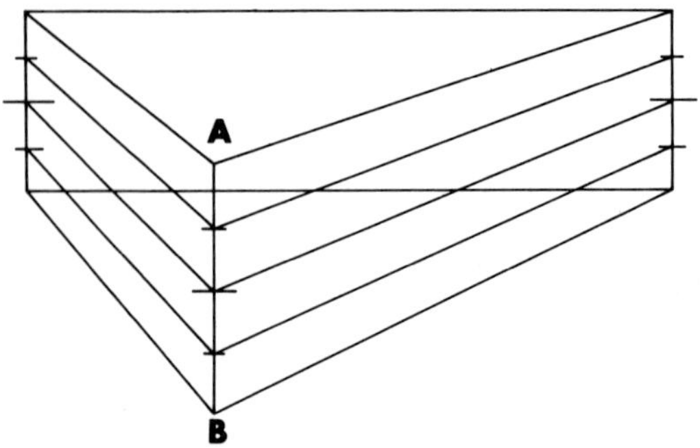

Alternativ kann man die Vertikalen auch mit Hilfe einer Meßlinie unterteilen. Sie verlängern einfach die untere horizontale Bezugslinie – dabei spielt es keine Rolle, ob nach links oder rechts –, nehmen dann die Höhe AB und legen Sie so durch Punkt 2, daß sie die Horizontlinie schneidet. Jede Maßeinteilung, die auf AB vorgenommen wird, kann nun auch auf die Meßlinie übertragen werden. Zieht man horizontale Linien von den Meßpunkten zur Vertikalen 2/3, so liefern sie einen genauen perspektivischen Verkleinerungsmaßstab.

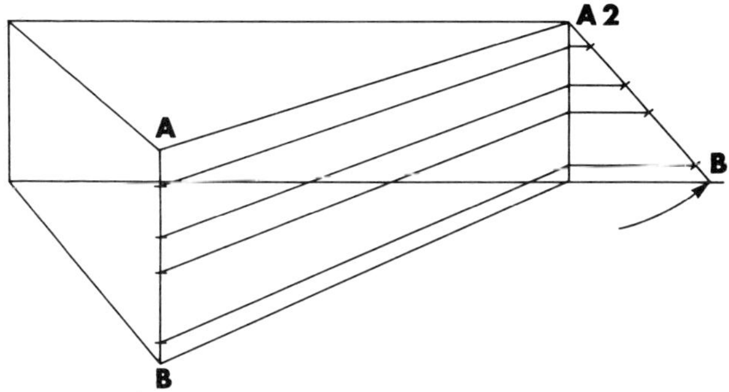

Entsprechende Unterteilungen auf der Vertikalen 1/4 erhält man, indem man die horizontalen Linien von der Meßlinie aus nach links verlängert.

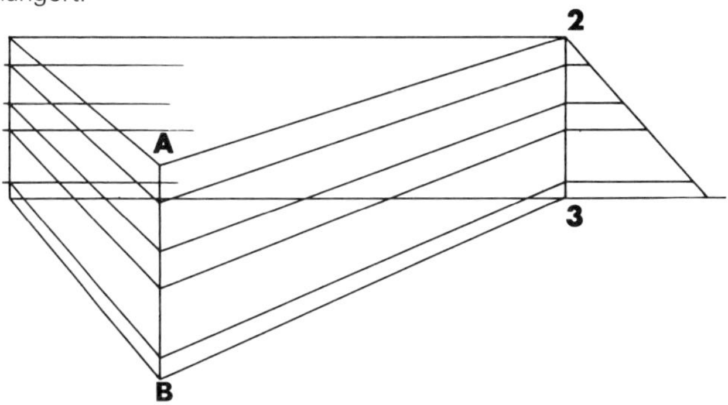

Man kann das Raster ober- oder unterhalb der Horizontlinie konstruieren, um verschiedene Blickpunkte zu vermitteln. Sie sollten wissen, daß es sich bei dieser Konstruktionsmethode um präzise Fluchtlinien handelt, da sie sich bei Verlängerung in zwei Fluchtpunkten auf der Horizontlinie treffen würden.

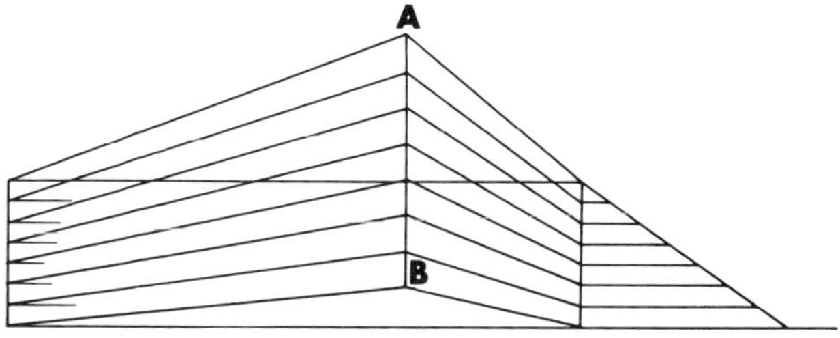

Ein rechtwinkliges Raster

Das nächste Problem besteht darin, Fluchtlinien zu zeichnen, die im Winkel von 90° aufeinanderstehen. Normalerweise wählt man für Rasterzeichnungen diesen Winkel.

Stellen Sie sich einen Kreis im Grundriß vor. Von seinem Mittelpunkt aus kann man wie die Ecke einer Schachtel einen rechten Winkel (ein Viertel Kreissegment) zeichnen.

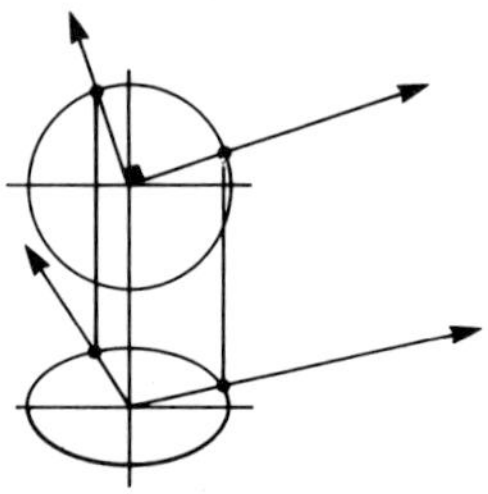

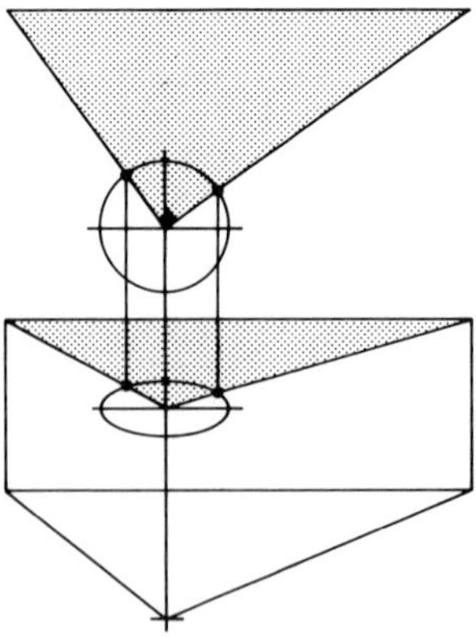

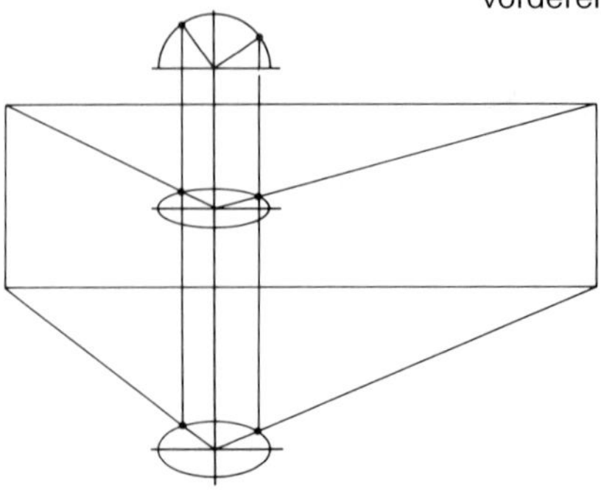

In der Perspektive wird der Kreis eine Ellipse. Wenn Sie den Kreis und die Ellipse übereinanderliegend zeichnen, so können Sie von den Schnittpunkten der im rechten Winkel aufeinanderstehenden Linien mit dem Kreisumfang Linien senkrecht nach unten fällen, die den Ellipsenumfang schneiden. Ziehen Sie nun Fluchtlinien vom Ellipsenmittelpunkt durch die gewonnenen Schnittpunkte. Diese Linien flüchten im rechten Winkel nach hinten.

Dann zeichnet man eine horizontale Bezugslinie ein, eine zweite Fluchtlinie wird etwas weiter unten hinzugefügt, um die Perspektive herzustellen; die vierte Fluchtlinie findet man, indem im oberen Schnittpunkt von Fluchtlinie und horizontaler Bezugslinie eine Vertikale nach unten gefällt wird.

Manchmal ist es günstig, die Perspektive mit Hilfe der Achsenverhältnisse von Ellipsen herzustellen. In diesem Fall zeichnet man um den oberen und unteren Endpunkt der vorderen Meßlinie proportionale Ellipsen; die Punkte auf dem Kreis (im Grundriß als Halbkreis dargestellt) verlängert man vertikal nach unten auf beide Ellipsen; durch die entsprechenden Schnittpunkte zieht man die Fluchtlinie.

Änderung des Blickwinkels
Man verfällt leicht dem Fehler, dasselbe Raster mit denselben Winkelmaßen für verschiedene Anwendungszwecke einzusetzen, während es eigentlich sehr schnell und einfach geht, für jede neue Aufgabe ein neues Raster herzustellen.
Der Winkel, von dem aus Sie die Ecke des Würfels betrachten, kann geändert werden, genauso die Proportionen der Ellipsen von schmal bis rund, um eine Vielfalt von Ansichten und perspektivischen Maßstäben zu vermitteln.
Sie brauchen keinen Blickpunkt zu wählen, von dem aus Sie auf das Objekt herunterschauen; ebenso einfach ist es, ein Raster oberhalb der Horizontlinie zu konstruieren.

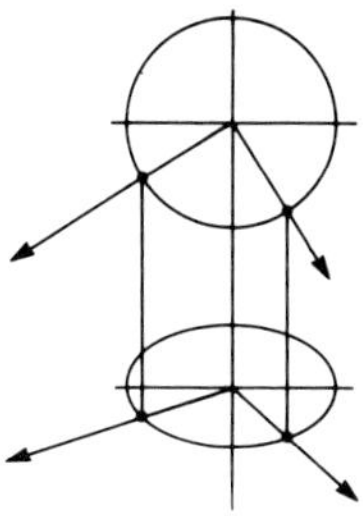

Sie beginnen wieder damit, einen Kreis zu zeichnen. Dieses Mal stellen Sie sich vor, Sie schauen ihn von unten her an. Zeichnen Sie nun die rechtwinklige Ecke der Schachtel in die untere Kreishälfte. Unterhalb des Kreises zeichnen Sie die Ellipse und fällen vertikale Linien vom Kreis auf die untere Ellipsenkurve. Denken Sie daran, daß Sie zur Unterseite der Ellipse hinaufblicken und somit die untere Kurve die rückwärtige Ellipsenhälfte repräsentiert.
Von der Ellipse aus können Sie wie im vorigen Beispiel die Fluchtlinien und die horizontale Bezugslinie zeichnen. Sie können nun eine ganze Reihe von Ellipsen zeichnen, um den Blickpunkt und den perspektivischen Maßstab festzulegen. Daraus läßt sich dann das Raster erstellen.

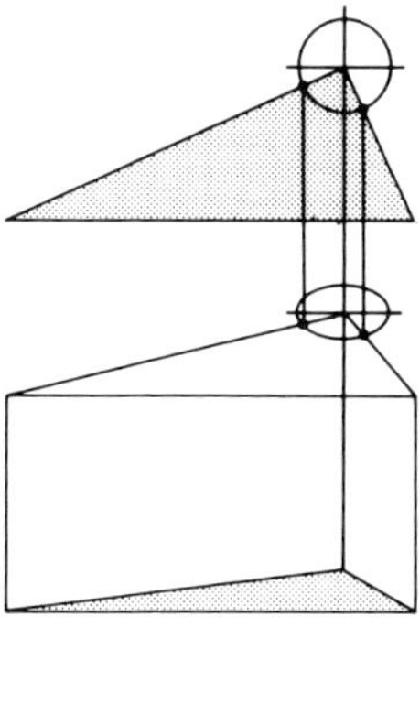

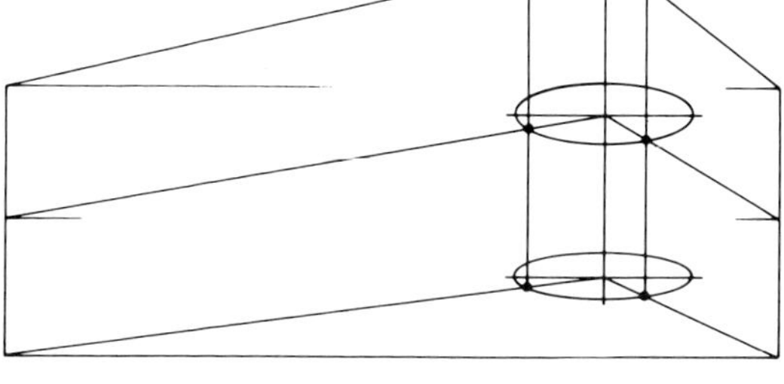

Vertikale Ellipsen

Um Ellipsen auf vertikalen Ebenen zu erzeugen, die man braucht, um runde Gegenstände zu berechnen und zu zeichnen, müssen Sie nur ein paar einfache Regeln befolgen.

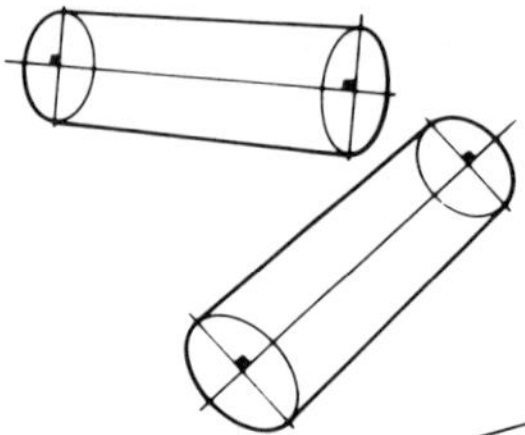

Wenn Sie eine Ellipse zeichnen, stellen Sie sich stets vor, daß sie Teil eines Zylinders ist. Das garantiert, daß Sie die Haupt- und Nebenachse der Ellipse folgerichtig zeichnen. Die Nebenachse läuft stets durch die Mitte des Zylinders.

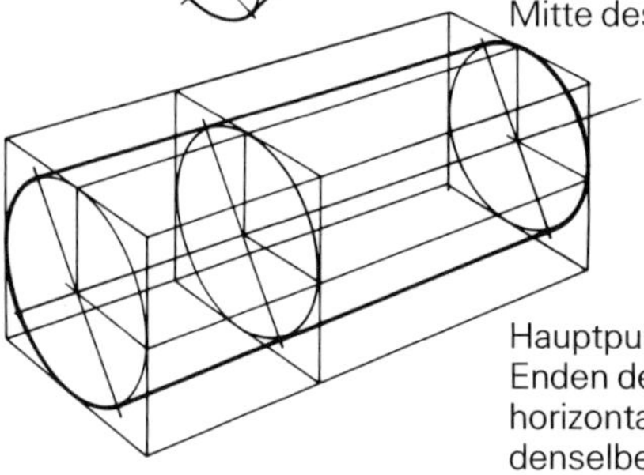

Die Proportionen der Ellipse werden runder, je weiter sie ans Ende des Zylinders rückt.

Hauptpunkte der Ellipse, wie die Enden der Hauptachse, vertikale oder horizontale Schnittpunkte, folgen denselben perspektivischen Linien, wenn die Ellipsen die gleiche Größe haben.

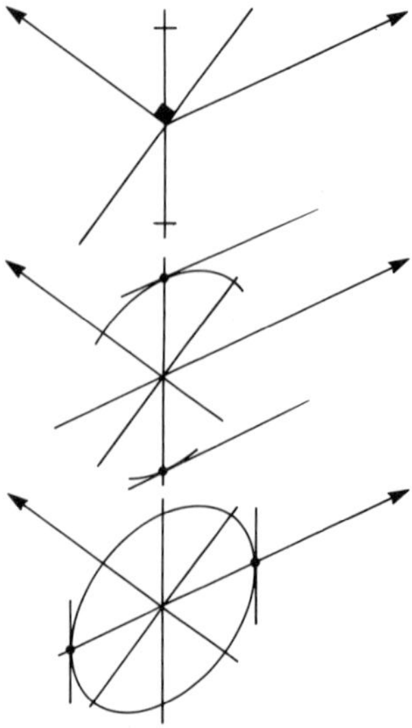

Auffinden der Ellipsenproportionen

Zeichnen Sie eine Vertikale mit linker und rechter Fluchtlinie und eine Hauptachse, die im rechten Winkel zu einer dieser Fluchtlinien steht.

Markieren Sie gleiche Abstände von beiden Seiten der Schnittpunkte aus. Durch die neuen Punkte ziehen Sie parallele Fluchtlinien nach rechts.

Zeichnen Sie nach Augenmaß eine Ellipse, deren Tangentialpunkte der obere und untere Meßpunkt sind. Haben Sie die Ellipse vervollständigt, so sollte sie auch die Vertikalen dort tangieren, wo sie durch die rechte Fluchtlinie verläuft. Wahrscheinlich müssen Sie mehrere Anläufe machen, ehe Sie die richtigen Ellipsenproportionen gefunden haben.

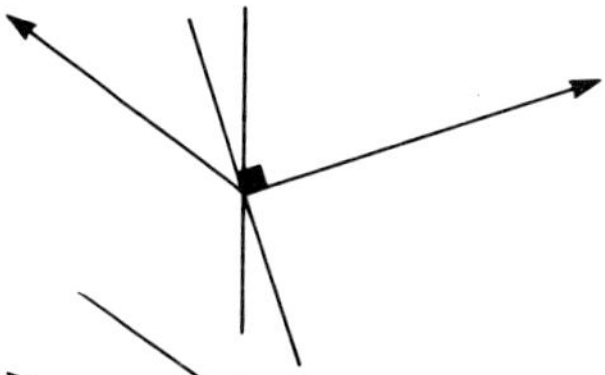

Anschließend folgt der spiegelbildliche Prozeß, um die Ellipsenproportionen auf der linken Vertikalebene zu finden. Man zeichnet eine Vertikale mit linker und rechter Fluchtlinie sowie der Hauptachse der Ellipse.

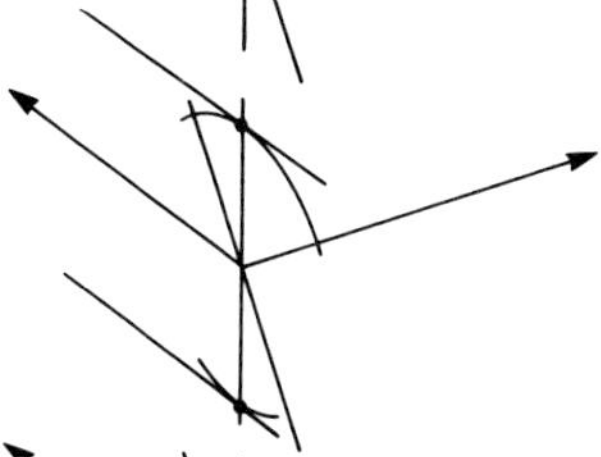

Auf der Vertikalen werden gleichweit entfernte Punkte markiert, und durch diese werden Tangentialkurven zur linken Fluchtlinie gezeichnet. Die vollständige Ellipse muß auch die Vertikalen in den Schnittpunkten mit der ursprünglichen linken Fluchtlinie tangieren.

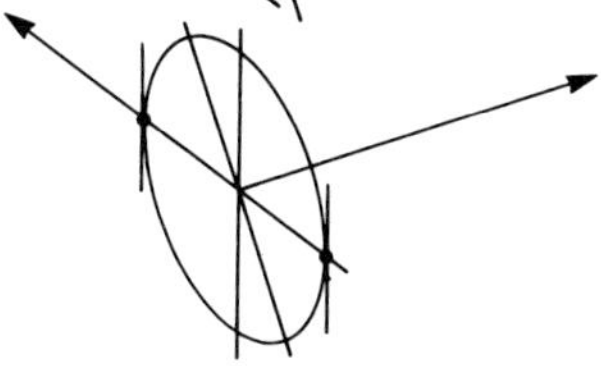

Sind diese beiden Proportionen korrekt hergestellt, so erscheinen sie im zentralen Bezugspunkt. Da es sich um geometrische Ellipsen handelt, deren Mittelpunkt im wahren Mittelpunkt liegt, wäre es falsch, sie in dieser Position zum Erstellen eines perspektivischen Rasters zu verwenden.

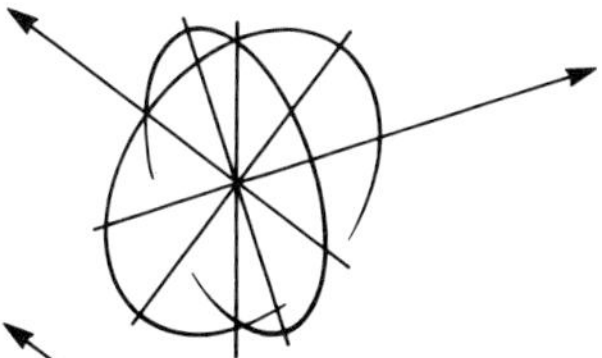

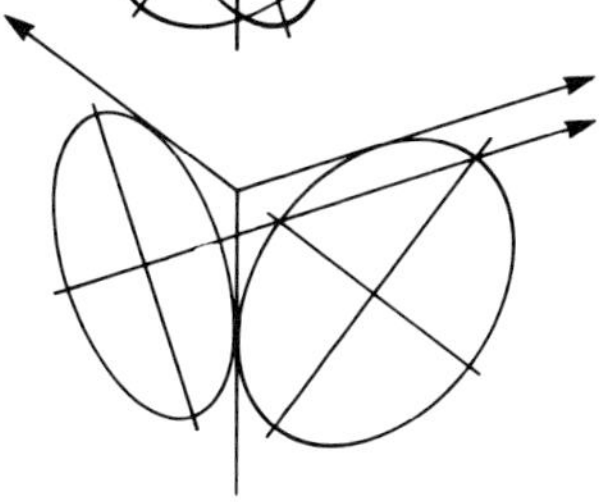

Sie sollten entlang ihrer jeweiligen Vertikalebene nach unten verschoben werden, bis sie in die Ecken der zwei Fluchtebenen passen. In dieser Position sollten die Nebenachsen der Ellipsen parallel zur rechten bzw. linken Fluchtlinie verlaufen.

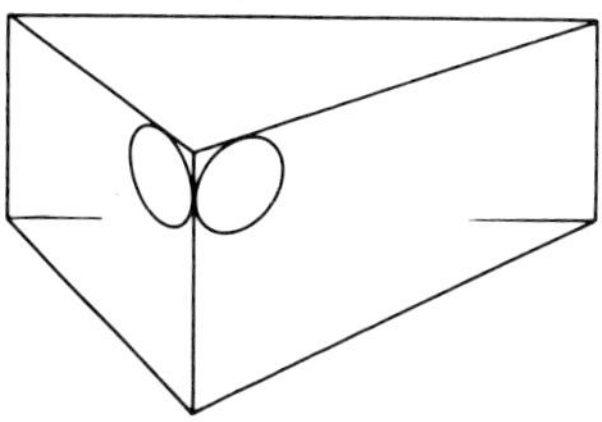

Und so sehen die Ellipsen schließlich auf den perspektivischen Ebenen aus.

Erstellen eines Quadratrasters

Um die Ellipsen in den oberen Ecken der beiden Vertikalebenen können Sie nun jeweils ein perspektivisches Quadrat zeichnen. Dies ermöglicht Ihnen, mit Hilfe der Diagonalen dieser Quadrate ein Quadratraster zu konstruieren.

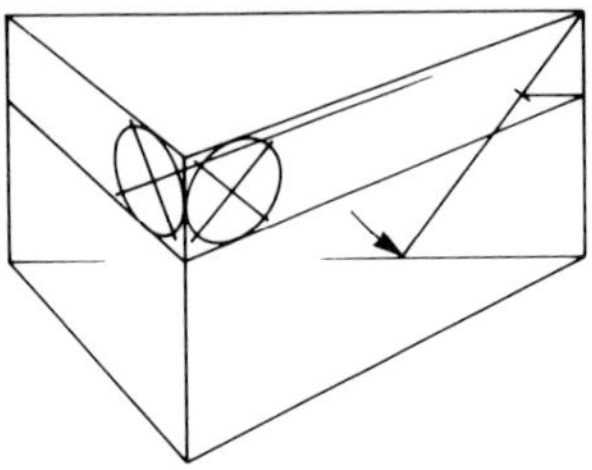

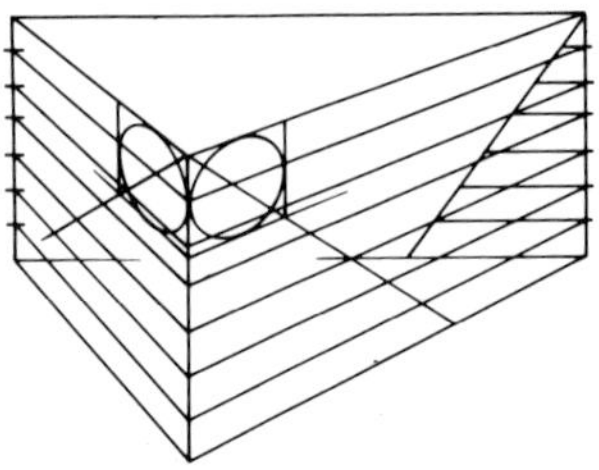

Tragen Sie auf der vorderen Höhe (Bezugslinie) die ungefähre vertikale Höhe der Ellipse von oben nach unten ab. Übertragen Sie diese Länge auf die Meßlinie und ziehen Sie Fluchtlinien, die die unteren Kanten der Ellipsen tangieren. Legen Sie dann an die äußersten Punkte der Ellipsen vertikale Tangenten, so erhalten Sie Quadrate.

Sie können nun durch die Endpunkte eines jeden Quadrats Diagonalen ziehen und diese bis zu den Grundkanten des Rasters verlängern.

Unterteilen Sie die Höhe in angemessene Abstände und übertragen Sie diese auf die Meßlinie. Dann zeichnen Sie alle Fluchtlinien ein. Wo diese die Diagonalen schneiden, errichten Sie vertikale Linien und erhalten damit ein Quadratraster. Wegen der immer enger zusammenlaufenden Fluchtlinien verjüngen sich die Quadrate, je weiter sie nach hinten rücken.

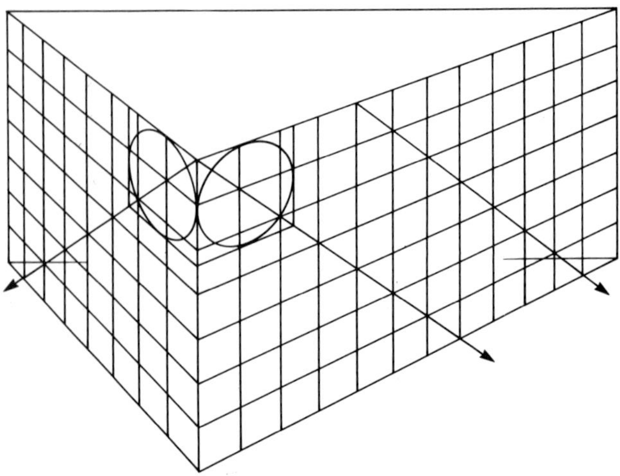

Zur Erweiterung des Rasters ziehen Sie zusätzliche Diagonalen durch die bereits vorhandenen Quadrate. Wo diese die Fluchtlinien treffen, können erneut vertikale Linien errichtet werden. Diesen Prozeß kann man von der Bezugslinie aus entweder nach hinten oder nach vorn wiederholen.

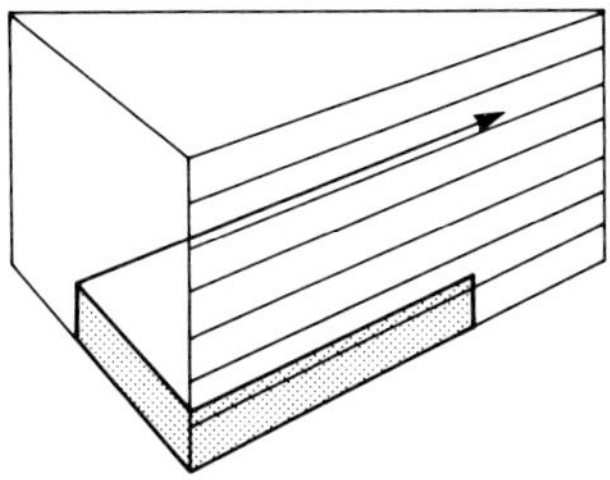

Fügen Sie nun dem Raster ein Objekt ein, so können einige seiner Kanten direkt auf den beiden Vertikalebenen eingezeichnet werden. Soll eine rückwärtige Kante des Objekts festgelegt werden, muß man notwendigerweise den gegebenen Fluchtlinien folgen. Legen Sie ein langes Lineal an der hinteren auf der Vertikalebene liegenden Ecke des Objekts an und überzeugen Sie sich, daß es in Richtung der Fluchtlinien verläuft, wobei es sich nicht unbedingt mit einer von ihnen decken muß.

Um spezielle Teile eines Objekts zu zeichnen, dürfte es notwendig werden, zum Zwecke einer genauen Führung der Fluchtlinien das Raster nach oben zu erweitern.

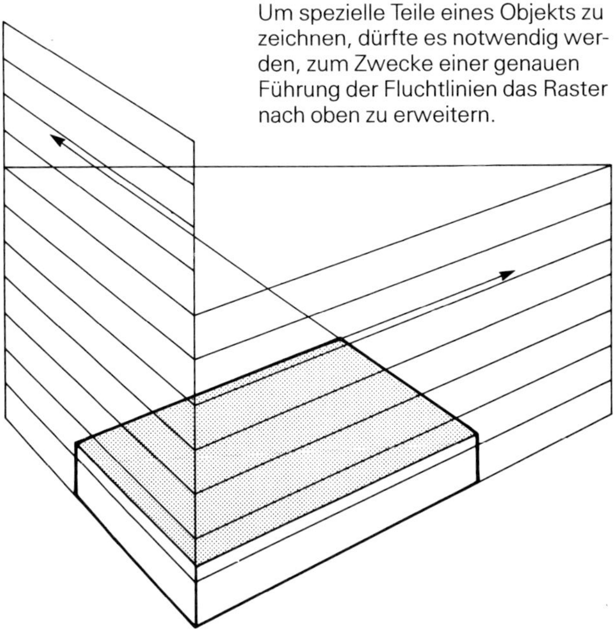

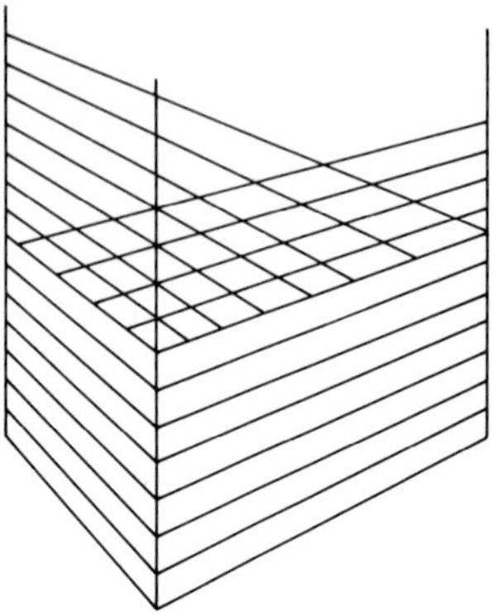

Die Horizontalebene

Erweitern Sie das Raster der Fluchtlinien nach oben und verlängern Sie diese nach vorne, bis Sie die obere vordere Kante der Vertikalebene treffen.

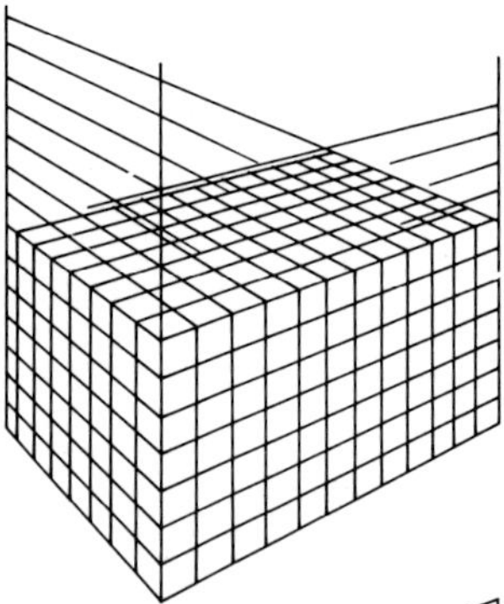

Setzt man diese Linien als Führungslinien ein, so können die auf den Seitenflächen bereits gezeichneten Quadrate über die Oberfläche des Rasters gezogen werden. Diese in Quadrate unterteilte Horizontalebene bildet zusammen mit den beiden Vertikalebenen ein Schachtelraster.

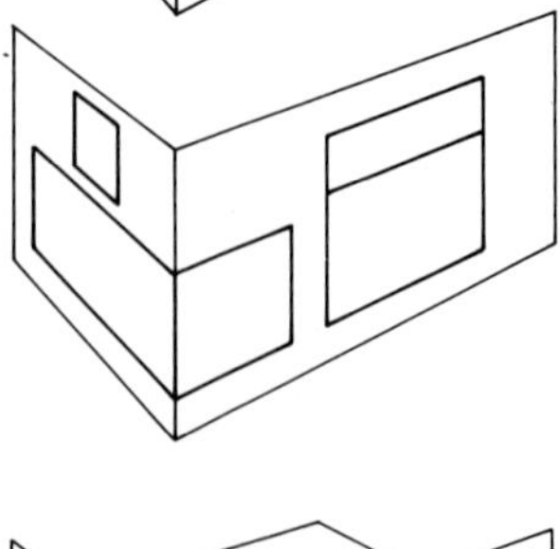

Zeichnen des Objekts

Wenn Sie ein Objekt in so ein Raster einzeichnen, müssen Sie zunächst die Hauptteile auf den beiden vertikalen Seitenebenen umreißen.

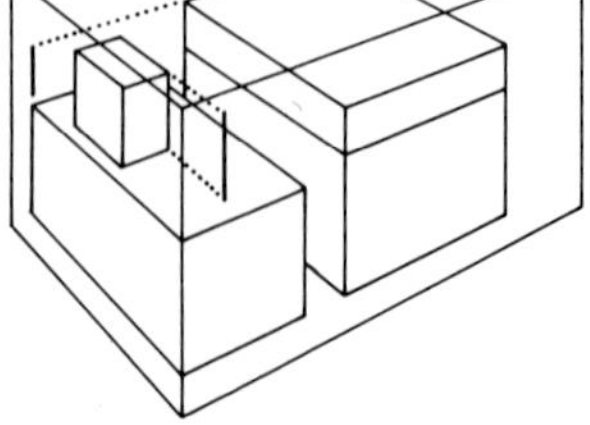

Nach Verlängerung dieser Maße ins Innere der Schachtel können Sie damit beginnen, die dreidimensionalen Merkmale des von Ihnen gewählten Objekts zu konstruieren.

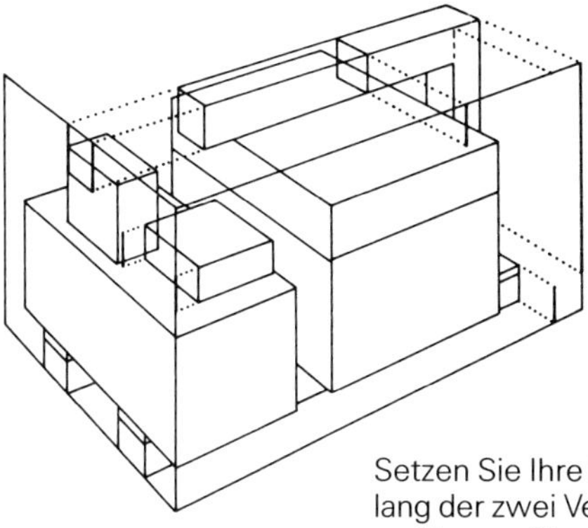

Setzen Sie Ihre Maßeinteilung entlang der zwei Vertikalebenen fort und verlängern Sie sie von beiden Seiten her nach innen. Abschließend konstruieren Sie rechteckige Blöcke (Prismen), um in sie später zylindrische Formen einzubetten.

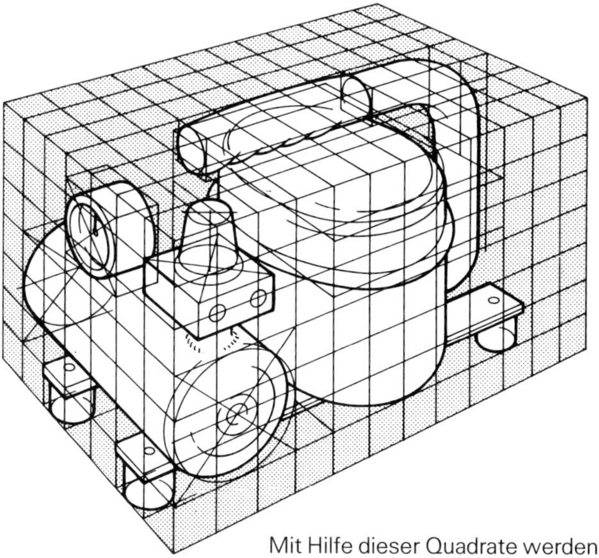

Mit Hilfe dieser Quadrate werden Ellipsen konstruiert und das Bild kann schrittweise aufgebaut werden.

Dreipunktperspektivraster

In der Dreipunktperspektive werden vertikale Linien ebenfalls zu Fluchtlinien und ergeben einen differenzierten und manchmal realistischeren, dreidimensionalen Eindruck. Manche Objekte verlangen wegen ihres Maßstabs nach einer Dreipunktperspektive, andere profitieren davon, indem die fertiggestellte Ansicht verbessert wird.

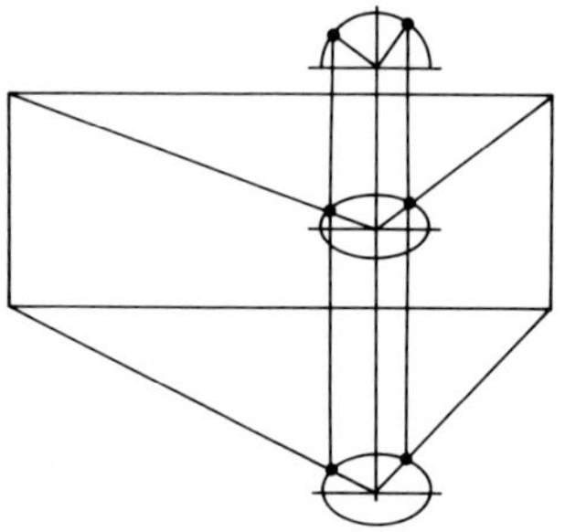

Eine Möglichkeit, ein Dreipunktraster zu zeichnen, besteht darin, mit einem Zweipunktraster zu beginnen, indem man im oberen und unteren Endpunkt der Bezugslinie Ellipsen zeichnet.

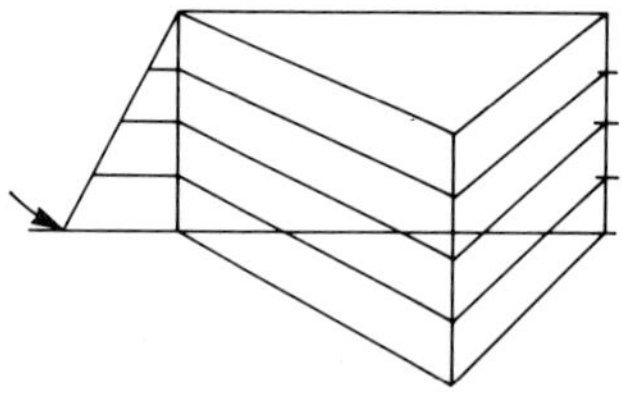

Anschließend werden mit Hilfe einer Meßlinie eine Reihe von Fluchtlinien eingezeichnet.

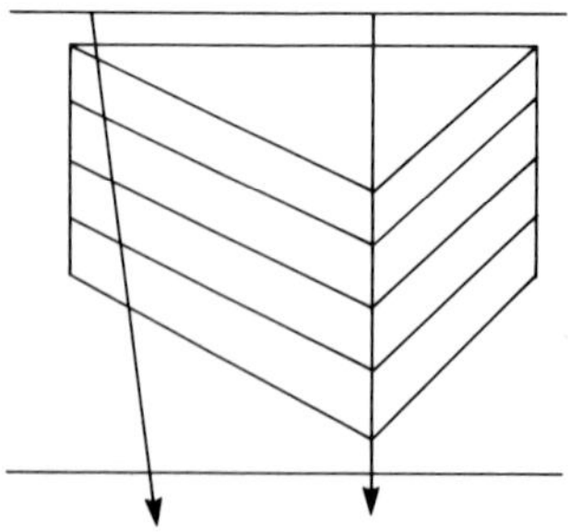

Dann zeichnen Sie in klarem Abstand zu den Rasterlinien zwei horizontale Linien. Nun können Sie nach Augenmaß den Grad der Verkürzung konstruieren, entsprechend dem Bild, das Sie von Ihrem Objekt zeichnen wollen. Legen Sie eine vertikale Fluchtlinie am äußeren Rand Ihres Rasters fest.

Nun unterteilen Sie die beiden horizontalen Linien in dem Bereich zwischen Bezugslinie und den beiden vertikalen Fluchtlinien, indem Sie dieselbe Anzahl von Meßabständen unten und oben abtragen.

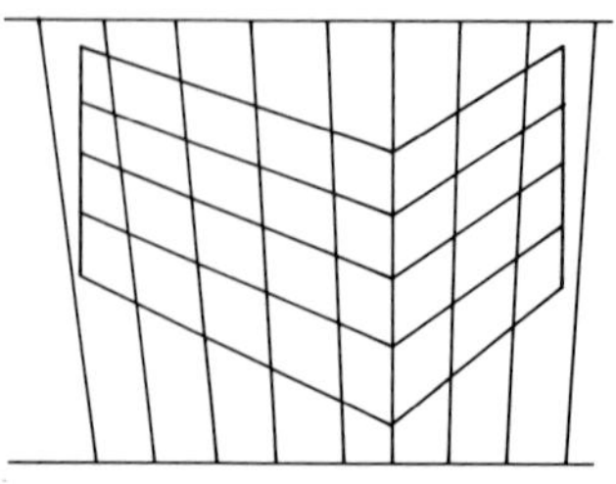

Wenn alle diese Punkte miteinander verbunden sind, erhalten Sie ein Raster, das vertikale Fluchtlinien integriert, die im Falle der Verlängerung in einem Fluchtpunkt konvergieren würden.

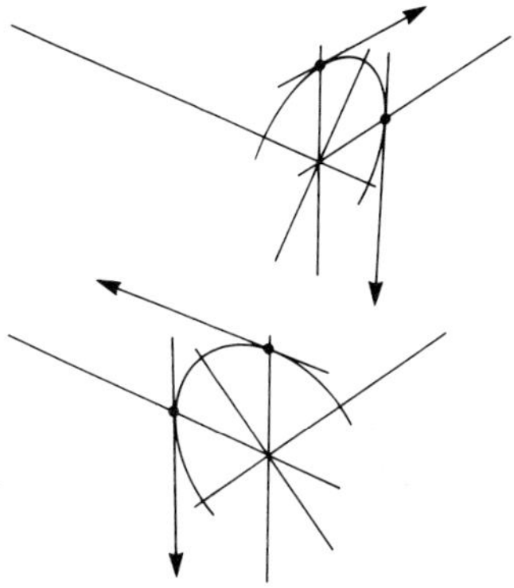

Beim Ermitteln der Ellipsen für die zwei Vertikalebenen, müssen diese die rechte und linke obere und untere Fluchtlinie tangieren. Die seitlichen Tangenten werden mit den neuen vertikalen Fluchtlinien gebildet.

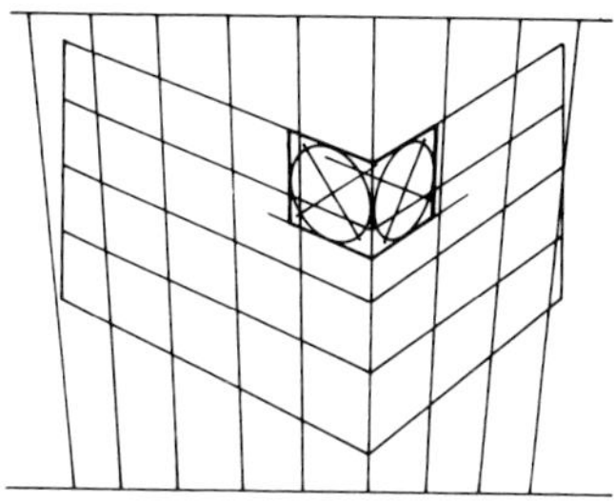

Wiederum legt man diese beiden Ellipsen in die vorderen oberen Ecken des Rasters und zeichnet perspektivische Quadrate um sie.

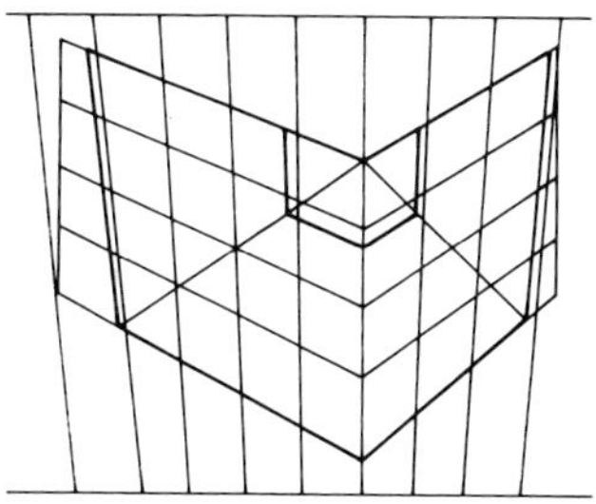

Ziehen Sie Diagonale durch diese Quadrate und verlängern Sie diese bis zur rechten und linken unteren Fluchtlinie.
Nun kann man zwei größere perspektivische Quadrate festlegen, indem man die verschiedenen Fluchtlinien als Führungslinien verwendet.

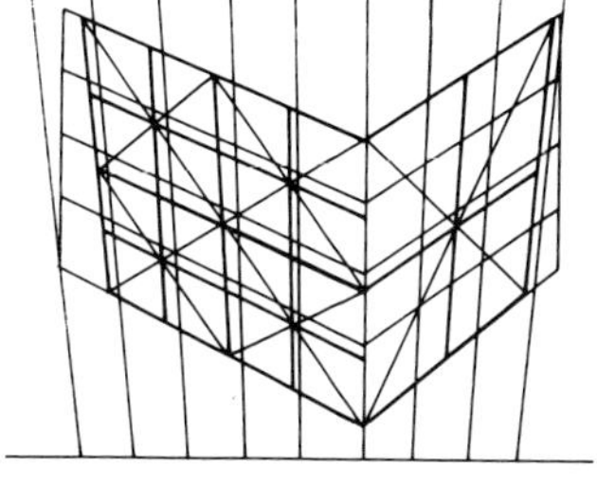

Diese großen Quadrate unterteilt man weiter mit Hilfe von Diagonalen, Fluchtlinien und weiteren Diagonalen, bis ein umfassendes Quadratraster auf den beiden vertikalen Ebenen entstanden ist.

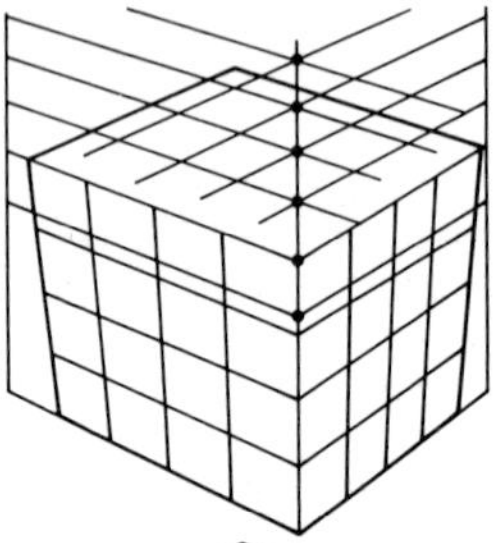

Verlängern Sie die Linien des Zweipunktrasters an beiden Seiten aufwärts und vorwärts zur Bezugslinie. Somit erstellen Sie ein Raster von Führungslinien, das über die Oberseite des Würfels läuft.

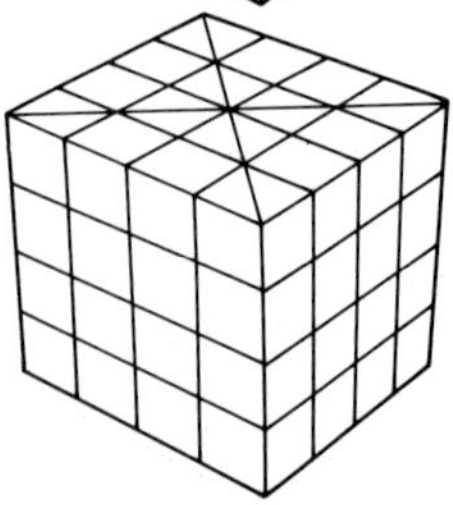

Auf diese horizontale Oberfläche übertragen Sie die zwei oberen Eckquadrate der beiden Vertikalebenen. Ziehen Sie dann auf der Oberseite des Würfels die Diagonalen und überprüfen Sie mit deren Hilfe den exakten Verlauf aller Linien. Dies ist ein Würfel in der Dreipunktperspektive mit einem quadratischen Raster auf den drei sichtbaren Flächen.

Diese Flächen können in beliebiger Richtung erweitert werden, indem man Diagonale durch das Quadratraster zieht. Dies wird notwendig, wenn man die Form eines besonderen Objekts einzeichnen will. Eingeschränkt wird dieses Verfahren durch den Gesichtswinkel, da die Abbildung verzerrt erscheinen würde, wenn man das Raster zu sehr erweiterte.

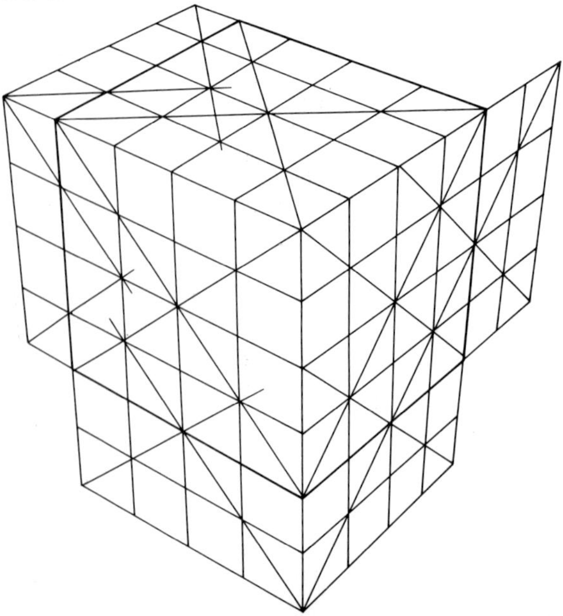

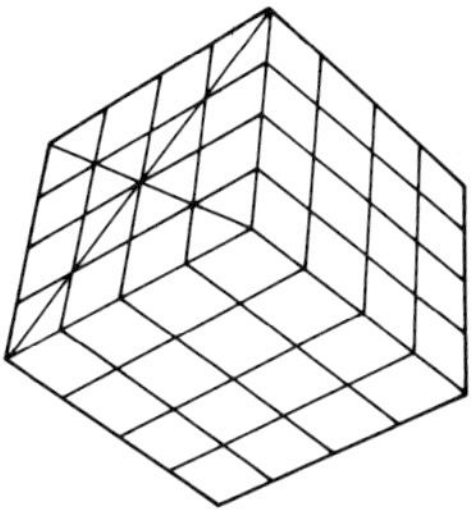

Hat man einmal eine genaue Zeichnung des Dreipunktrasters, kann man es in verschiedenen Positionen verwenden. Es kann geneigt oder gedreht werden, so daß man eine Untenansicht erhält.

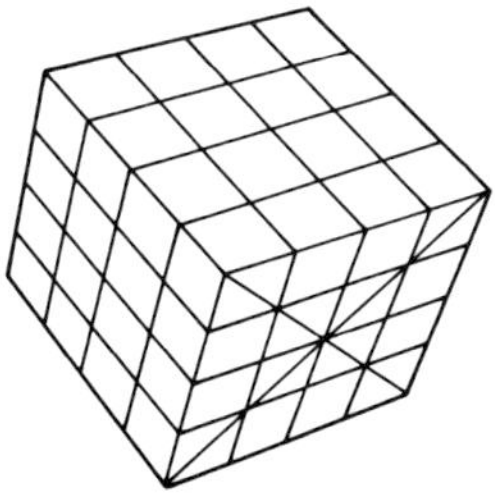

Wenn man das Raster auf Papier oder Folie anfertigt, kann man es außerdem so wenden, daß es von der anderen Seite sichtbar wird. Dies ermöglicht die Verdoppelung der Blickpunkte von einem Raster.

Die Bilder werden wie vorher konstruiert, indem man sie auf die Außenseiten des Würfels zeichnet und die Linien nach innen verlängert. Wo sich diese Linien schneiden, liegen die Hauptpunkte für die Konstruktion des Bildes. Liegen Grundrisse des Objekts vor, kann es hilfreich sein, in diesen ein Quadratraster im Maßstab des perspektivischen Rasters zu zeichnen.

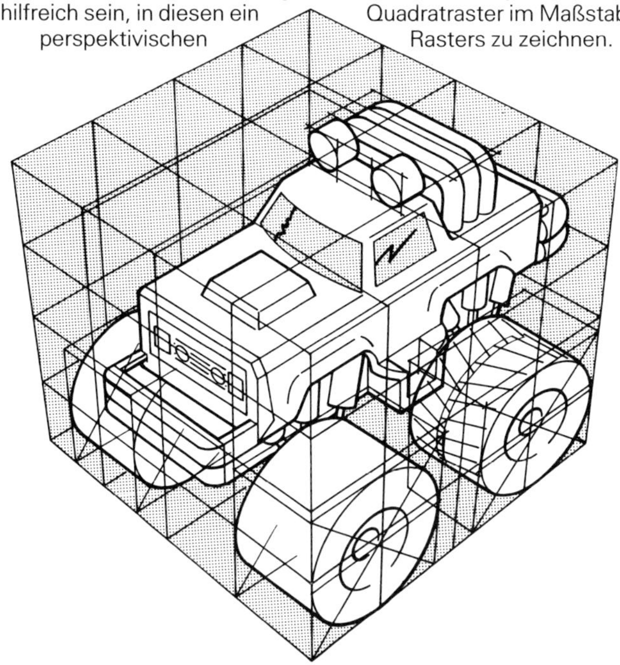

Konstruktionen entlang einer Vertikalachse

Weitere Rastertypen verwendet man, wenn das Objekt symmetrisch um eine Zentralachse angeordnet ist, wie beispielsweise bei kreisförmigen oder zylindrischen an einer Mittellinie »aufgereihten« Teilen.

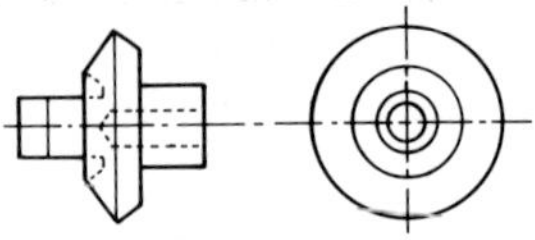

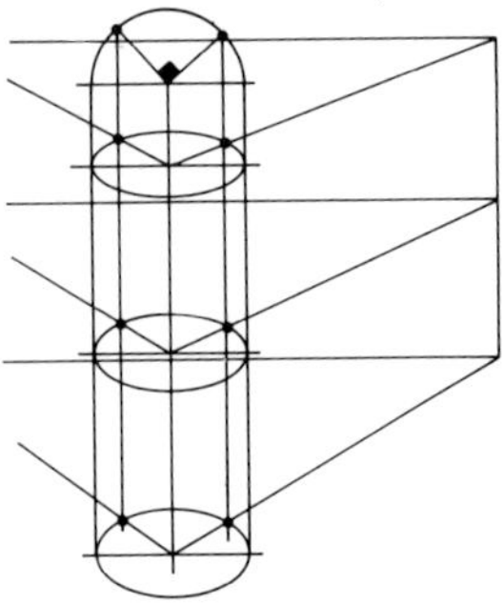

Diese Grundrisse zeigen Teile eines Zahnrads. Eine perspektivische Konstruktion des Zahnrads kann auf einer vertikalen Bezugslinie vorgenommen werden.

Verwenden Sie einen Halbkreis als Grundplan und zeichnen Sie einen rechten Winkel für die zwei Fluchtrichtungen ein. Entlang der vertikalen Bezugslinie können Sie nun Ellipsen legen, die immer runder werden, je mehr Sie Ihr Blickpunkt zwingt, am Objekt hinunterzuschauen.

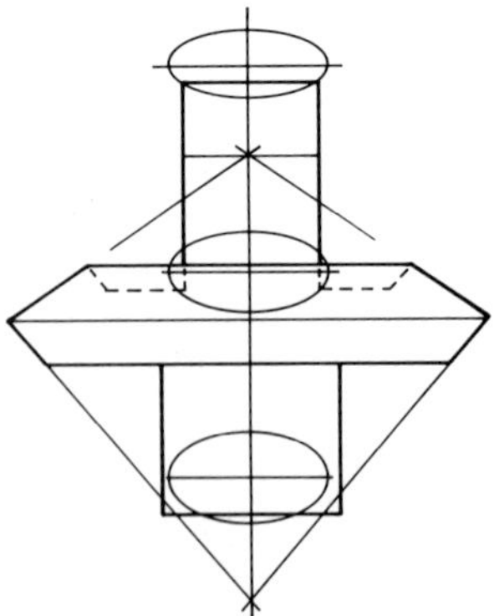

Der Seitenriß des Objekts wird in passendem Maßstab entlang der Bezugslinie festgelegt.

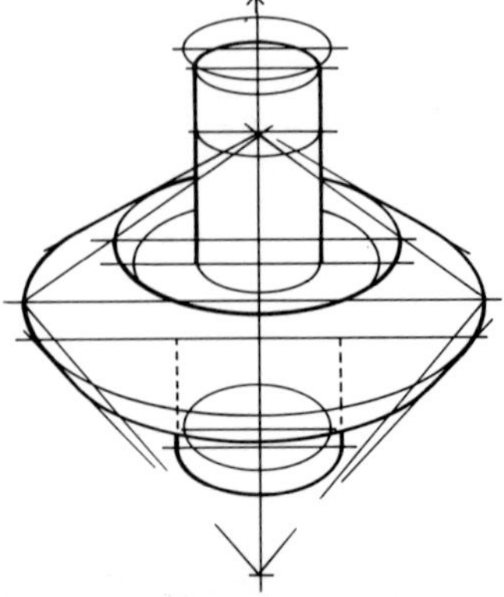

Ellipsen werden durch die verschiedenen Eckpunkte gelegt, um einen dreidimensionalen Eindruck zu vermitteln. Teile, die hinter anderen weiterlaufen, werden schwach angedeutet oder ganz weggelassen.

Die Lage von Konstruktionselementen (wie Keilzähne oder Zahnräder), die gleichmäßig um einen Kreis verteilt sind, wird mit Hilfe von Halbkreisen bestimmt. Diese zeichnet man in deutlichem Abstand zum Objekt, und für jeden gilt, daß sein Durchmesser gleich ist der Länge der Hauptachse der zu teilenden Ellipse.

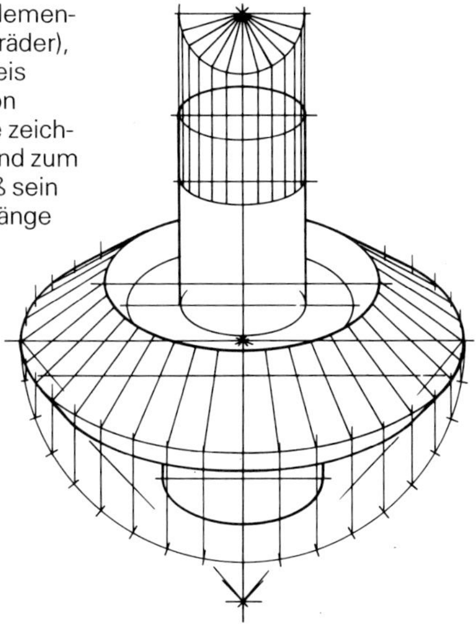

Die erforderliche Zahl von Unterteilungen auf dem Halbkreis wird mittels eines variablen Zeichendreiecks, eines Proportionalzirkels oder eines Winkelmessers vorgenommen.
Die Schnittpunkte auf dem Halbkreis werden dann auf die entsprechenden Ellipsen projiziert, um die genauen Abstände zu erhalten. Gegen das Ende der Hauptachse erscheinen die Punkte enger beisammenliegend, weiter auseinanderliegend erscheinen sie in der Nähe der Endpunkte der Nebenachse.

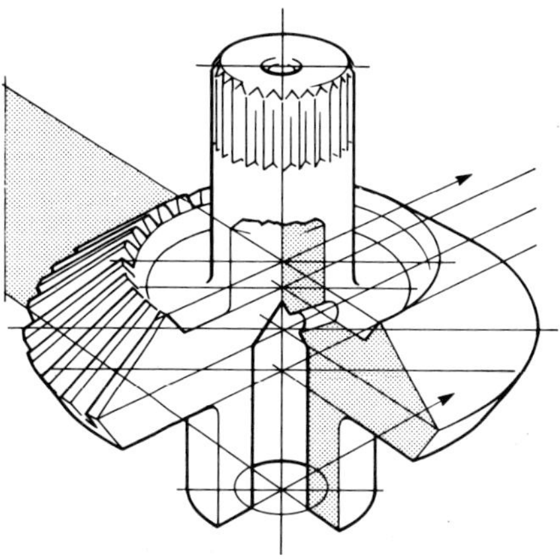

Die Fluchtlinien werden verwendet, um einen Schnitt durch das Getriebe darzustellen. Die Linien werden nach vorne verlängert, bis sie die vordere Kurve jeder Ellipse berühren. Verbindet man diese Punkte, erhält man einen rechtwinkligen Schnitt in perspektivischer Sicht.

Konstruktionen entlang einer Horizontalachse

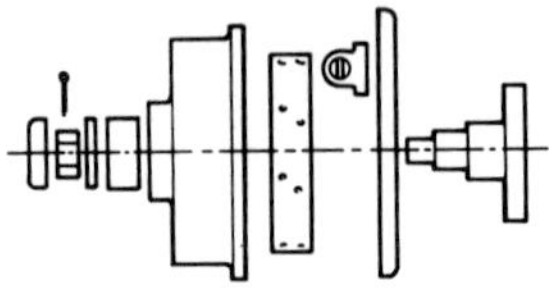

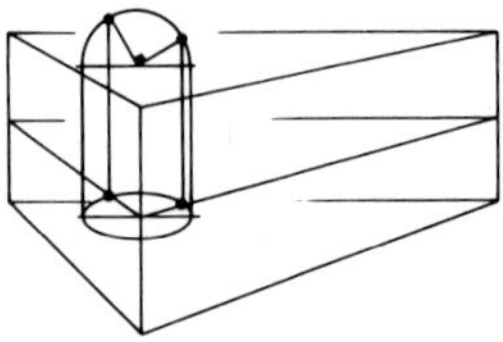

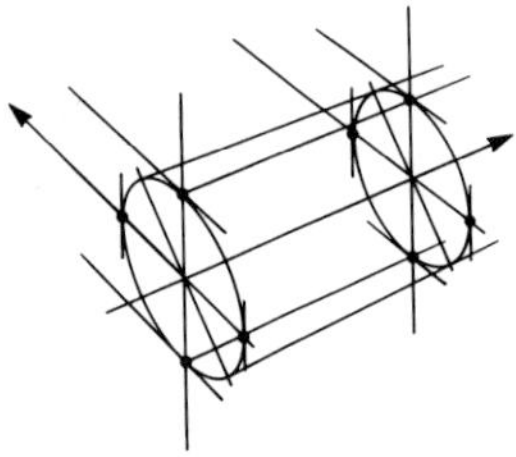

Entlang einer Horizontalachse konstruierte Objekte können ebenfalls in einem Zweipunktraster gezeichnet werden, wobei die Mittellinie eine der Fluchtrichtungen darstellt. Errichten Sie ein Zweipunktraster mit perspektivischen Linien, wobei Sie die horizontale Ellipse in den Mittelpunkt der Bezugslinie legen. Ermitteln Sie die Ellipsenverhältnisse für die beiden Vertikalebenen nach dem bereits bekannten Schema mit Tangenten an den oberen Seiten.

Sie werden die Ellipsenverhältnisse entlang der beabsichtigten Achse des Objekts finden müssen. Nehmen Sie eine Reihe verschiedener Punkte entlang der Achse, und verwenden Sie die vorherige Methode. Die Lage der Punkte, von denen Sie ausgehen, ist nicht entscheidend, doch haben Sie einmal eine bestimmte Menge gefunden, sollten Sie sie in einem gleichmäßigen Abstandsverhältnis auf der Achse abtragen.

Im Mittelpunkt der Bezugslinie zeichnen Sie eine Ellipse, die im rechten Winkel zu der auf der Achse liegenden steht. Um diese zeichnen Sie ein perspektivisches Quadrat, mit dessen Hilfe Sie eine diagonale Meßlinie legen können. Diese verlängern Sie von der Bezugslinie aus nach vorn wie auch nach hinten.

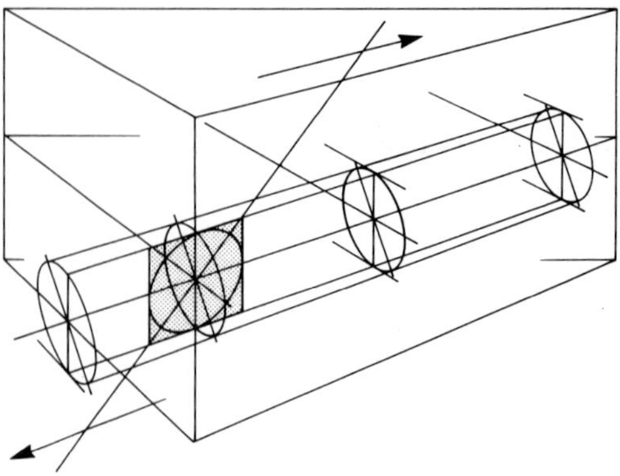

Zeichnen Sie die einzelnen Teile des Objekts im Schnitt entlang der Fluchtachse. Die Höhe eines jeden Teils wird zunächst auf der Bezugslinie markiert und dann nach vorne oder hinten verlängert. Der Abstand nach hinten geht vom Mittelpunkt der Bezugslinie aus. Eine Linie wird nach hinten auf einer Fluchtlinie verlängert, bis sie die diagonale Meßlinie trifft, und dann auf die Mittellinie heruntergezogen. Der Abstand nach vorn geht ebenfalls vom Mittelpunkt der Bezugslinie aus. Eine Linie wird nach vorne verlängert, bis sie die diagonale Meßlinie trifft, und dann zur Mittellinie hochgeführt.

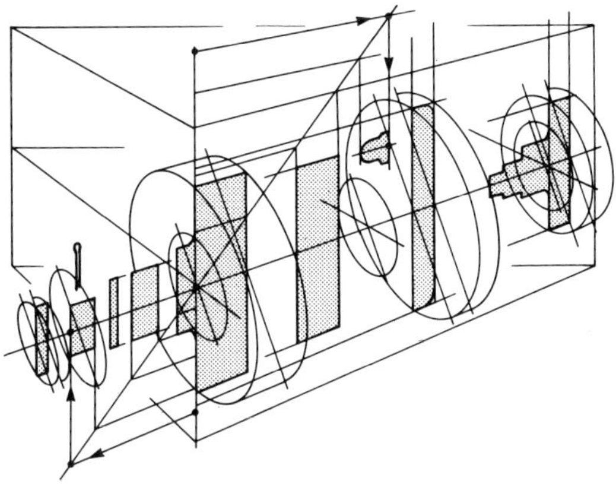

Wenn die Schnitte der einzelnen Teile entlang der Fluchtachse ermittelt sind, kann man Ellipsen durch die Ecken eines jeden Teils legen und somit das dreidimensionale Bild erstellen.

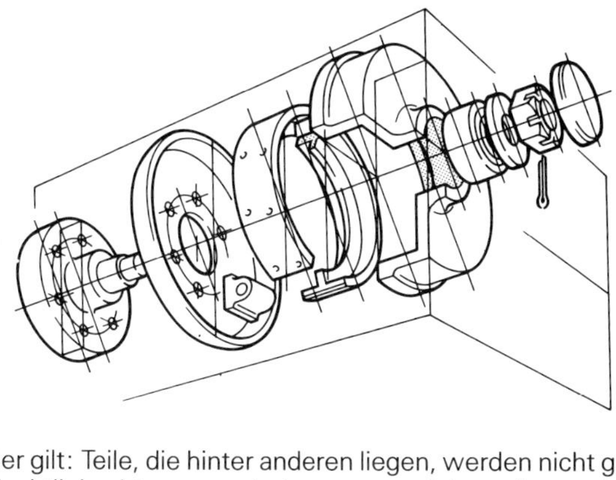

Wieder gilt: Teile, die hinter anderen liegen, werden nicht gezeichnet; die Fluchtlinien können auch dazu verwendet werden, rechteckige Schnitte des Objekts herzustellen.
Die meisten Punkte können auf diese Art genau errechnet werden.

Sich schneidende Achsen

Die meisten Objekte bestehen aus mehr als einfachen geometrischen Formen entlang einer gemeinsamen Mittellinie und erfordern eine vollständigere Meßkonstruktion. Über die Vorder- und Seitenansicht des zu zeichnenden Objekts kann man zunächst ein Quadratraster mit Quadraten geeigneter Größe legen.

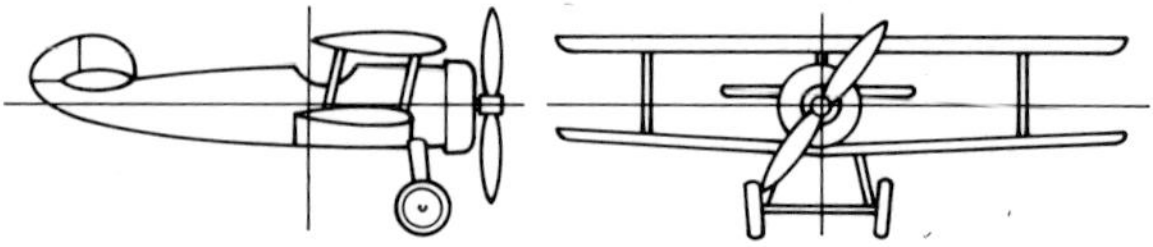

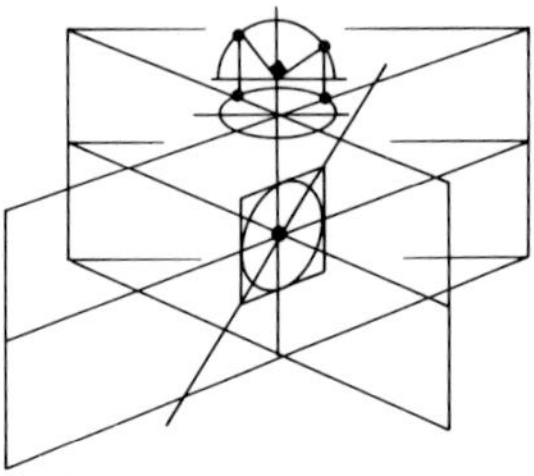

Dann konstruiert man auf normale Art ein Zweipunktraster aus rechten und linken Fluchtebenen.

Die Ellipse in der Ebene liegt in einer Fluchtrichtung. Um sie zeichnet man ein perspektivisches Quadrat, dessen Diagonale man verlängert.

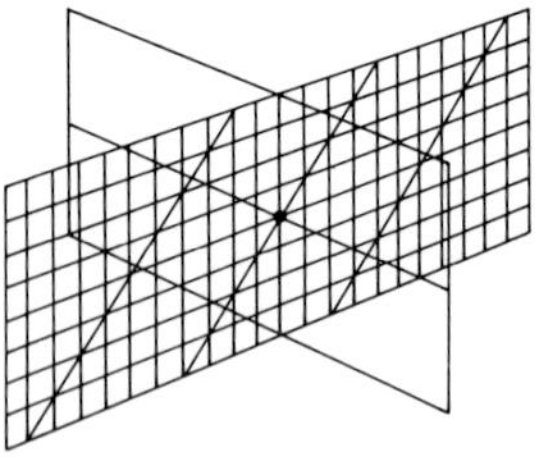

Entlang der Bezugslinie markiert man gleiche Maßeinheiten und zieht nach hinten und vorn Fluchtlinien. Wo diese die Diagonale schneiden, errichtet man Vertikalen, die quadratische Maßeinheiten ergeben, die man von der Bezugslinie aus nach vorn und hinten erweitert.

Nach demselben Verfahren wird nun die andere Fluchtebene konstruiert.

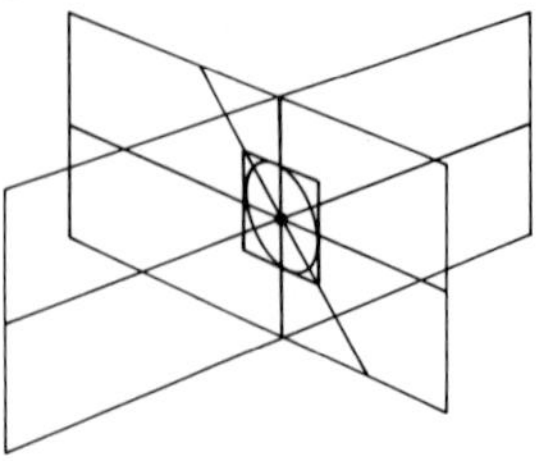

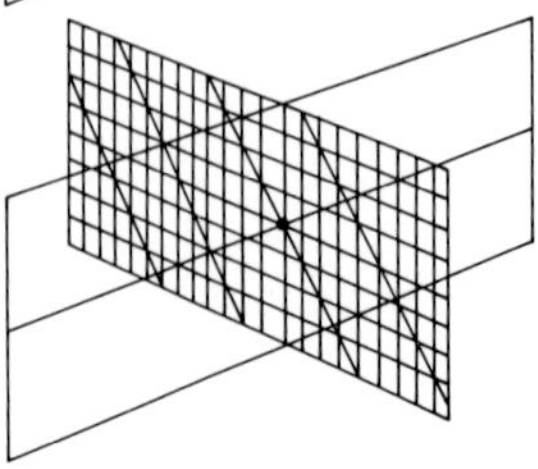

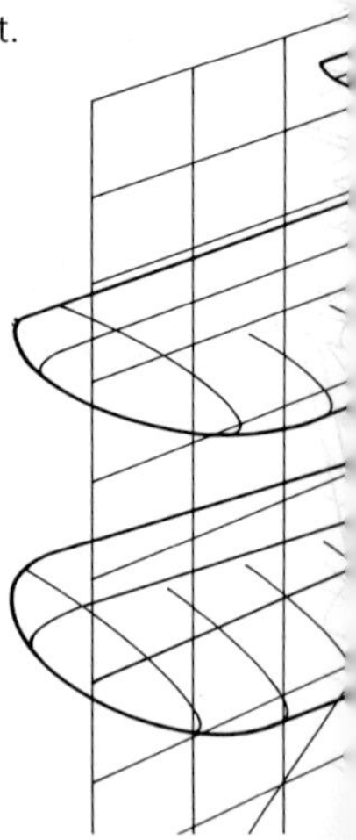

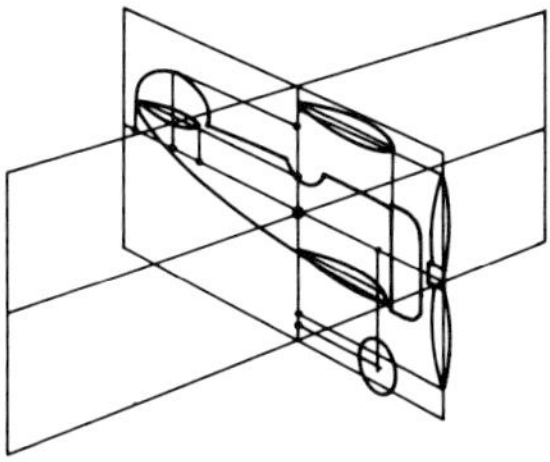

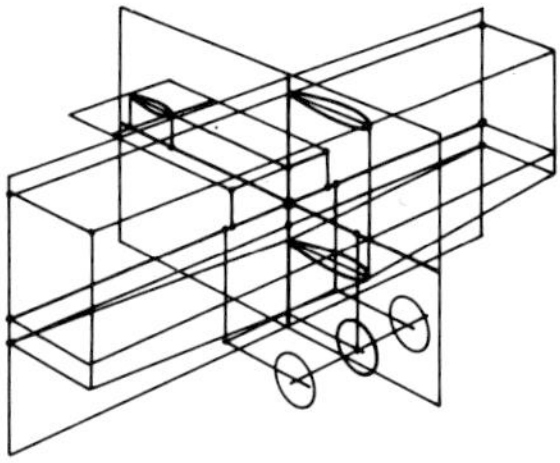

Der Schnitt durch das Objekt kann nun auf der einen Seite gezeichnet werden, indem man Meßpunkte auf der Bezugslinie markiert und entlang der Fluchtlinien nach hinten verlängert. Sie decken sich mit Meßpunkten, die auf den Vertikalebenen vorgenommen wurden. Die Abstände ermittelt man mit Hilfe der Quadrate; die verschiedenen Hauptpunkte werden nach oben verlängert.

Um Raumpunkte zu finden, die nicht auf den beiden vertikalen Hauptebenen liegen, ist es das beste, zunächst auf den beiden Hauptmittellinien die Abstände dieser Punkte einzutragen. Dann verlängert man sie nach unten oder oben, nach vorn oder hinten, entsprechend der relativen Lage dieser Punkte zu den Mittellinien.

Zusätzliche Meßpunkte werden auf den beiden Ebenen markiert und verlängert, bis man ein Kreuzmuster erhält, durch dessen Schnittpunkte man das Objekt zeichnen kann.

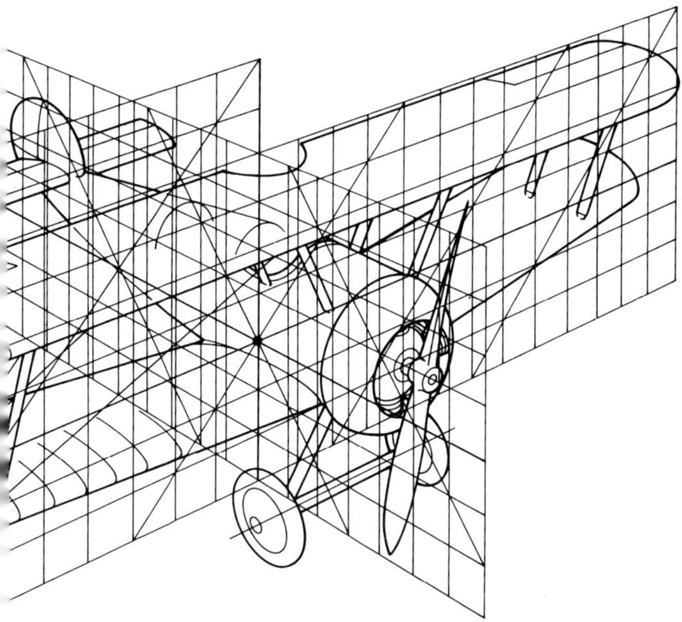

Kapitel fünf

Schatten und Reflexionen

Diese Elemente verleihen Ihrer perspektivischen Zeichnung größere Authentizität, indem sie Tiefe und Räumlichkeit betonen.

Schlagschatten von der Sonne

Ein Schatten bildet sich, sobald sich ein Objekt vor die Lichtquelle schiebt. Ist die Lichtquelle die Sonne, betrachtet man ihre Strahlen aufgrund der gewaltigen Entfernung von uns als parallel laufend. Deswegen ist der Schatten eines Objekts mit parallelen Seiten selbst parallel. Wenn aber der Schatten parallele Seiten aufweist, dann folgt er den normalen Regeln der Perspektive und verliert sich auf der Horizontlinie im Unendlichen.

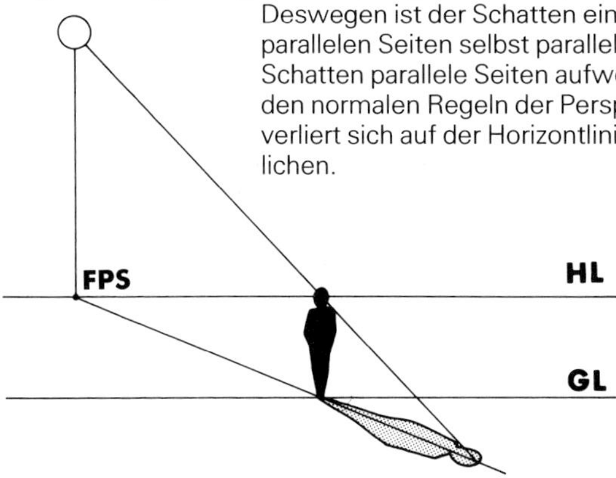

In normaler Perspektive, und wenn der Betrachter zur Sonne gewandt steht, fällt der Schatten auf die Grundebene, und flüchtet zu einem Punkt auf der Horizontlinie, der senkrecht unterhalb der Sonne liegt und als Fluchtpunkt des Schattens bezeichnet wird (FPS).

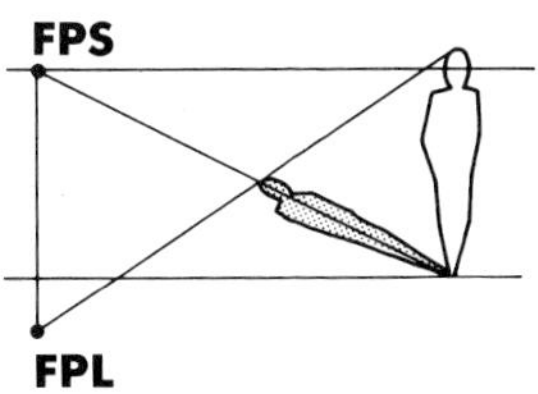

Steht der Betrachter mit dem Rücken zur Sonne, fällt der Schatten nach vorne, sein Fluchtpunkt liegt auf der Horizontlinie. Der Fluchtpunkt des Lichts liegt direkt unterhalb des Fluchtpunktes des Schattens.

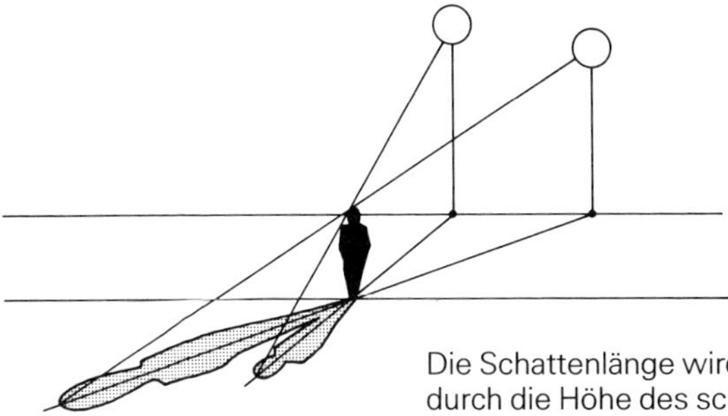

Die Schattenlänge wird bestimmt durch die Höhe des schattenwerfenden Objekts und den Einfallswinkel der Sonne.

Der Sonneneinfallswinkel

Wenn man Schatten von der Sonne in eine Zeichnung einführt, muß man mehrere Faktoren beachten: die Tageszeit und die dadurch bedingten, differierenden Längen der Schatten; auch ist die Jahreszeit in bezug auf das Sommer- und Winteräquinoktium von Bedeutung, da die Sonnenhöhe dementsprechend äußerst stark variiert.

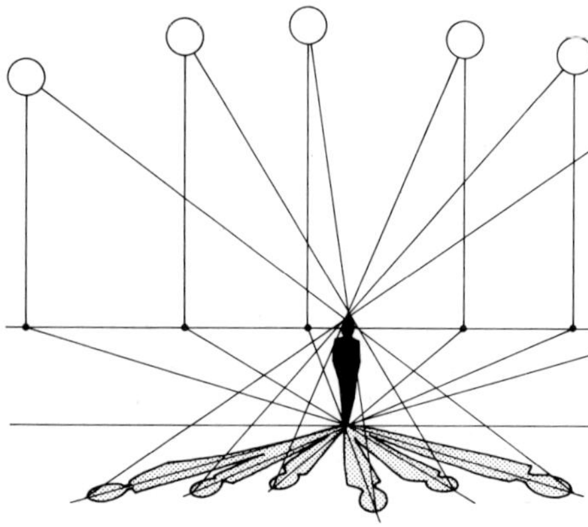

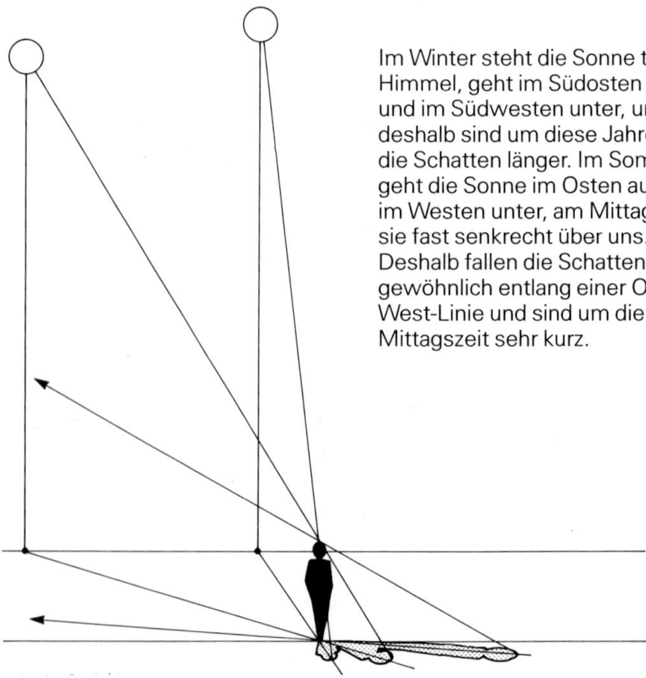

Im Winter steht die Sonne tief am Himmel, geht im Südosten auf und im Südwesten unter, und deshalb sind um diese Jahreszeit die Schatten länger. Im Sommer geht die Sonne im Osten auf und im Westen unter, am Mittag steht sie fast senkrecht über uns. Deshalb fallen die Schatten für gewöhnlich entlang einer Ost-West-Linie und sind um die Mittagszeit sehr kurz.

Der Sonnenstand

Konstruiert man eine perspektivische Zeichnung, benötigt man zwei Winkel, um den Sonnenstand zu bestimmen.

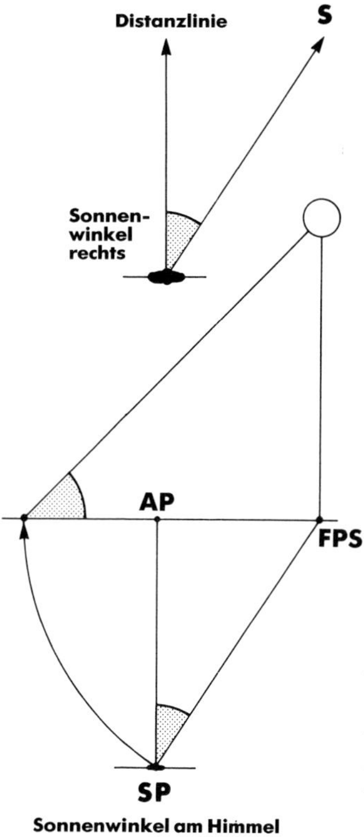

Im Grundriß, indem man auf den Betrachter herabblickt, braucht man den Winkel links oder rechts von der Distanzlinie.

Unter Verwendung dieses Winkels kann man eine Linie vom Standpunkt auf die Bildebene ziehen. Der Schnittpunkt der beiden bildet den Fluchtpunkt des Schattens (FPS). Schlagen Sie von ihm aus einen Bogen mit dem Radius FPS/SP auf die Bildebene. So erhalten Sie eine wahre Ansicht auf der Vertikalebene SP/FPS.

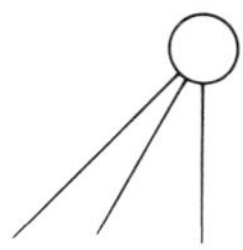

Von diesem neuen Punkt aus wird der zweite Winkel, der Neigungswinkel der Sonne, gezeichnet. Wo der verlängerte Schenkel eine vertikale Linie im FPS trifft, befindet sich die Sonne.

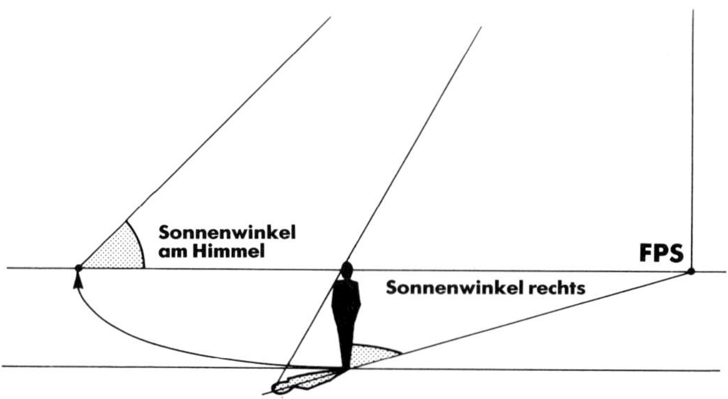

Zeichnen des Schattens

Wenn man die Schlagschatten eines Objekts konstruieren will, muß man wissen, wo sich dessen Fluchtpunkte wie auch der Fluchtpunkt des Lichts und des Schattens befinden.

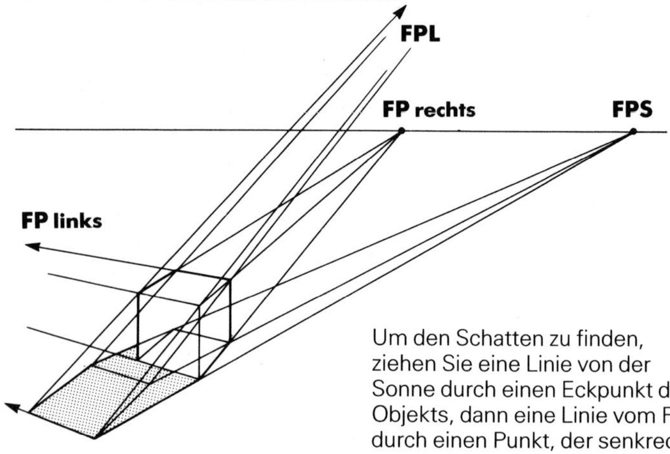

Um den Schatten zu finden, ziehen Sie eine Linie von der Sonne durch einen Eckpunkt des Objekts, dann eine Linie vom FPS durch einen Punkt, der senkrecht unterhalb dieses Endpunktes auf der Grundebene liegt. Wo diese Linien sich schneiden, liegt die gesuchte Position des Schattens.

Sie werden sehen, daß der Hauptanteil des Schattens nach hinten zum FPS flüchtet, daß aber einige Seiten des Schattens den Fluchtlinien des Objekts folgen.

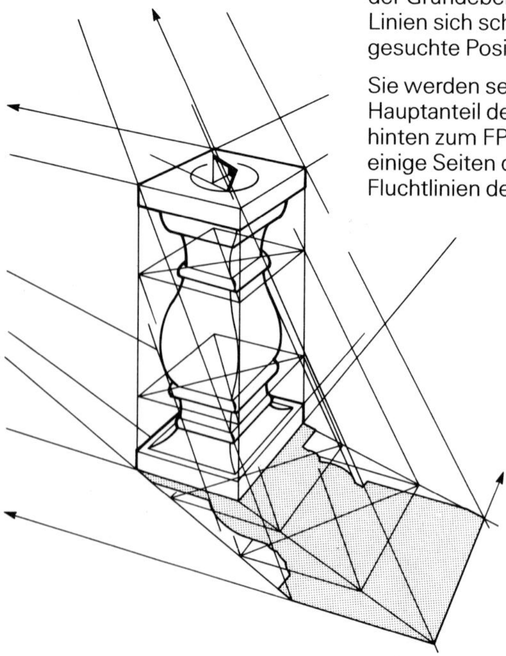

Schatten, die vom Betrachter aus nach vorne fallen

Steht die Sonne im Rücken des Betrachters, benötigen Sie zwei Winkel, um den Sonnenstand zu finden.

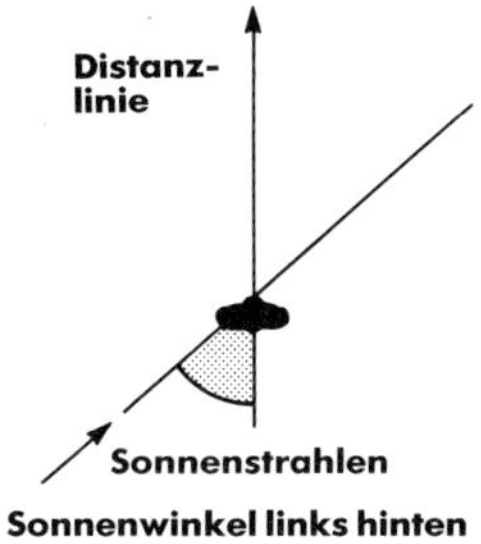

Im Grundriß, indem man auf den Betrachter herabschaut, brauchen Sie den Winkel, den die Sonne mit der Distanzlinie bildet.

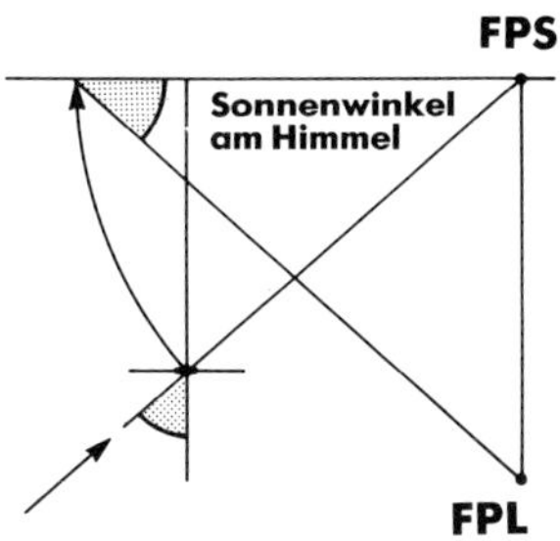

Unter Verwendung dieses Winkels ziehen Sie eine Linie zur Bildebene, die den Fluchtpunkt des Schattens ergibt. Von diesem Punkt aus schlagen Sie ausgehend vom Standpunkt einen Bogen bis zur Bildebene.

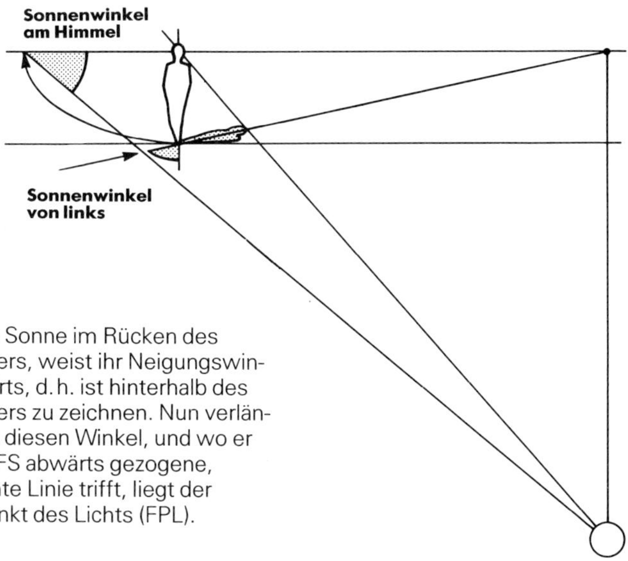

Steht die Sonne im Rücken des Betrachters, weist ihr Neigungswinkel abwärts, d. h. ist hinterhalb des Betrachters zu zeichnen. Nun verlängert man diesen Winkel, und wo er die vom FS abwärts gezogene, senkrechte Linie trifft, liegt der Fluchtpunkt des Lichts (FPL).

Ebenso wie die Fluchtpunkte des Lichts und der Schatten, müssen Sie die beiden Fluchtpunkte des Objekts zeichnen.

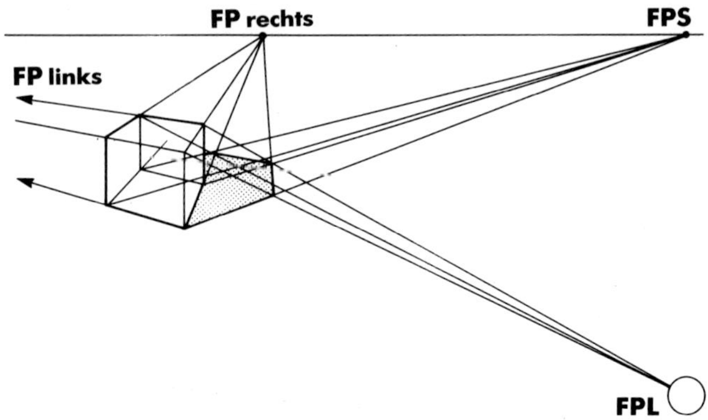

Linien werden von der Sonne durch die Eckpunkte des Objekts gezogen. Dann zeichnet man Linien zum Fluchtpunkt des Schattens, ausgehend von den Punkten auf der Grundebene, die senkrecht unterhalb der Eckpunkte des Objekts liegen. Wo diese Linien sich schneiden, findet man die Lage des Schattens.

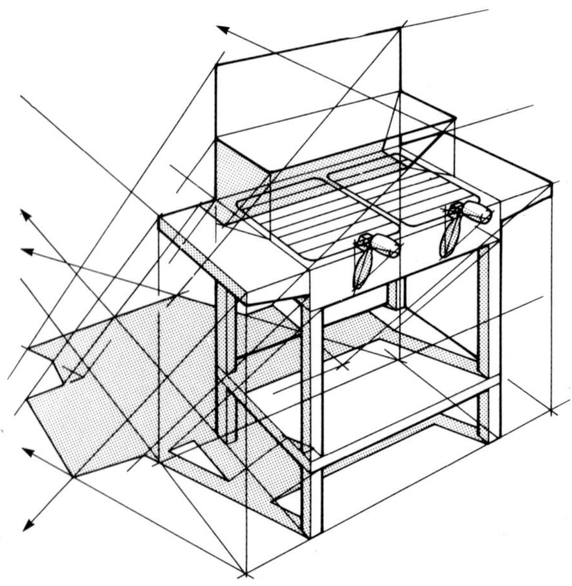

Wenn Sie Schatten zeichnen, suchen Sie zuerst den Punkt, von dem aus der Schatten fällt, dann ziehen Sie eine Linie durch diesen Punkt zum Fluchtpunkt des Lichts. Anschließend suchen Sie einen zweiten Punkt, der senkrecht unterhalb des ersten Punktes entweder auf der Grundebene oder einer anderen horizontalen Ebene liegt. Von diesem zweiten Punkt aus wird eine Linie zum Fluchtpunkt des Schattens gezogen. Die Schnittpunkte dieser Linien ergeben die Punkte des Schattens.
Einige Seiten des Schattens verlaufen zu den Fluchtpunkten des Objekts.

Schattenprojektionen
Schatten setzt man wirkungsvoll in verschiedenen Arten von Projektionen und Perspektiven ein. Grund- und Aufriß eines Gebäudes vorausgesetzt, können einfache Schatten im Grundriß beitragen, einen dreidimensionalen Eindruck zu vermitteln.

Im Aufriß werden parallele Linien von der Sonne durch Gebäudepunkte auf die Grundebene gezogen. Diese Punkte verlängert man auf den Grundriß. Im Grundriß zeichnet man von der Sonne ausgehend Linien des Schattens, und wo diese die Aufrißlinien schneiden, liegen die Punkte für die Schatten.

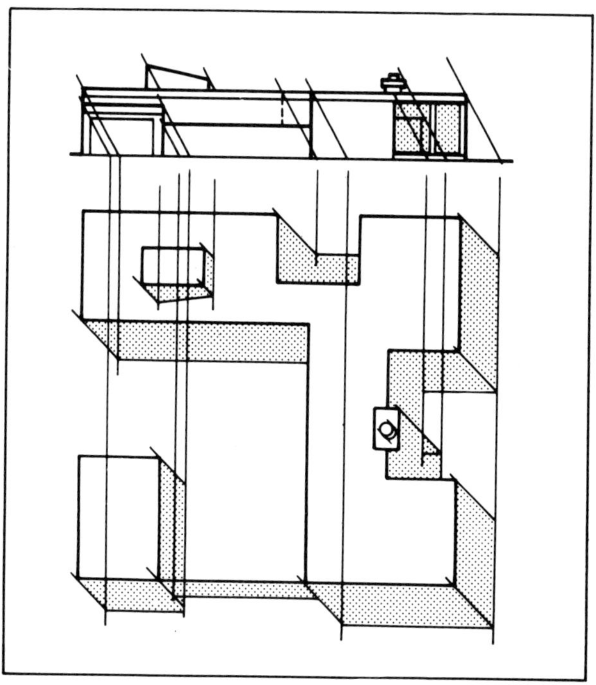

In dieser Einpunktperspektive steht die Sonne etwas links und im Rücken des Betrachters. Sie sehen, daß einige Linien des Schattens zu dessen Fluchtpunkt, andere zum Augenpunkt verlaufen.

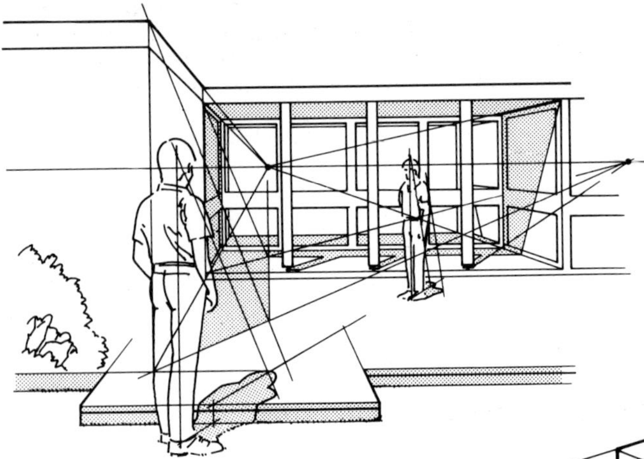

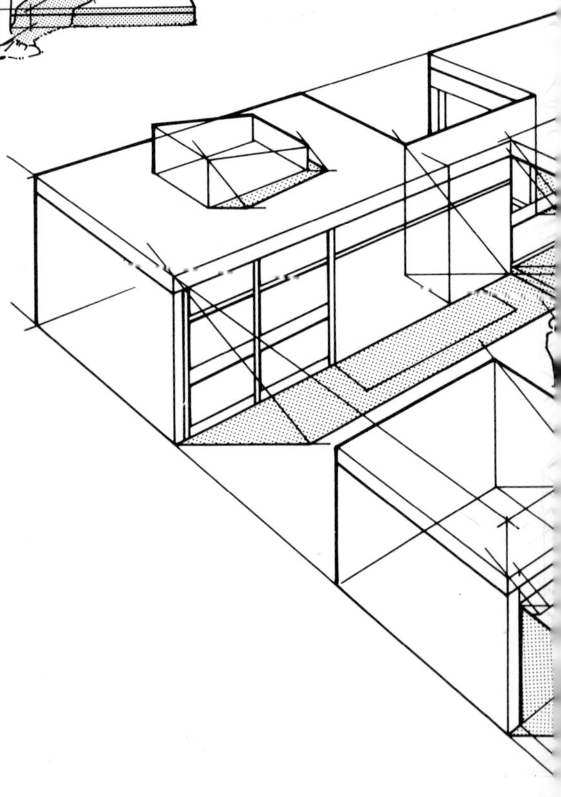

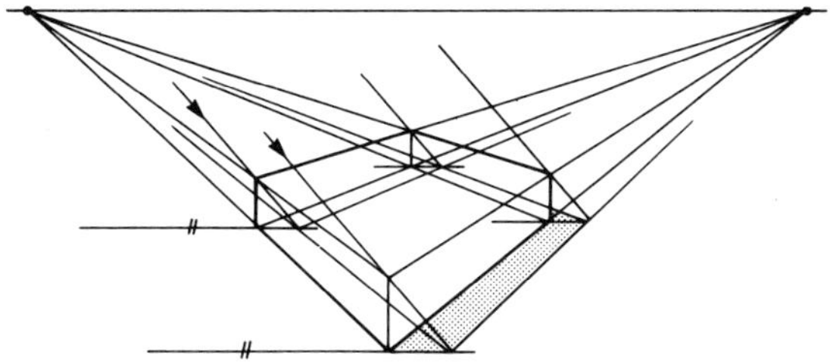

In einer Zweipunktperspektive kann man den Sonnenstand nur rechts oder links vom Betrachter, nicht aber vor oder hinter ihm festlegen. Dies ergibt Parallelen für die Lichtstrahlen und Schatten.

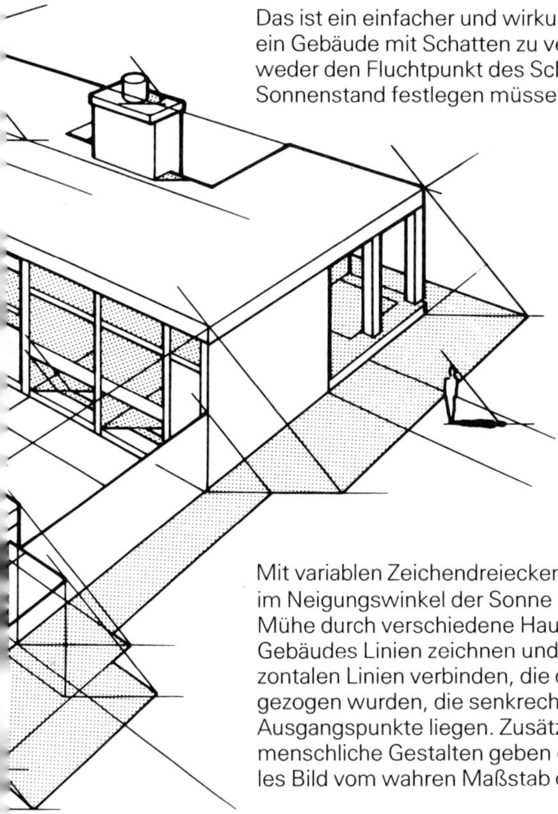

Das ist ein einfacher und wirkungsvoller Weg, ein Gebäude mit Schatten zu versehen, da Sie weder den Fluchtpunkt des Schattens noch den Sonnenstand festlegen müssen.

Mit variablen Zeichendreiecken (Dreiecksraster) im Neigungswinkel der Sonne können Sie ohne Mühe durch verschiedene Hauptpunkte des Gebäudes Linien zeichnen und diese mit horizontalen Linien verbinden, die durch Punkte gezogen wurden, die senkrecht unterhalb der Ausgangspunkte liegen. Zusätzlich skizzierte menschliche Gestalten geben ein wirkungsvolles Bild vom wahren Maßstab des Gebäudes.

Künstliche Lichtquellen und ihre Schatten

Schatten von künstlichen Lichtquellen unterscheiden sich von den Schatten der Sonne ganz wesentlich in einer Hinsicht. Da die Lichtquelle im Gegensatz zur Sonne näher bei uns liegt, verlaufen die Lichtstrahlen nicht parallel, sondern breiten sich strahlenförmig von einem gegebenen Punkt aus.
Schatten von senkrechtstehenden Objekten mit parallellaufenden Seiten sind selbst nicht parallel, flüchten also auch nicht zu unendlich weit entfernten Punkten auf der Horizontlinie. Die Linien der Schatten laufen zu Punkten, die senkrecht unterhalb der künstlichen Lichtquelle liegen.
Beim Zeichnen müssen Sie die Fluchtpunkte der Objekte, die Lichtquelle und einen Punkt auf der Grundebene, senkrecht unterhalb der Lichtquelle, kennen.

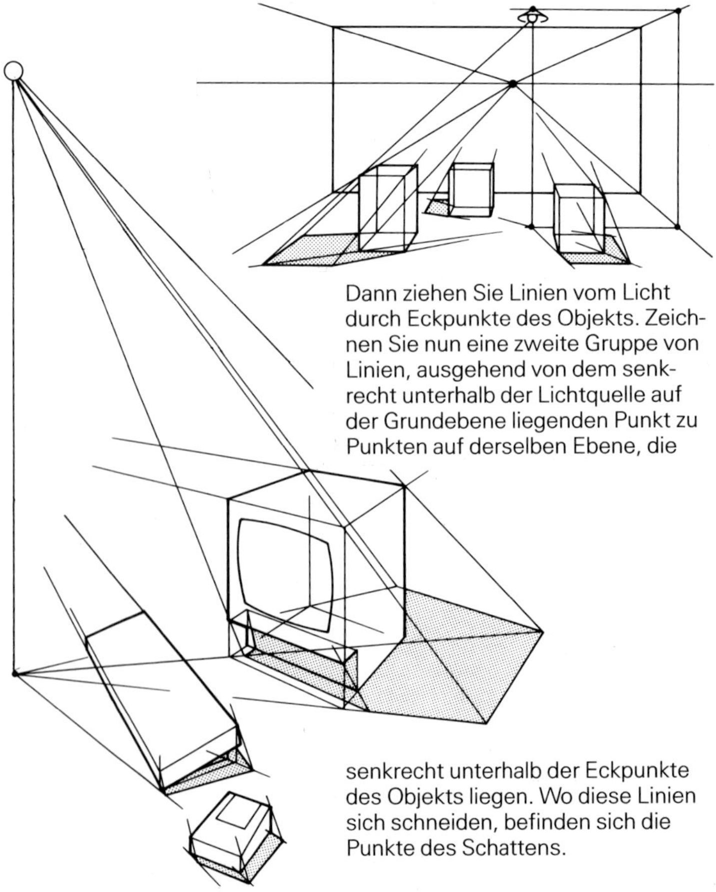

Dann ziehen Sie Linien vom Licht durch Eckpunkte des Objekts. Zeichnen Sie nun eine zweite Gruppe von Linien, ausgehend von dem senkrecht unterhalb der Lichtquelle auf der Grundebene liegenden Punkt zu Punkten auf derselben Ebene, die senkrecht unterhalb der Eckpunkte des Objekts liegen. Wo diese Linien sich schneiden, befinden sich die Punkte des Schattens.

Die Hauptregeln des Schattenzeichnens sind folgende: zuerst von der Lichtquelle aus Linien zu den Punkten zeichnen, die den Schatten werfen; dann neue Punkte finden, die zu ersteren senkrecht unterhalb auf der Grundebene oder einer anderen horizontalen Ebene (Tischplatte) liegen; schließlich von einem senkrecht unterhalb der Lichtquelle liegenden Punkt Linien durch die eben genannten Punkte ziehen.

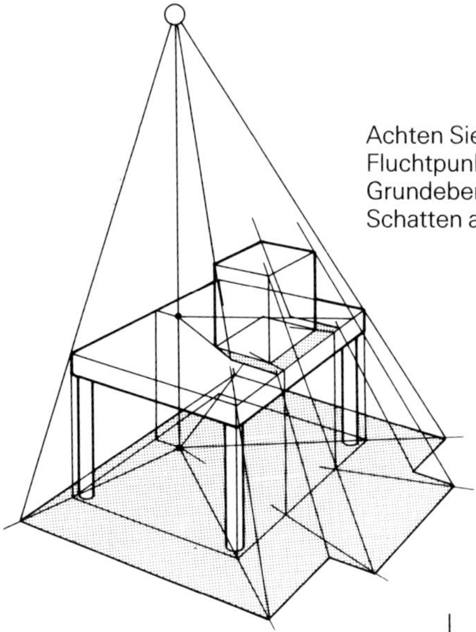

Achten Sie darauf, daß es einen Fluchtpunkt für die Schatten auf der Grundebene und einen für die Schatten auf der Tischplatte gibt.

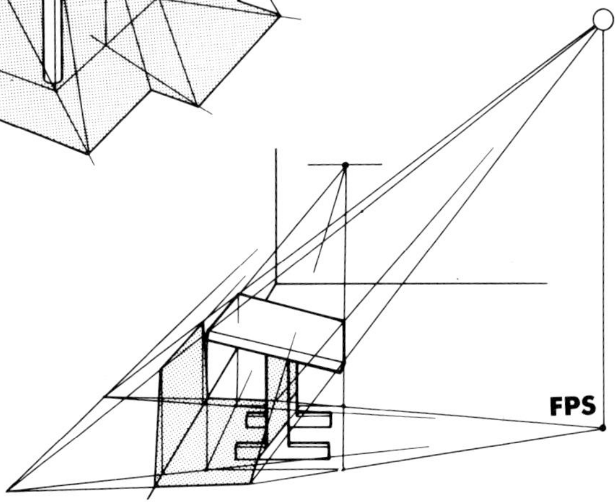

Wo der Schatten auf eine Vertikalebene fällt, zeichnen Sie ihn zunächst so, als ob die Vertikalebene nicht existierte.
Fällen Sie eine Vertikale von der vorderen oberen Ecke des Objekts senkrecht auf die Grundebene. Wo die verlängerte Fluchtlinie des Schattens die Wand trifft, errichten Sie eine neue Vertikale. Diese stellt die Originalvertikale an der Wand dar. Die obere Ecke der verlängerten Vertikale ist der Eckpunkt des Schattens an der Wand.

Zylindrische Formen

Steht ein Zylinder auf der Grundebene, zeichnen Sie die Lage der Lichtquelle ein und fällen von ihr aus eine Senkrechte auf die Grundebene. So erhalten Sie den Fluchtpunkt des Schattens (FPS). Von diesem aus ziehen Sie Linien zur elliptischen Grundfläche des Zylinders. Wo die Linien die Ellipse schneiden, errichten Sie Vertikale zur elliptischen Oberfläche des Zylinders. Durch die oberen Schnittpunkte zeichnen Sie, ausgehend von der Lichtquelle, Linien auf die Grundfläche. Wo sich die entsprechenden Linien schneiden, ist der Umriß des Schattens gefunden.

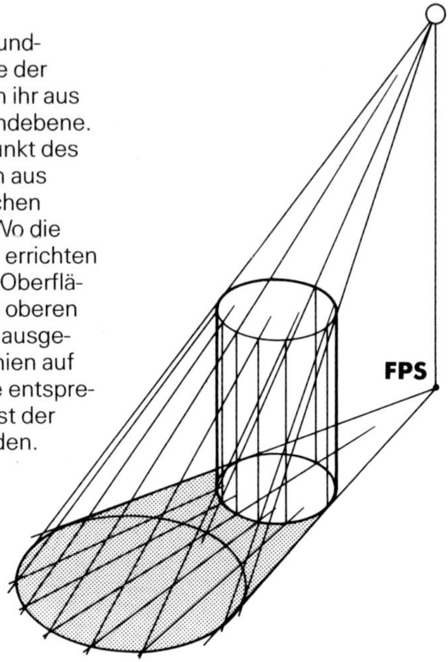

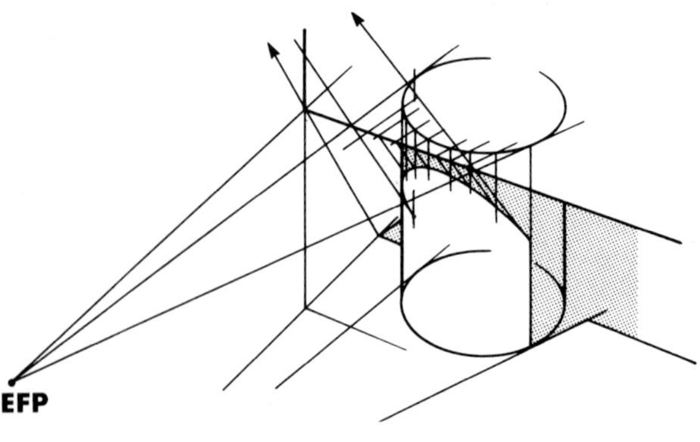

Wenn der Schatten eines Objekts auf einen Zylinder geworfen werden soll, müssen Sie zuerst die Lichtquelle festlegen, dann den Punkt der senkrecht unterhalb der Lichtquelle, aber auf der Höhe der schattenwerfenden Objekte liegt; das ist der erhöhte Fluchtpunkt (EFP).
Von diesem Fluchtpunkt zeichnen Sie Linien durch das Objekt auf den Zylinder. Durch die Schnittpunkte fällen Sie Linien. Dann ziehen Sie durch dieselben Punkte des Objekts Linien, die jene auf dem Zylinder treffen.

Um einen Schatten innerhalb eines Hohlzylinders zu zeichnen, müssen Sie die Lichtquelle, den Fluchtpunkt des Schattens und den erhöhten Fluchtpunkt festlegen. Von diesem aus zeichnen Sie Linien über die innere Ellipse auf der Oberseite des Zylinders und fällen sie auf die Innenkurve. Zeichnen Sie Lichtstrahlen durch Punkte auf der dem Licht zugewandten Seite der oberen Ellipse und lassen Sie sie mit den Vertikalen auf der Zylinderinnenfläche schneiden.

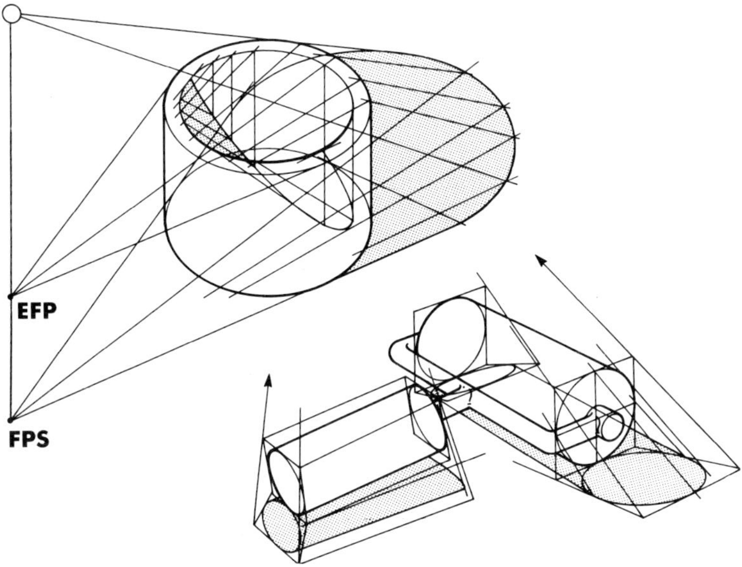

Eine weitere Methode, den Schatten eines zylindrischen Objekts zu finden, besteht darin, den Zylinder in ein einfaches Quadratprisma zu legen und den von diesem Prisma gebildeten Schatten auf die Grundebene zu projizieren. Kreisformen, in der Perspektive als Ellipsen gesehen, werfen elliptische Schatten.

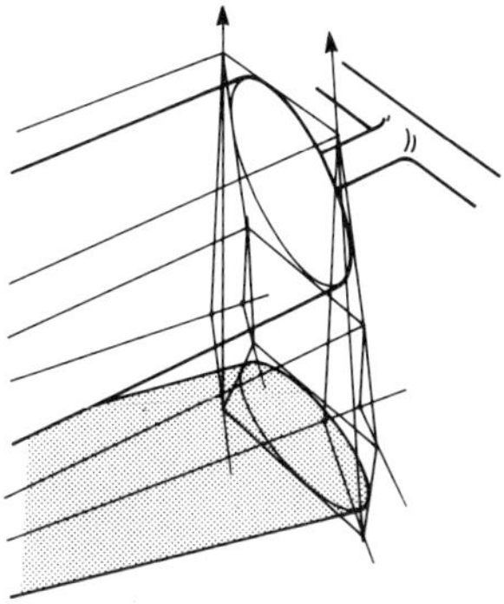

Wenn das Objekt zur Grundebene geneigt ist, müssen Sie auf dieser Punkte finden, die senkrecht unterhalb eines jeden Punktes des Objekts liegen und die die späteren Schattenpunkte ergeben sollen.

Schiefe Ebenen

Schatten, die auf schiefe Ebenen fallen, bedienen sich derselben Linien von einer Lichtquelle und vom Fluchtpunkt des Schattens aus. Wo die Linien des Schattens die Schnittlinie der Grund- und der schiefen Ebene treffen, zieht man auf der schrägen Seite der schiefen Ebene Linien nach oben, bis sie diejenigen der Lichtquelle schneiden.

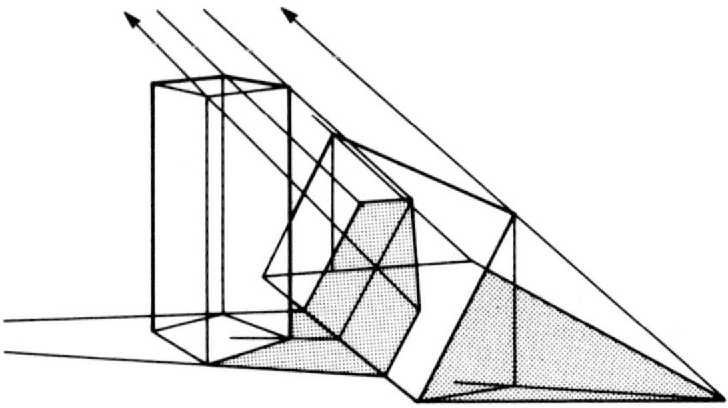

Der Schatten einer schiefen Ebene folgt dem Prinzip der Linien von der Lichtquelle, vom Fluchtpunkt des Schattens und vom erhöhten Fluchtpunkt (EFP).
Bei diesem Problem ist es wichtig, die Punkte auf den horizontalen Ebenen zu lokalisieren, die vertikal unterhalb der Punkte liegen, die später die Punkte des Schattens ergeben sollen.

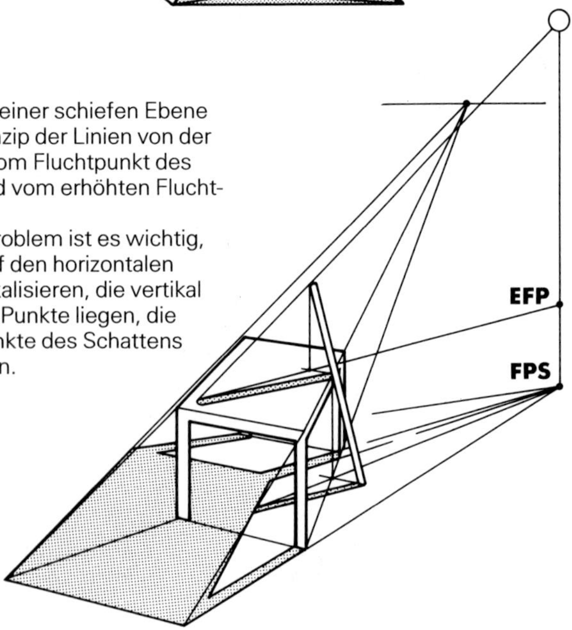

Gekrümmte Objekte

Um einen Schatten auf die gekrümmte Oberfläche eines Zylinders zu zeichnen, ist es die einfachste Methode, den Zylinder in ein Quadratprisma zu legen. In diesem Fall wirft das vertikale Objekt einen Schatten über das Prisma, der in rechteckigen Formen gezeichnet

werden kann, die den Zylinder in einem bestimmten Winkel durchschneiden. Nun können innerhalb dieser rechteckigen Schnitte Kurven gezeichnet werden.
Beachten Sie, daß die Kurven Ellipsen sind, aber mit unterschiedlichem Achsenverhältnis zu der vorderen und hinteren Zylinderellipse (die hier Kreise sind, da der Zylinder in Einpunktperspektive gezeichnet wurde).

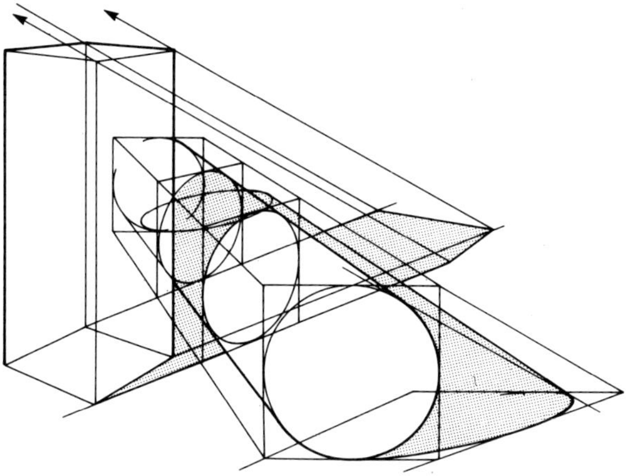

Den Schatten einer Kugel zu zeichnen, ist ein kniffliges Problem, das mehr eine akademische Studie als ein praktisches Mittel ist, einen wirklichkeitsgetreuen Schatten zu bilden.

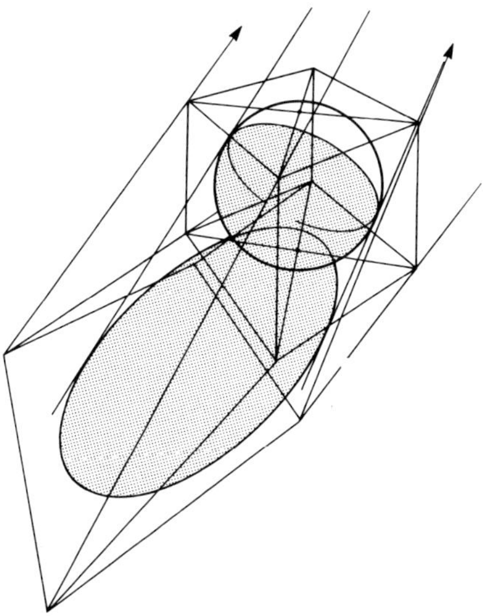

Eine Möglichkeit, das Problem zu lösen, ist eine Kugel in einen perspektivischen Würfel eingeschlossen zu zeichnen und dann ihren Schatten zu konstruieren. Legen Sie von der Lichtquelle zwei Tangenten an die Kugel und verwenden Sie diese als Führungslinie, um den Schatten auf der Grundebene zu zeichnen. Die Endform wird eine Ellipse sein.

Reflexion

Reflexionen können eine Zeichnung um eine nützliche, neue Dimension erweitern. Man kann sie sich relativ leicht vorstellen und konstruieren. Abgesehen von den tatsächlichen Spiegelbildern, sieht man Reflexionen im allgemeinen auf horizontalen Oberflächen wie Wasseroberflächen oder polierten Tischplatten, doch gibt es eine breite Palette von Effekten, die der perspektivischen Zeichnung eine große Vielschichtigkeit und visuelle Attraktivität verleihen können.

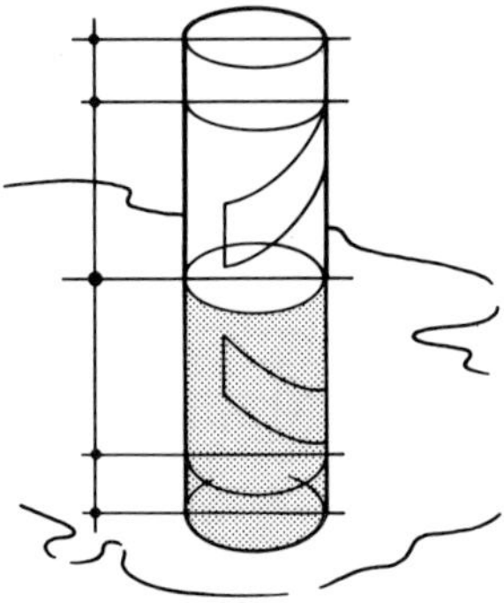

Horizontal reflektierende Oberflächen

Bei einem einfachen Zylinder, der auf einer reflektierenden Oberfläche steht, liegt die Reflexion senkrecht unterhalb des Objekts und hat dieselbe Größe. So eine Zeichnung läßt sich leicht herstellen, indem man horizontale Linien durch die Hauptpunkte des Objekts zieht und auf einer senkrechten Linie, die auf die reflektierende Oberfläche hinunterreicht, gleiche Meßabstände überträgt.

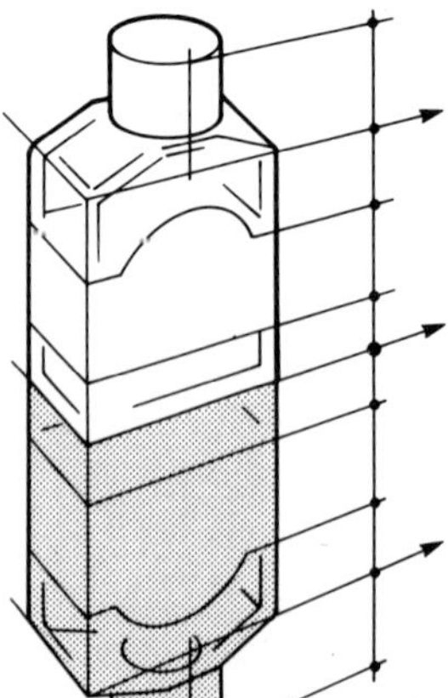

Bei diesem in Schrägperspektive stehenden Objekt kann man auch wieder Linien durch die Hauptpunkte ziehen und mit einer Vertikalen verbinden. Die dabei gewonnenen Meßabstände trägt man entsprechend auf der reflektierenden Oberfläche ab.

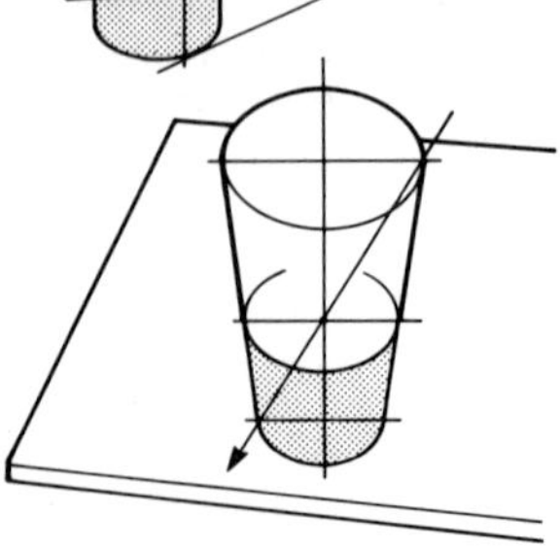

Schaut man von oben auf einen Zylinder, kann man den Abstand, den die Reflexion auf der Spiegelfläche einnimmt, mit Hilfe einer Diagonalen messen, die man vom äußeren Hauptachsenpunkt der oberen Ellipse durch den Mittelpunkt der unteren zieht. Sie schneidet die Fluchtlinie auf der anderen Seite.

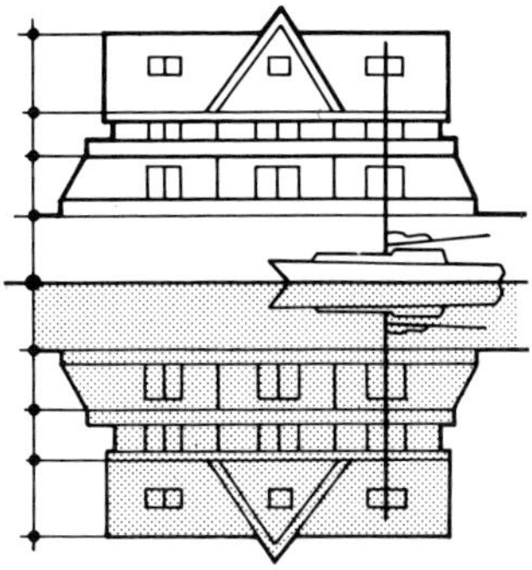

Wenn sie direkt auf einen Gegenstand blicken oder von einer orthogonalen Blickrichtung aus arbeiten, dann ist die Reflexion das genaue Gegenstück des Objekts in vertikaler Richtung.

Betrachtet man das Objekt von oben und gleichzeitig von einer Seite, wie in der Zweipunktperspektive, so erscheint die Reflexion immer noch im selben Abstand unterhalb des Objekts.

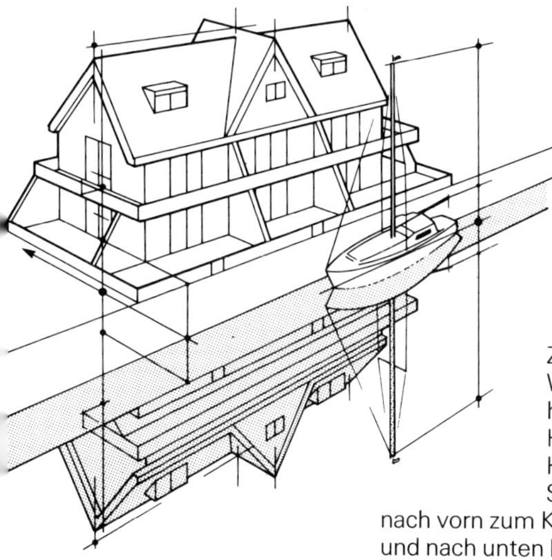

Zeichnen Sie den Wasserspiegel unterhalb verschiedener Hauptpunkte des Hauses ein. Indem Sie die Gebäudefront nach vorn zum Kairand verlängern und nach unten bis zum Wasserspiegel fortsetzen und wieder bis unterhalb des Gebäudes zurückführen, finden Sie eine Höhe, von der aus Sie Messungen vornehmen können.

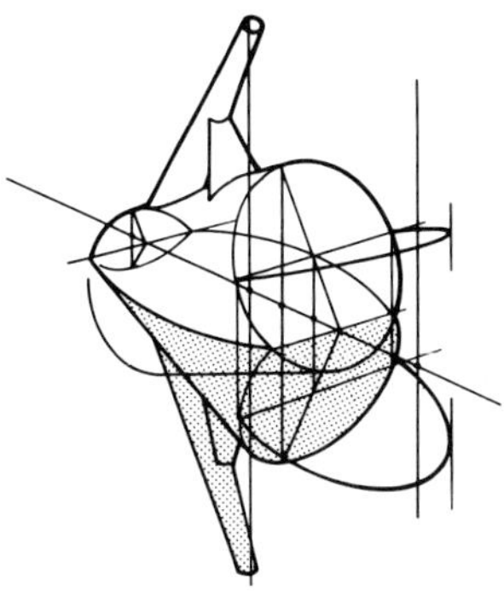

Um diese teilweise im Wasser liegende Gießkanne zu zeichnen, müssen Sie zuerst eine imaginäre Mittellinie durch die Kanne ziehen, die mit dem Wasserspiegel korrespondiert. Dann markieren Sie die Hauptpunkte der Kanne auf dieser Linie und tragen von ihr aus die entsprechenden Abstände nach unten ab, um die Reflexionspunkte zu finden.

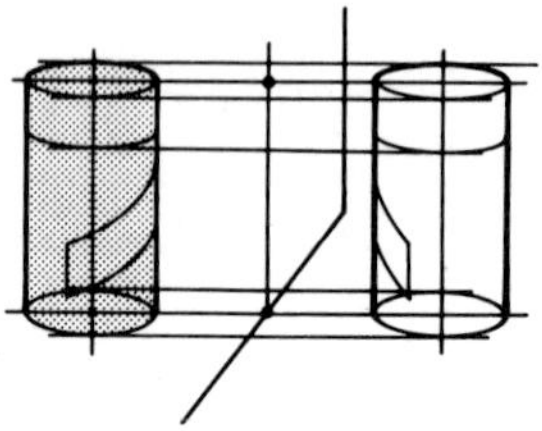

Senkrecht reflektierende Oberflächen

Bei senkrechten Reflexionsflächen (Spiegel) ist der Abstand der Reflexion im Spiegel gleich dem Abstand des Objekts vor dem Spiegel.

In dieser Einpunktzeichnung eines Raumes mit einem großen Spiegel an der Wand flüchtet die Spiegelebene zum Augenpunkt. Ziehen Sie horizontale Meßlinien vom Objekt in den Spiegel. Tragen Sie nun, indem Sie die aus Grund- und Spiegelebene gebildete Schnittlinie als Bezugslinie verwenden, Raumabstände im Spiegel ab.
Auch wenn der Spiegel die Grundebene nicht berührt, so wird in einer Zeichnung immer die Schnittlinie von Spiegelebene und Grundebene als Bezugslinie verwendet.

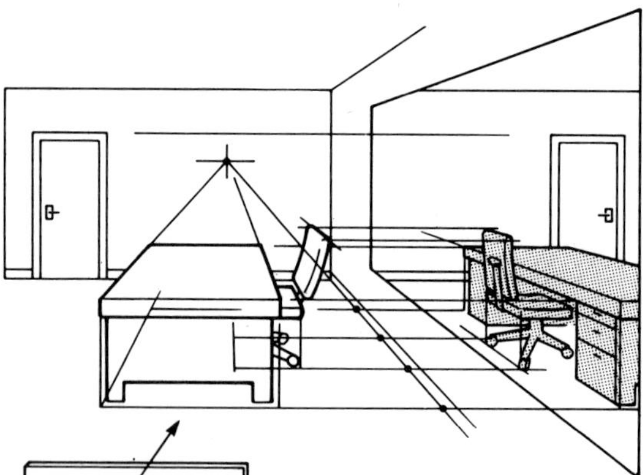

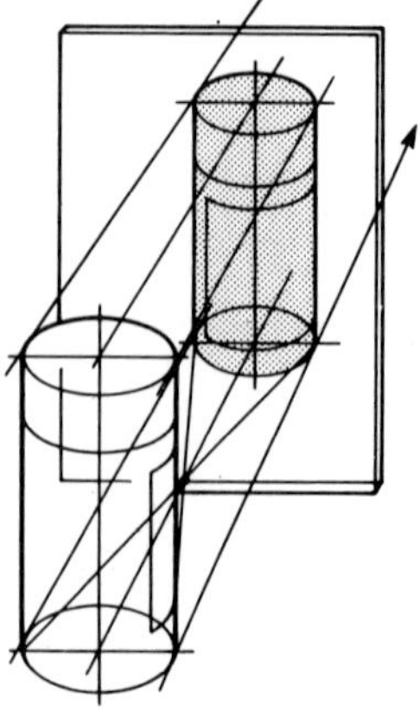

Steht der Spiegel parallel zur Bildebene (frontal zum Betrachter), werden Meßlinien im rechten Winkel zum Spiegel nach hinten zum Augenpunkt gezogen. Man verwendet Diagonalen, um die Abstände im Spiegel zu finden.

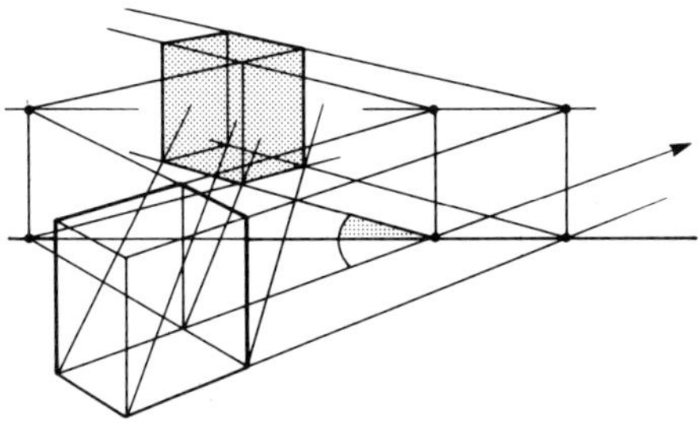

Wird ein schrägstehender Gegenstand in einem parallel zur Bildebene stehenden Spiegel reflektiert, verlängert man auch die Fluchtlinien des Gegenstandes nach hinten in den Spiegel und erleichtert damit das Zeichnen der Reflexion. Im Grundriß erhält man die korrekte räumliche Anordnung, indem man vom Objekt aus Linien zum Spiegel zieht und in entsprechenden Abständen in ihn hinein verlängert. Um das Spiegelbild mit gleichen Winkeln zu erhalten, werden Linien vom Objekt aus verlängert, bis sie den Spiegel berühren, und dann im gleichen Winkel in ihn hinein zurückgeworfen. Der Einfallswinkel ist gleich dem Reflexionswinkel.

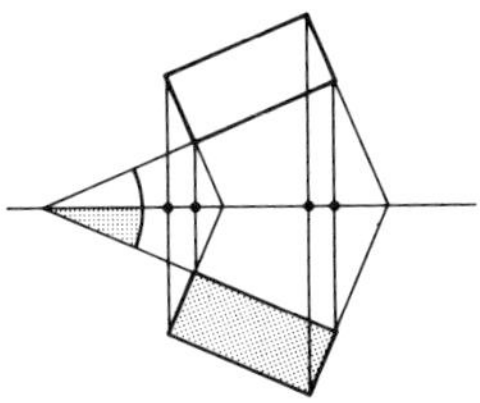

Mit Hilfe dieser Kenntnisse kann man eine Reflexion mit einiger Genauigkeit zeichnen. In unserer Dreipunktzeichnung werden die Fluchtlinien des Gegenstandes verlängert, bis sie den Spiegel berühren und dann im entgegengesetzten Winkel reflektiert. Aus den Schnittpunkten der Linien läßt sich die Reflexion herstellen.

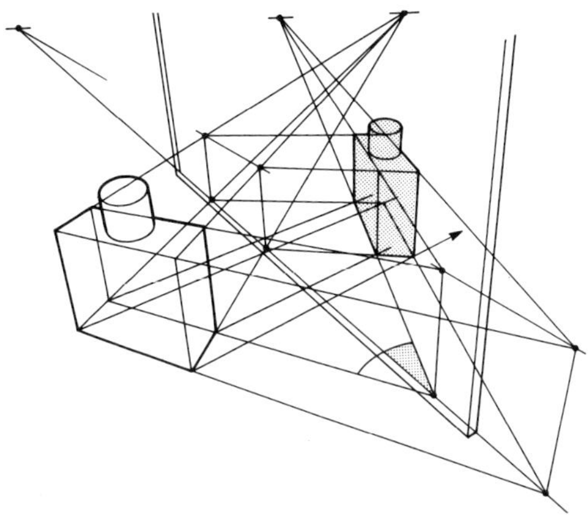

Schräge, reflektierende Oberflächen

Sogar wenn die reflektierende Oberfläche schräg steht, gelten dieselben Reflexionsregeln: 1. Das reflektierte Objekt erscheint im selben Abstand im Spiegel wie das eigentliche Objekt davor; 2. Der Winkel einer Reflexionslinie im Spiegel ist gleich dem Neigungswinkel dieser Linie.

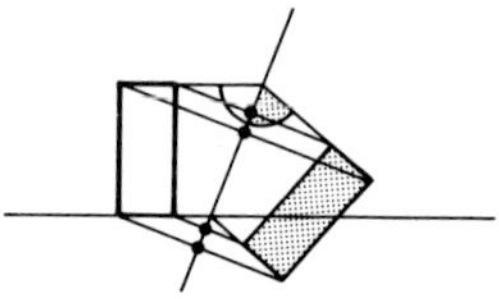

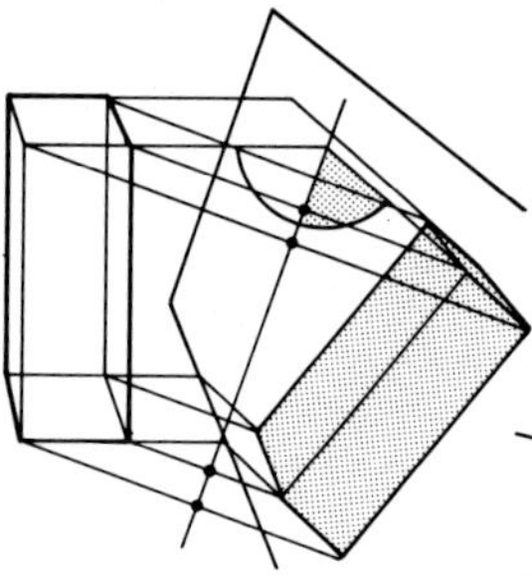

In der Einpunktperspektive werden Linien über die Grundebene gezogen, bis sie die Schnittlinie der beiden Ebenen treffen, von wo aus sie dann im entgegengesetzten Winkel reflektiert werden. Auch Linien im rechten Winkel zum Spiegel werden im gleichen Abstand von den Punkten aus in den Spiegel reflektiert, in denen sie die Oberfläche berühren.

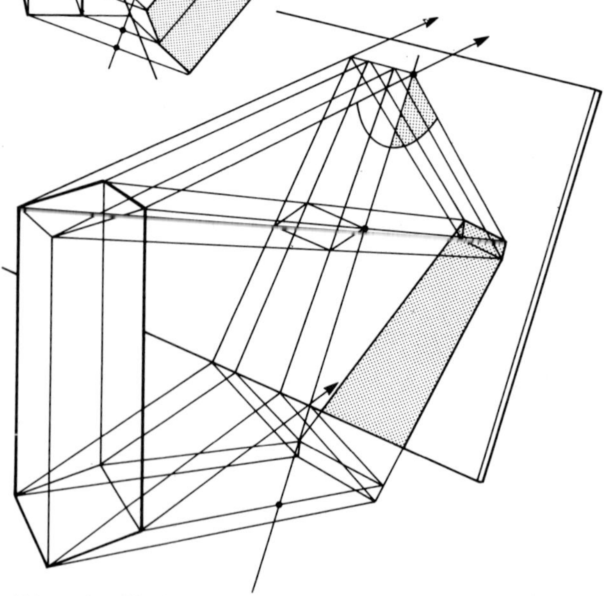

Wenn das Objekt und der Spiegel gedreht werden, ist es immer noch möglich, die Reflexion nach denselben Methoden zu konstruieren. Denken Sie daran, daß Sie in der Perspektive arbeiten und lassen Sie alle Konstruktionslinien der genauen Perspektive entsprechend zu den imaginären Fluchtpunkten laufen.

Mehrfachreflexionen

Eine Kombination von drei Spiegeln, jeder auf einer der drei Grundebenen, kann in manchen perspektivischen Abbildungen sehr wirkungsvoll eingesetzt werden.

In dem abgebildeten Arrangement von Spiegeldecke und gespiegelten Seitenwänden wird die Lampe im gleichen Abstand in die Decke reflektiert. Ebenso spiegelt sie sich in den beiden Wänden, wobei eine dieser Reflexionen zusätzlich auf einer der Seitenwände gespiegelt wird.

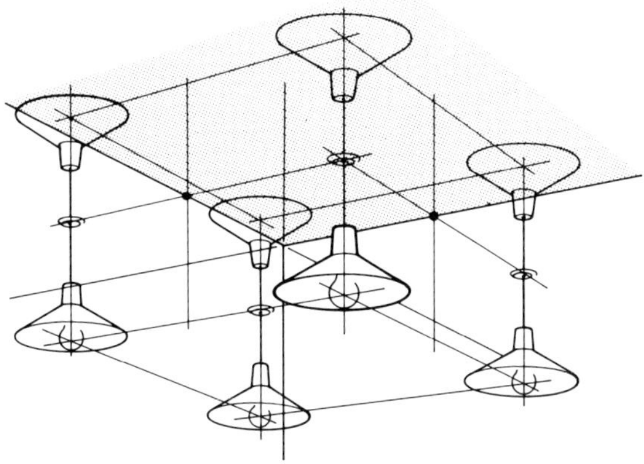

Dieselbe Kombination von direkten Reflexionen und Reflexionen der Reflexionen finden wir in diesem dreifachen Spiegelarrangement mit dem Weinglas auf einer horizontalen Ebene und seinen Reflexionen auf den angrenzenden vertikalen Ebenen.

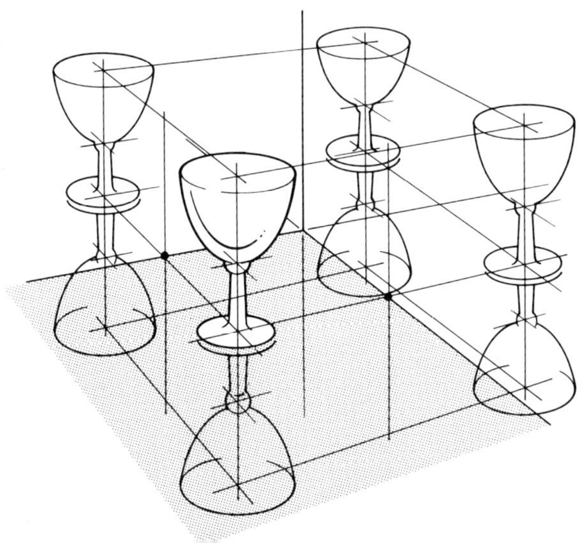

Illustrationen zeichnen

Einleitung

Das Zeichnen von Illustrationen ist nicht immer so leicht, wie es den Anschein hat. Doch kann es eine Menge Spaß bedeuten, sich seine eigene Welt zu schaffen. Dabei empfiehlt es sich, alle Ideen auszuprobieren und einfach weiterzuzeichnen – schon bald wird sich Ihr eigener unverwechselbarer Stil entwickeln.

Eine gute Illustration wirkt zwar meist nur einen Augenblick, kann einem aber jahrelang in Erinnerung bleiben. Sei es, um sich einfach zu unterhalten, oder sei es, um etwas Ernstes in unterhaltende Form umzusetzen, das Zeichnen von Illustrationen ist eine der sparsamsten und wirkungsvollsten Arten, eine Idee zu vermitteln. Das Reizvolle dabei ist, daß es für den Künstler ebenso viel Freude bedeuten kann, Illustrationen zu zeichnen, wie für den Betrachter, daran seinen Spaß zu haben, doch machen Sie nicht den Fehler zu glauben, weil Illustrationen so einfach aussehen, seien sie auch leicht zu zeichnen. Es kostet ein ganz schönes Stück Arbeit, bis man den visuellen Gag, der einem vor dem inneren Auge so wunderbar erscheint, schließlich genauso gut zu Papier gebracht hat. Dieses Buch will Ihnen dabei helfen, daß alles, was Sie vom Zeichnen von Illustrationen erwarten, um Ihren Ideen konkreten Ausdruck und Ihren persönlichen Stil zu verleihen, auch in Erfüllung geht. Viele fangen damit an, den Stil eines Zeichners, den sie besonders bewundern, zu kopieren – für den Anfang ist ein Weg so gut wie der andere. Ihr Stil und Ihre Zeichenmethoden werden sich schrittweise entwickeln. Wichtiger als darüber nachzudenken ist es, die Sache anzupacken. Wenn man verschiedene Ideen ausprobiert und den Mut hat, sich von seinen ersten Resultaten kritisch zu distanzieren und über die ersten Versuche hinauszugehen, wird man überrascht sein, wie viele Einfälle in einem stecken.

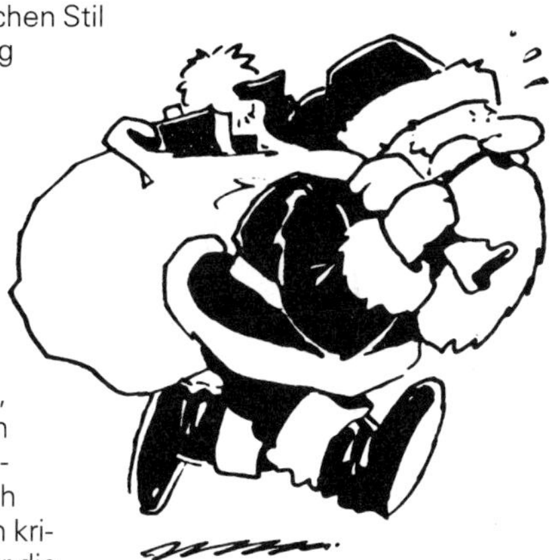

Wo anfangen?
Eine Illustration erfährt nur wenig Aufmerksamkeit. Wie tief das Bild schließlich auch im Gedächtnis haften bleibt, seine wichtigste Aufgabe ist es, die Pointe schnell und genau vermitteln zu können. Zu diesem Zweck – ob Sie nun eine einzelne Gestalt oder eine komplizierte Szene mit vielen Charakteren und Staffagen zeichnen – müssen Sie Ihren Blick und Ihre Hand schulen, um die wesentlichen Details Ihres Themas zu erfassen und sie sicher und unzweideutig zu zeichnen. Mag auch der Auslöser für ein ganzes Bild von etwas Gehörtem oder Gesehenem ausgehen, Sie müssen fähig sein, dieses Bild so zu zeich-

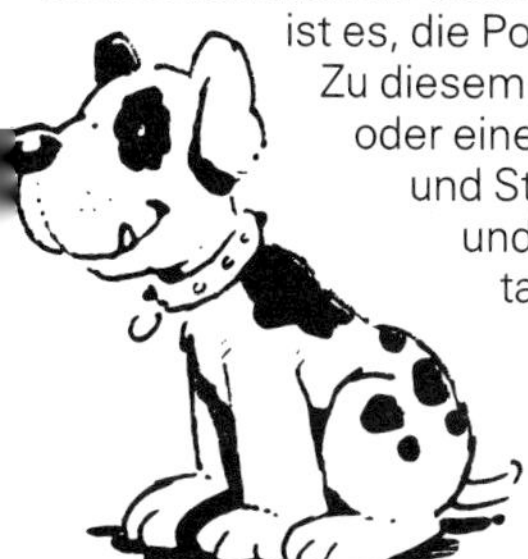

nen, daß es die notwendige Information übermittelt und alle Elemente in ihrem Verhältnis zueinander wie auch in bezug auf ihren Zeichenstil vernünftig aufeinander abgestimmt sind.
Um die Bestimmung aller Teile einer Illustration zu erleichtern, wurde dieses Buch in mehrere Kapitel unterteilt, von denen jedes sich auf einen Schwerpunkt konzentriert, den Sie möglicherweise mit einbeziehen möchten – menschliche Gesichter und Gestalten, Tiere, unbelebte Objekte und Hintergründe. Vielleicht hilft es Ihnen für den Anfang, alle in diesem Buch aufgenommenen Beispiele nur mal zu kopieren, doch erklärt jedes Kapitel einige allgemeine Grundzüge – wo zum Beispiel bestimmte Gesichtszüge bei unterschiedlichen Kopfhaltungen liegen, oder die grundsätzlichen Maße einer Gestalt –, die Ihnen helfen können zu analysieren, wo Sie in Ihrer eigenen Zeichnung etwas falsch gemacht haben, oder, wenn etwas gelungen ist, herauszufinden, warum es so gut geworden ist. Jeder hat zufällig einmal eine Eingebung, die zu einem unmittelbaren, erfolgreichen Ergebnis führen kann, aber leider kann man sich auf glückliche Zufälle nicht verlassen. Sie müssen weiterzeichnen, Ihre Ideen grob skizzieren, Ihr Bild ausarbeiten und alles weglassen, was keinen nützlichen Beitrag leistet, damit Sie Ihre Fertigkeiten im Zeichnen beherrschen lernen und gute Ergebnisse sich dauerhaft einstellen.

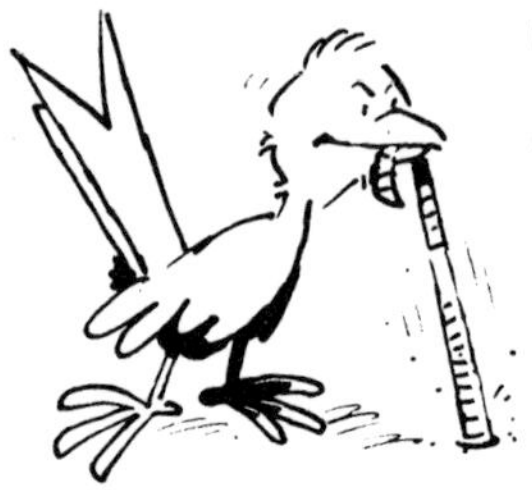

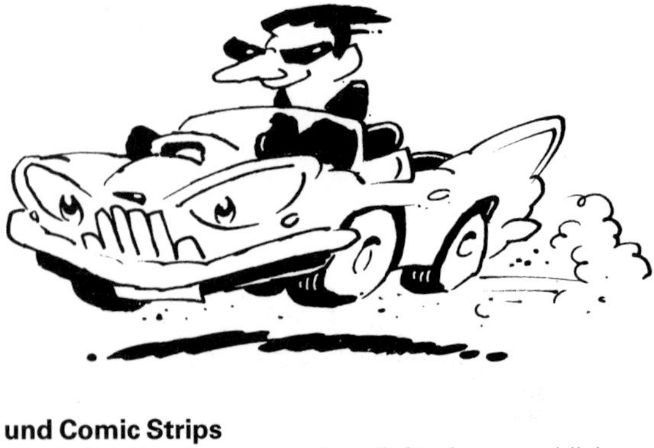

Gags und Comic Strips

Cartoons sind äußerst sparsam, das gilt für den sprachlichen wie auch den bildlichen Ausdruck. Wenn Sie einen knappen kurzen Gag zeichnen mit einer Bildunterschrift oder eine Zeichengeschichte mit Text und Dialogen, dann sind die Bilder die eigentlichen Vermittler des Witzes oder der Geschichte, und die Worte sollten kurz und treffend sein, den Humor oder die Dramatik der Situation unterstreichen.

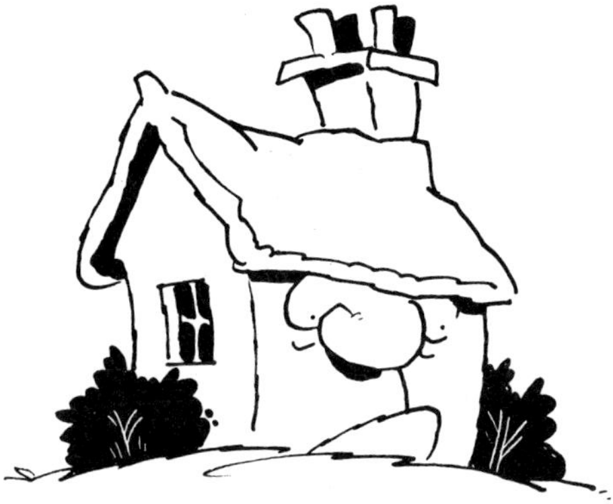

Zeichnen Sie einen Comic Strip, in dem immer wieder dieselben Charaktere auftauchen, müssen Sie besonders darauf achten, daß sie in jedem Bild auch als solche erkennbar sind. Das wird leichter gehen, wenn Sie die Grundelemente des Figurenzeichnens, die Entwicklung der Gestalten, Perspektive und Hintergrundatmosphäre, die in den folgenden Kapiteln jeweils im einzelnen beschrieben werden, bereits beherrschen. Das letzte Kapitel behandelt das Zusammenspiel aller dieser Elemente, mit dem Ziel, einen Witz oder eine Geschichte zu erzählen, indem auch noch Worte hinzugefügt werden. Vergessen Sie nicht, daß der Cartoon die einzige bildliche Ausdrucksform ist, der Sie durch die Aufnahme von Lauten eine zusätzliche Dimension verleihen können.

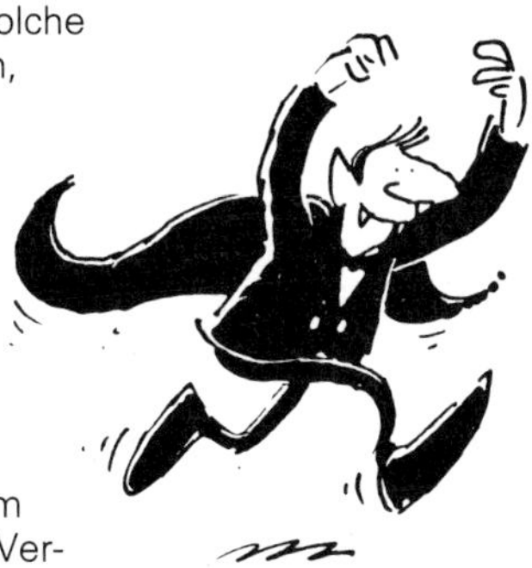

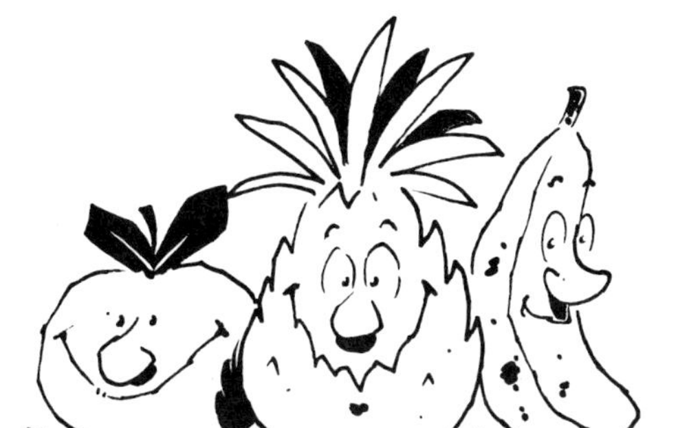

Kapitel eins

Materialien und Methoden

Sie können schon mit wenigen Mitteln anfangen, Illustrationen zu zeichnen. Bleistift, Feder oder Pinsel – Sie können mit allem arbeiten, was Ihnen angenehm erscheint und einen guten Strich erzeugt. Suchen Sie sich Materialien aus, die den Strom Ihrer Ideen ungehindert aufs Papier fließen lassen.

Einer der Hauptvorteile des Zeichnens von Illustrationen liegt darin, daß die Materialien relativ einfach und billig sind und Ihre Arbeitsmethode so, wie es Ihnen beliebt, entwickelt werden kann. Für Schwarzweißillustrationen genügt fürs erste ein Bleistift und ein Blatt Papier. Die meisten Zeichner verwenden Bleistifte für die ersten groben Skizzen und arbeiten erst die Schlußversion mit Tusche aus, andere wiederum empfehlen, gleich mit dem Pinsel, der Feder oder dem Filzstift zu beginnen. In dem Maß, in dem Sie Ihre Technik und Ihren Stil entwickeln, werden Sie auch die Arbeitsmethode entdecken, die Ihrem Zeichenstil und dem Zweck, den Ihre Illustrationen verfolgen, am meisten zusagt.

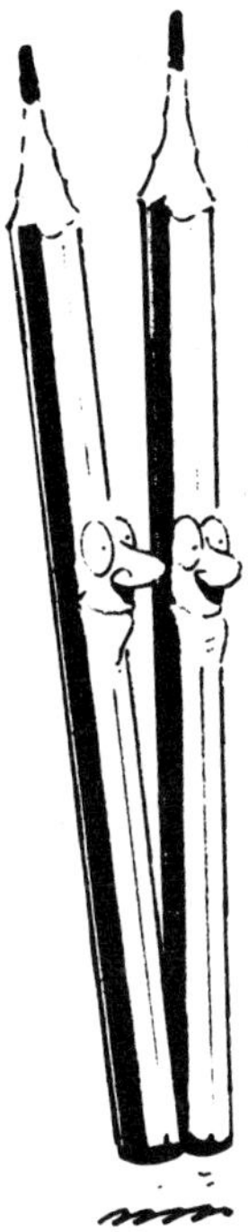

Bleistifte und Kreiden Ein Bleistift mit dem Härtegrad HB ist ideal für Grobskizzen bis hin zur vorläufigen Endstufe der Zeichnung. Weichere Bleistifte schmieren zu leicht, und harte Stifte erzeugen zu kontrastarme Striche. Ein bekannter Cartoonist arbeitet bis zum Schluß mit Bleistift – in diesem Fall brauchen Sie einen weicheren, körnigeren Bleistift wie zum Beispiel einen 4B oder 5B. Kohle oder ein schwarzer Contékreidestift verleihen Ihrer Zeichnung ebenfalls einen körnigen Effekt. Diese Materialien erzeugen ein ziemlich kräftiges Schwarz, und der Strich ist im Vergleich zum Tuschestrich volltonig warm. Andererseits jedoch müssen Sie besonders aufpassen, um Ihre Arbeiten sauber zu halten, da alle diese Materialien leicht schmieren.

Federn, Filzstifte und Pinsel Zum Auszeichnen der letzten Version Ihrer Illustrationen mit Tusche können Sie eine Feder oder einen Pinsel und schwarze Zeichentusche verwenden. Es gibt ein großes Sortiment an Federn, die eine weite Palette von Strichen abdecken. Die traditionelle Feder zum Eintauchen und Kartenzeichnen ist vielseitig einsetzbar, ergibt einen kritzlig-kräftigen Strich, der von dünn bis breit variieren kann. Mit den Tauchfedern besitzt man leider nicht die volle Kontrolle über den Tuschefluß, und ganz besonders muß man sich vor Klecksen in acht nehmen. Graphikerfedern, sogenannte Tuschezeichner, mit Röhrchenspitze und Kapillarpatronen sind sehr nützlich für Feinarbeiten wie Querschraffierungen. Diese Tuschezeichner mögen für andere Illustrationsarbeiten von Vorteil sein – Breite oder Dünne des Strichs werden

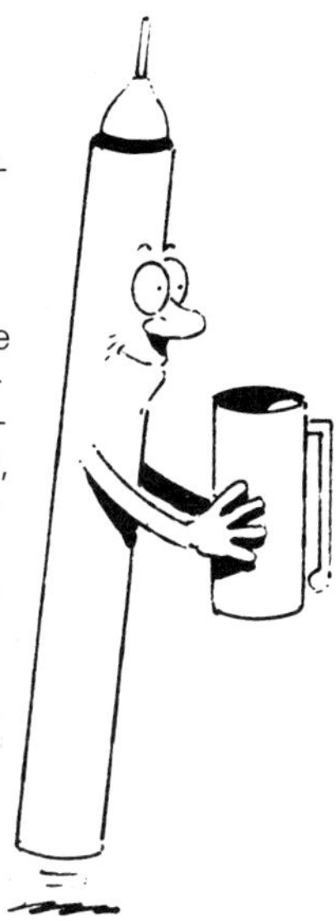

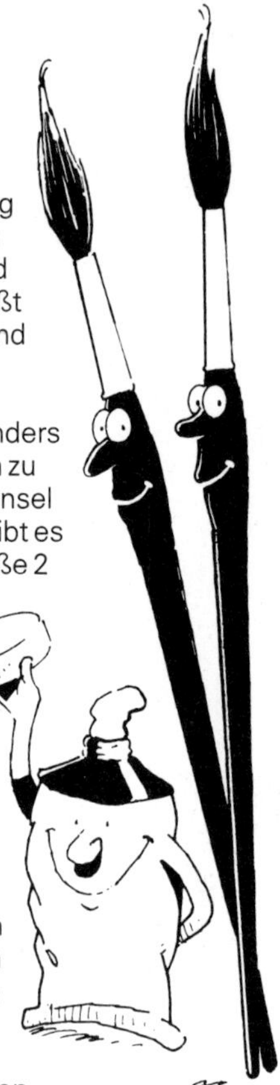

durch die Röhrchenspitze festgelegt –, sind aber nicht immer geeignet fürs Zeichnen von Illustrationen, da sie dem Bild zu viel Einförmigkeit verleihen, ihm etwas von seiner visuellen Spontaneität nehmen. Stifte mit Glasfiber- oder Filzspitzen sind ebenfalls vielseitig einsetzbar, billig und überall erhältlich. Minimale Druckänderungen können ganz unterschiedliche Strichqualitäten und interessante Effekte bewirken. Die Tusche verblaßt allerdings, wenn sie dem Licht ausgesetzt wird, und das sollte man nicht vergessen, wenn man seine Originale in gutem Zustand erhalten will.
Pinsel eignen sich zum Illustrationszeichnen besonders gut, weil sie einen fließenden Übergang von feinen zu dicken Strichen ermöglichen. Runde Marderhaarpinsel von guter Qualität sind am besten. Diese gibt es in verschiedenen Größen, wobei die Größe 2 ideal fürs Konturzeichnen ist und die Größe 4 zum Ausmalen von schwarzen Flächen. Mit der Nummer 2 können Sie schraffieren und sogar gerade Linien ziehen, wenn Sie ein Lineal dazu verwenden. Ansonsten gilt; benutzen Sie als Zeichenmaterial, was Ihnen am meisten entgegenkommt.
Das Gelingen einer guten Illustration hängt davon ab, ob die verwendeten Zeichengeräte Ihnen das Gefühl von Zufriedenheit und Sicherheit geben.

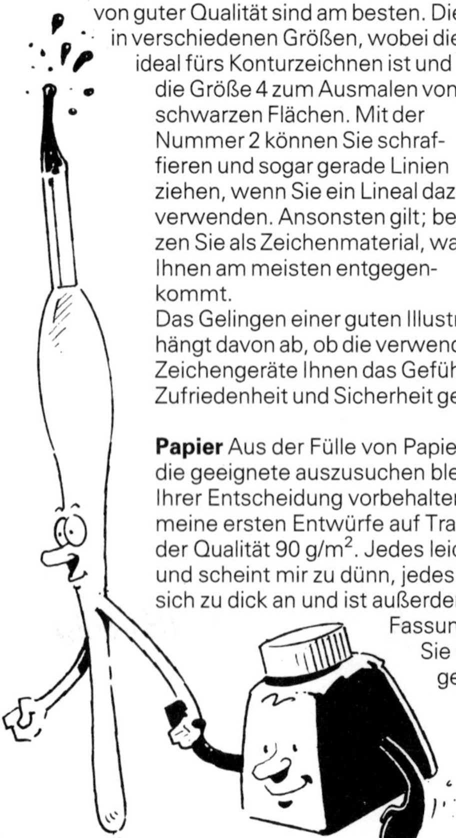

Papier Aus der Fülle von Papiersorten die geeignete auszusuchen bleibt ganz Ihrer Entscheidung vorbehalten. Ich persönlich mache meine ersten Entwürfe auf Transparentpapier (im Block) der Qualität 90 g/m^2. Jedes leichtere Papier wirft sich und scheint mir zu dünn, jedes schwerere Papier fühlt sich zu dick an und ist außerdem zu teuer. Für die letzte Fassung der Illustration können Sie ein Papier nehmen mit angemessener Qualität, weiß und ziemlich leicht – zum Beispiel CS-10-Papier, Zeichenpapier, Layoutpapier oder dünnes Aquarellpapier.

Weitere Ausrüstung

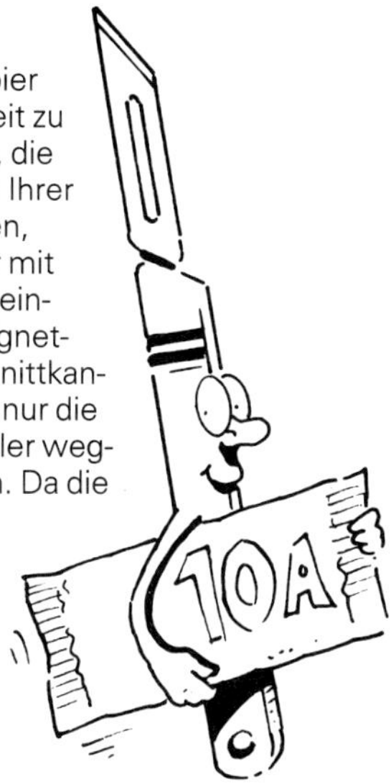

Auch wenn für den Anfang ein Bleistift, Papier und eine Feder ausreichen, um mit der Arbeit zu beginnen, gibt es doch noch ein paar Dinge, die das Leben erleichtern können. Zum Spitzen Ihrer Bleistifte verwenden Sie Messer mit dünnen, scharfen Klingen. Am besten Papiermesser mit auswechselbaren Klingen, die Sie in jedem einschlägigen Fachgeschäft erhalten. Die geeignetste Klinge ist die 10A mit einer geraden Schnittkante, die spitz zuläuft. Damit können Sie nicht nur die Bleistifte spitzen, sondern auch Zeichenfehler wegkratzen und Papier oder Pappe zuschneiden. Da die Klingen dieser Messer sehr scharf sind, ist bei ihrem Einsatz größte Vorsicht geboten. Tauschen Sie die Klinge aus, sobald sie stumpf geworden ist. Zusätzliche Zeichenhilfen sind Radiergummi, Lineal und ein Zeichendreieck.

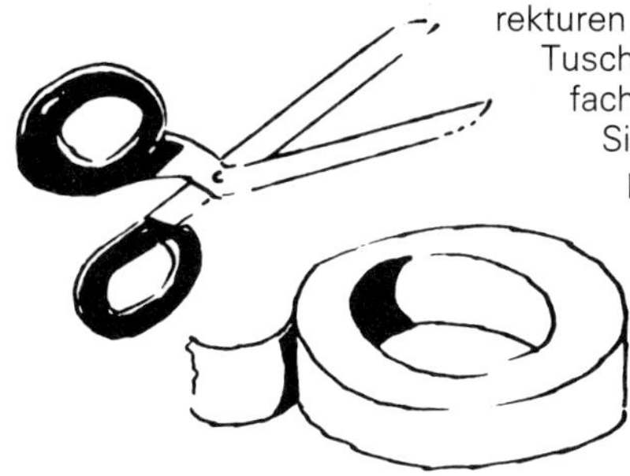

Für kleinere Korrekturen bei Tuschezeichnungen können Sie einfach Deckweiß verwenden. Halten Sie sich immer einen Marderhaarpinsel Nr. 2 für die Korrekturen mit Deckweiß in Reserve und bewahren Sie ihn getrennt von dem normalen Zeichenpinsel auf. Weitere, noch allgemeinere, aber nützliche Materialien sind: Tesafilm, Löschpapier und Küchentücher.

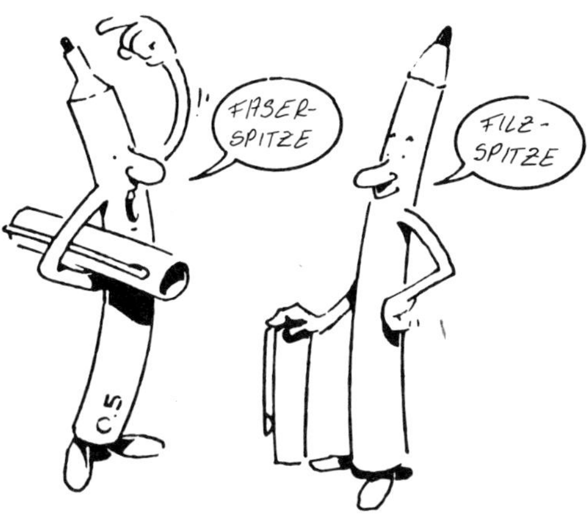

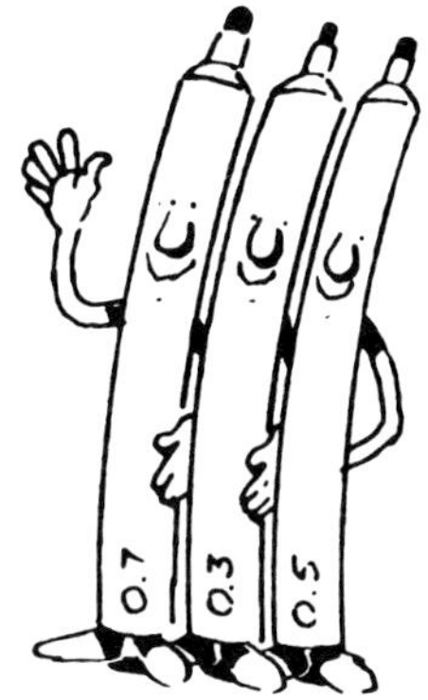

Arbeitsmethode Sobald Sie die Zeichnung auf Paus- oder Layoutpapier grob skizziert haben, müssen Sie diese nun auf das Papier übertragen, das Sie für die Endfassung in Tusche ausgesucht haben. Einige Künstler sind der Meinung, daß Verbesserungen in der skizzierten Endfassung die Spontaneität nehmen, aber es spricht nichts dagegen, wenn Sie Ihre Zeichnung in der Bleistiftversion ausarbeiten, Einzelheiten ausradieren und neu bearbeiten, bis Sie das Gefühl haben, jetzt sei das Bild vom Zeichnerischen wie auch vom Ausdruck her gut getroffen. Für die Übertragung der Zeichnung vom Skizzenpapier auf das Feinpapier können Sie nach der traditionellen Methode vorgehen: entweder durchpausen oder Abziehpapier verwenden. Der einfachste und schnellste Weg ist jedoch der Leuchtkasten.

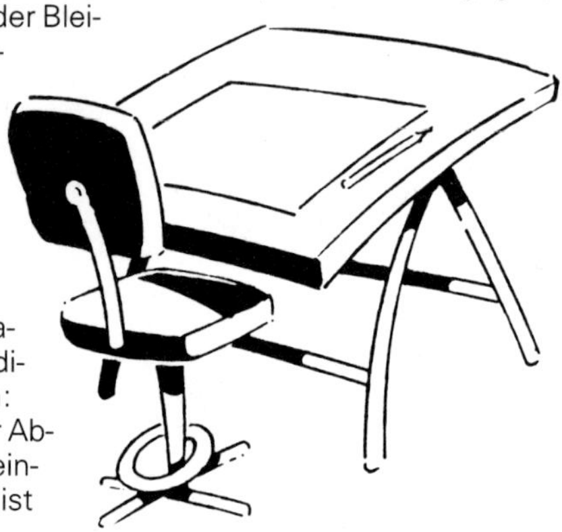

Legen Sie einfach Ihre Grobskizze auf den Leuchtkasten, darüber das saubere Papier und festkleben, dann sofort mit Tinte die Konturen nachziehen, die vom Original her durchscheinen. Diese Methode läßt genügend Raum für Spontaneität, erspart einem viel Mühe und hilft einem, Fehler zu vermeiden, die entstehen, wenn man wie bei der normalen Pausmethode zwei- oder dreimal die Konturen nachziehen muß.

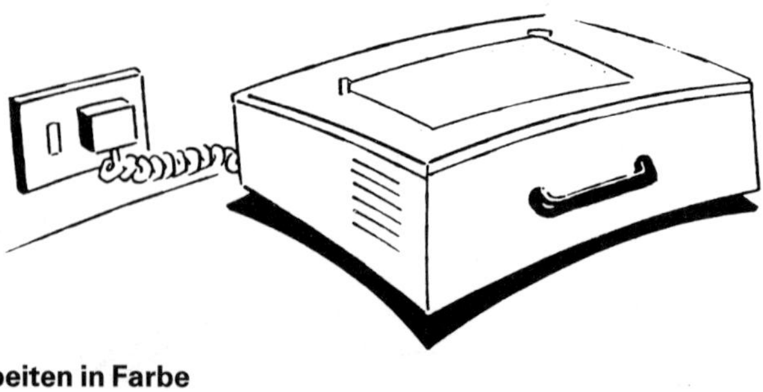

Arbeiten in Farbe

Dieses Buch beschäftigt sich ausschließlich mit Schwarzweißillustrationen, aber wenn Sie Ihre Zeichnungen kolorieren wollen, können Sie jedes erhältliche Material dafür verwenden: Marker, Aquarellfarben, Gouachen oder Farbtuschen. Ganzfarbige Arbeiten für Reproduktionen werden gewöhnlich mechanisch abgetastet, um sie in die für den Druck erforderlichen Farben zu zerlegen. Für das Scanning muß das Arbeitsblatt flexibel sein. Deshalb ist es am besten, auf Papier zu arbeiten.

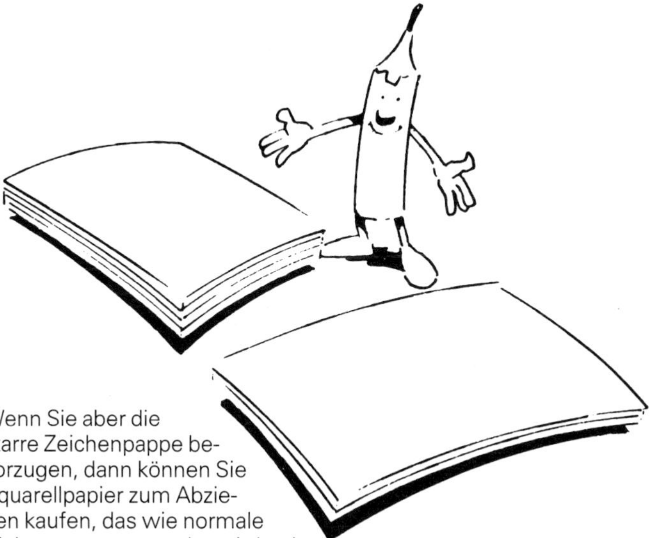

Wenn Sie aber die starre Zeichenpappe bevorzugen, dann können Sie Aquarellpapier zum Abziehen kaufen, das wie normale Malerpappe verwendet wird, mit dem Unterschied, daß man die obere Schicht Aquarellpapier abziehen kann. Die Zeichnung bleibt dadurch unbeschädigt und flexibel.

Schutzmaßnahmen für Ihre Illustrationen
Um beim Zeichnen zu verhindern, daß die Arbeit verschmiert wird oder fettige Fingerabdrücke aufs Papier kommen, legen Sie am besten ein sauberes Blatt lose auf die Zeichnung, auf dem Ihre Hand liegen kann. Zum Schutz und zur Präsentation der fertigen Arbeit bedecken Sie diese mit einem Blatt Layoutpapier und legen darüber ein Blatt farbiges Papier. Kleben Sie beide mit der oberen Kante der Zeichnung zusammen und falten Sie sie dann nach vorn über. Suchen Sie eine spezielle Farbe für Ihr Deckblatt aus, die Ihre Zeichnung leicht erkennbar macht. Eine andere Art der Präsentation, die eine direkte Auswirkung auf Ihre Illustration hat, besteht darin, ein Blatt Azetat auf die Zeichnung zu legen und aus Zeichenpapier ein Passepartout zu schneiden, das Ihr Bild einrahmt.

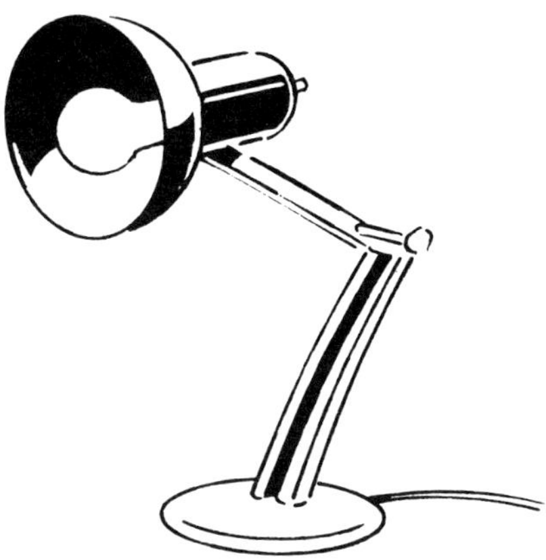

Kapitel zwei

Gesichter

Das Gesicht ist oft der Schlüssel zur Figur. Es sagt eine Menge über deren Persönlichkeit und Stimmung aus. Dieses Kapitel erklärt die Teile, aus denen ein ausdrucksvolles Gesicht besteht und wie man sie zusammensetzt.

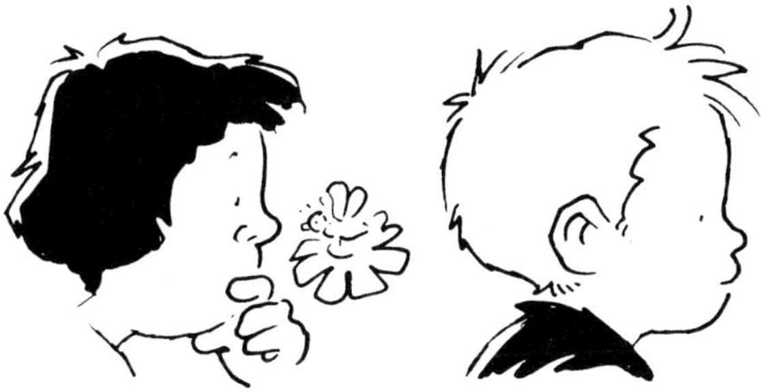

Der Eindruck des Figürlichen kann aus vielen Einzelheiten der menschlichen Gestalt gewonnen werden, nicht nur aus dem Gesicht, sondern auch aus der Körperhaltung, dem Benehmen, der Kleidung und dem Haar. Aber genauso wie im Leben, ist auch bei einer Illustration das Gesicht ein besonders wichtiges Ausdrucksmittel und ein geeigneter Ausgangspunkt für den Beginn einer Zeichnung.
Schon ein paar Punkte und Linien können ein überraschend ausdrucksvolles Gesicht ergeben, aber je mehr Details Sie hinzufügen, um so mehr tragen die Gesichtszüge den speziellen Ausdruck, den Sie vermitteln wollen. Doch denken Sie daran, daß Illustrationszeichnen ein sparsamer Prozeß ist und daß Sie nach wesentlichen Elementen suchen müssen, die eine schnelle und effektive Arbeit ermöglichen.
Bestimmte Regeln können dabei sehr nützlich sein – weit geöffnete Augen mit bewegten Pupillen drücken zum Beispiel Überraschtsein aus, oder gefletschte Zähne bedeuten unmißverständlich Ärger.
Anregungen für Ihre Zeichnungen lassen sich sowohl aus dem Studium der Arbeiten anderer Zeichner wie auch aus der täglichen Beobachtung der Leute um Sie herum holen.
Es ist ziemlich einfach, eine direkte Vorderansicht oder eine Profilansicht des Gesichts zu zeichnen, schwieriger wird die Zusammensetzung der Einzelteile allerdings dann, wenn Sie den Kopf nach rechts oder links gedreht beziehungsweise nach unten oder oben geneigt darstellen wollen. Dieses Kapitel zeigt Ihnen für den Anfang einen einfachen Weg, wie Sie mit dem Einsatz von Ellipsen die Gesichtszüge aus jedem Winkel einzeichnen können. Damit erhalten Sie ein Grundgerüst, in das Sie die beschreibenden Details Ihrer Figur einfügen können.

Karikatur Die Kunst des Karikaturzeichnens unterscheidet sich vom Cartoonzeichnen dadurch, daß Sie mehr ein erkennbares Portrait als einen Figurentypus herzustellen beabsichtigen. Doch wie beim Cartoon sind auch hier die Merkmale vereinfacht und die auffallendsten Züge werden besonders hervorgehoben. Eine Karikatur beginnt man am einfachsten damit, daß man sich das Foto des zu zeichnenden Objekts – sei es nun ein Bekannter oder eine Persönlichkeit des öffentlichen Lebens – genau anschaut und sich die wesentlichen Details als Basis der Zeichnung herausholt. Beispiele für Karikaturen finden Sie auf den Seiten 26 und 27.

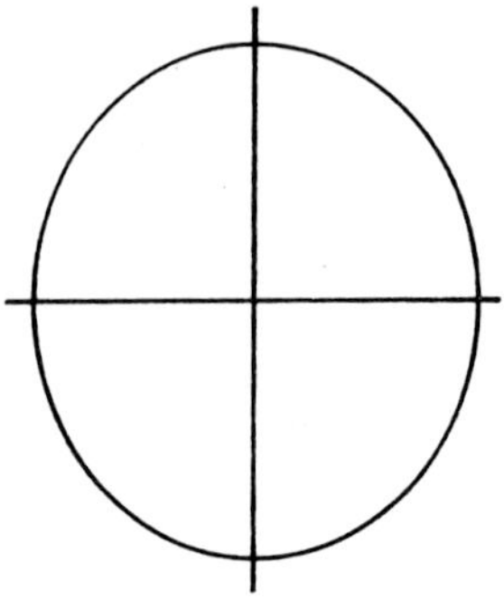

Eine breite Ellipse mit ihren Zentralachsen legt die Grundproportionen fest.

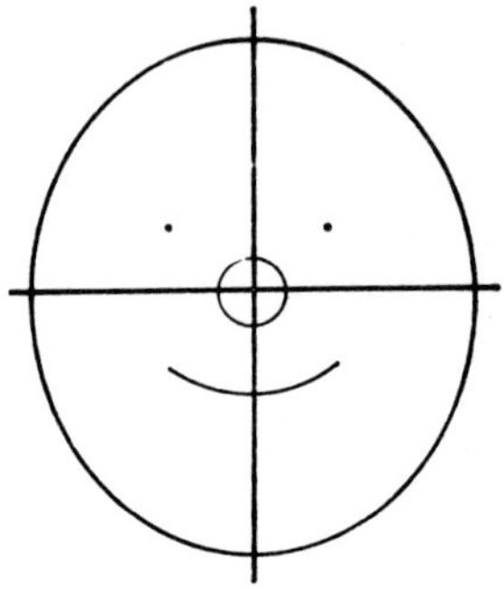

Augen, Nase und Mund werden auf diesen Zentralachsen eingezeichnet.

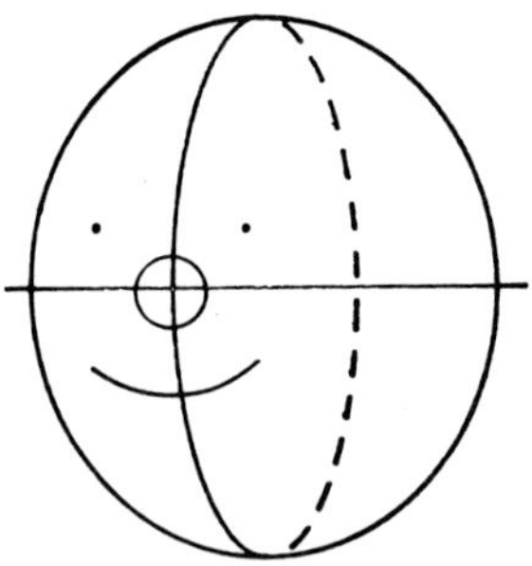

Eine Dreiviertelansicht liegt auf einer Ellipsenebene durch die Vertikalachse.

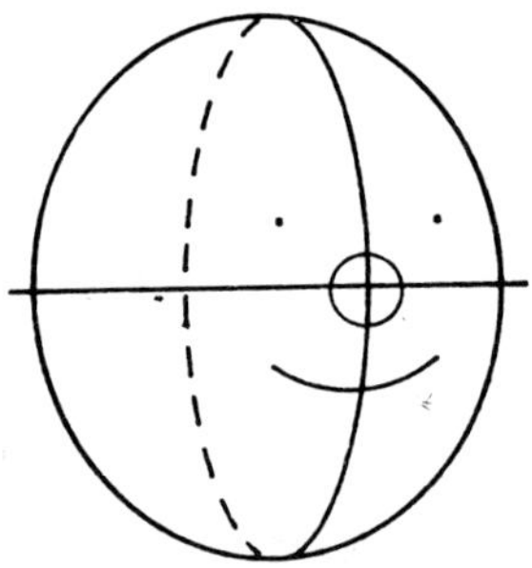

Dasselbe Prinzip trifft für Links- oder Rechtsansichten zu.

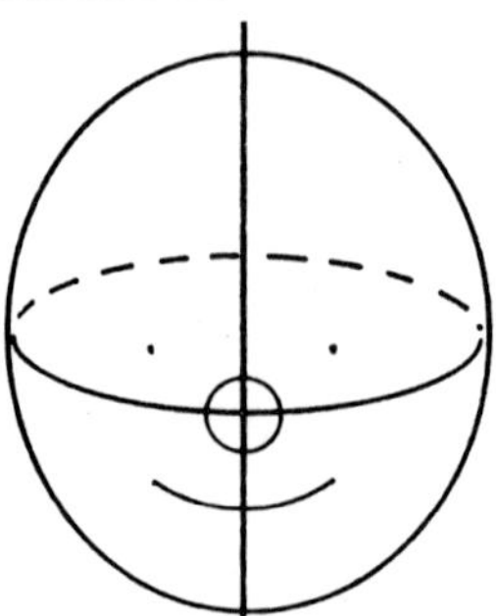

Bei der Draufsicht müssen Sie die Ellipsenebene durch die Horizontalachse verwenden.

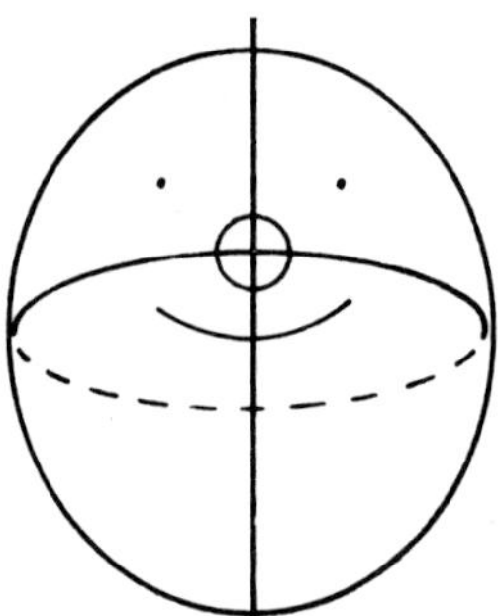

Sehen Sie von unten nach oben, müssen Sie die untere Seite der Horizontalellipse verwenden.

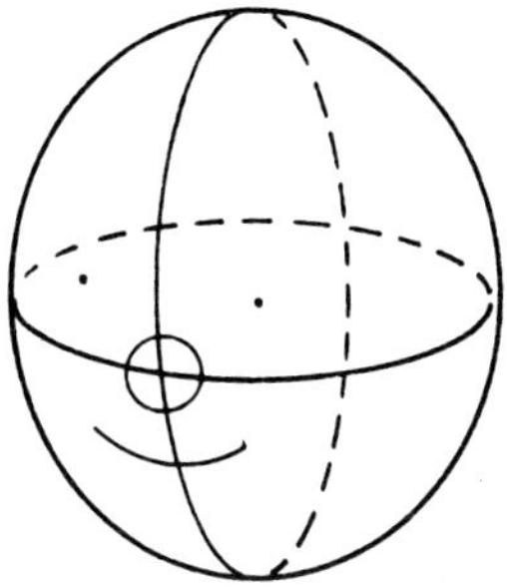

Beide Ellipsenebenen helfen Ihnen beim Einzeichnen der Merkmale, wenn der Kopf gesenkt oder seitlich gedreht ist.

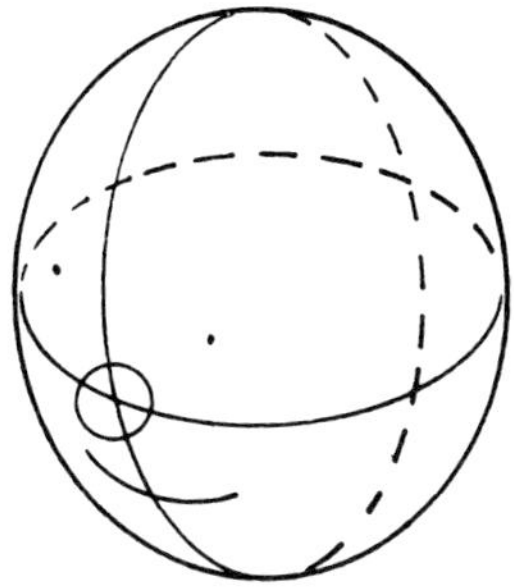

Je weiter der Kopf seitlich gedreht oder gesenkt wird, um so breiter werden die Ellipsenflächen.

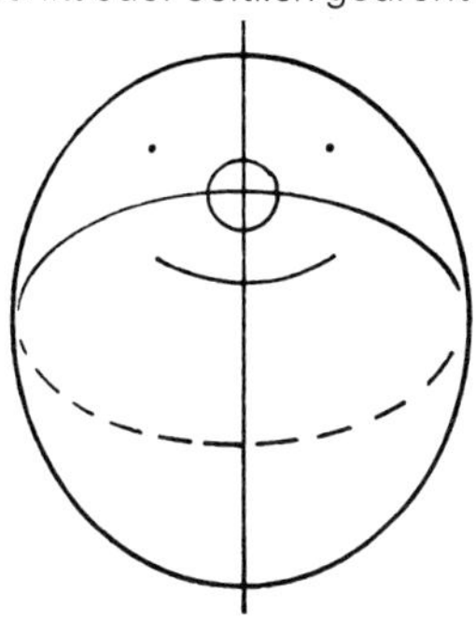

Dasselbe Prinzip führt bei einer Unteransicht zu einem größeren Neigungswinkel nach hinten.

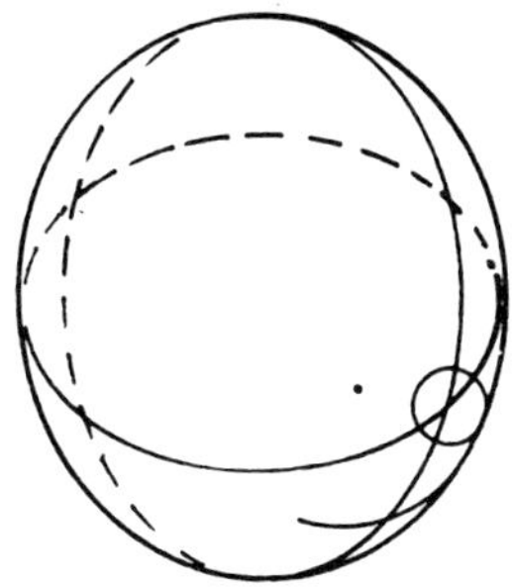

Bei einem geneigten Winkel sind nicht immer alle Merkmale erkennbar.

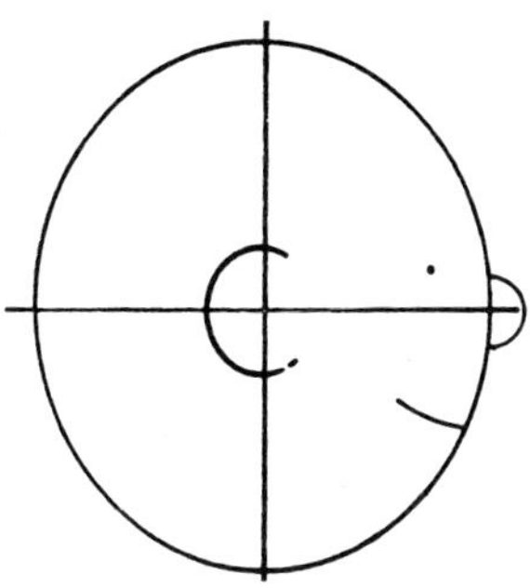

Eine Profilansicht wird ebenfalls entlang der Zentralachsen eingezeichnet.

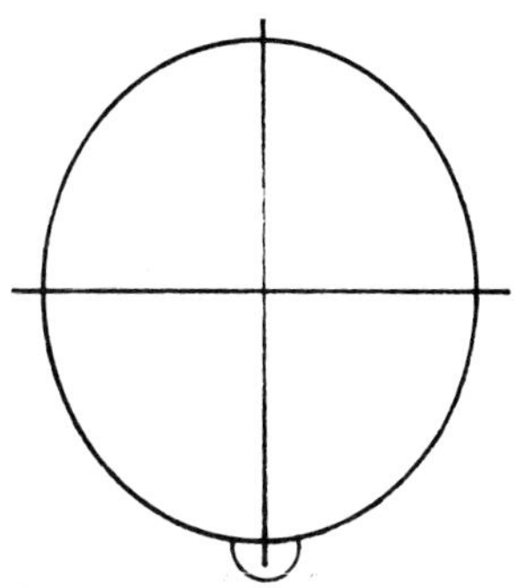

Schaut man direkt von oben auf den Kopf herunter, so ist nur die Nase sichtbar.

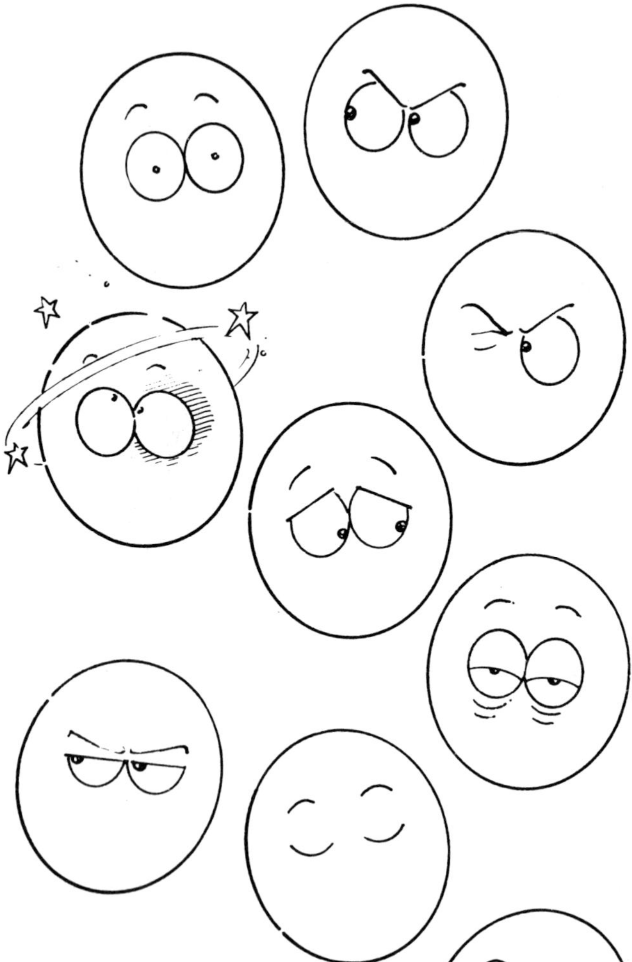

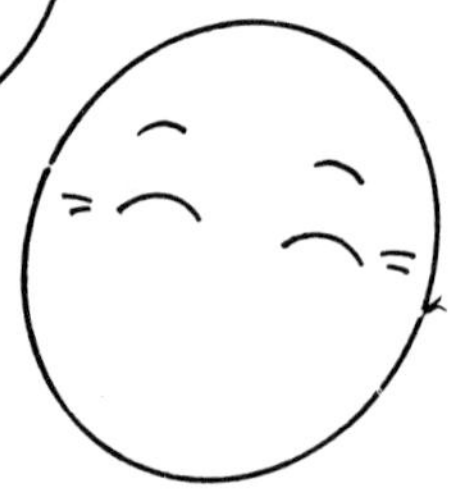

Augen Die Augen sind das ausdrucksvollste Merkmal des Gesichts. Manchmal genügt bereits ein kurzer Strich oder ein Punkt, doch auch die Lage der Augenlider und Augäpfel trägt zur Charakterisierung bei. Runde Augen können Interesse, Mißtrauen und Verwirrung ausdrücken. Gerade Linien lassen Sorge und Ärger erkennen. Einfach gekrümmte Linien vermitteln Zufriedenheit und Freude.

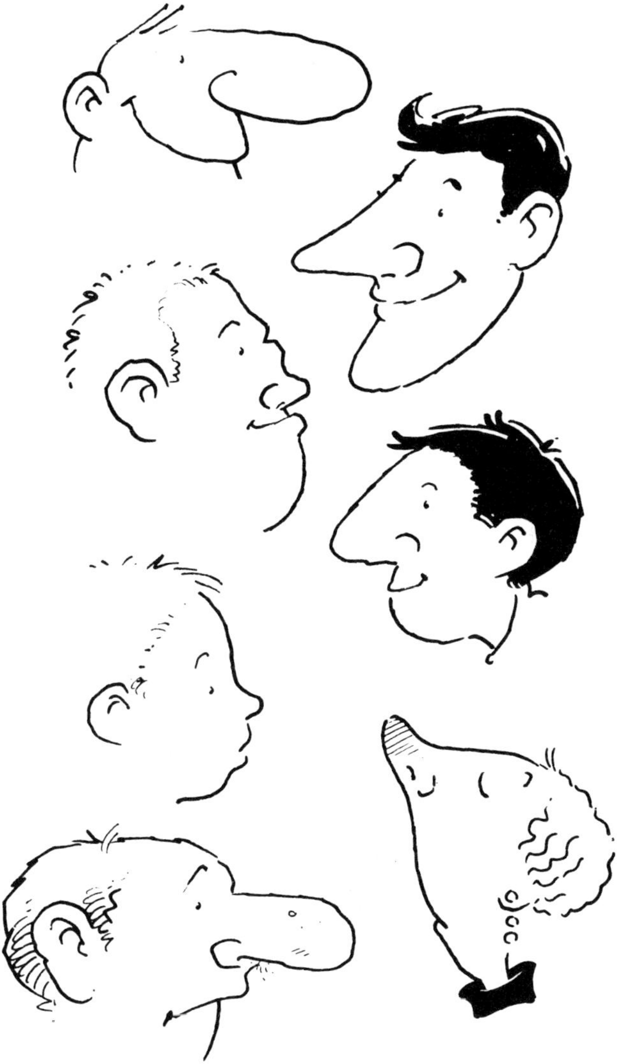

Nase Die Nase ist ein wichtiges Mittel zur Kategorisierung der Cartoonfigur. Einem aggressiven Kerl kann man zum Beispiel eine gebrochene Nase verpassen, einen gerissenen Typen stattet man mit einer spitzen Nase aus, eine versnobte Person trägt die Nase steil nach oben. Bei Erwachsenen kann man die Nasen ziemlich stark herausarbeiten, wohingegen die Nasen bei Kindern typisch klein und einfach geformt sein sollten.

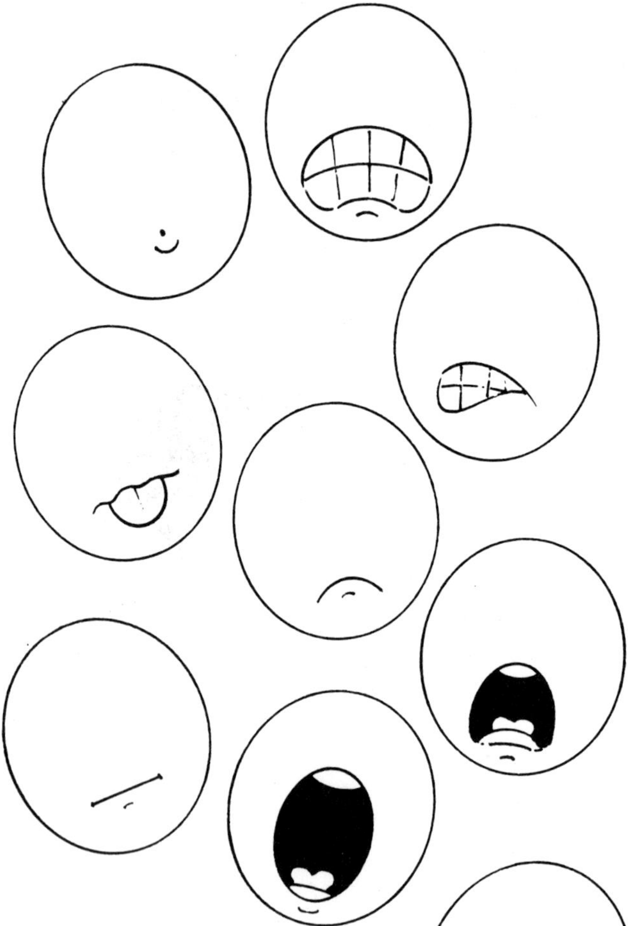

Mund Es gibt viele Möglichkeiten, dem Mund Ausdruck zu verleihen. Die Form kann sich ganz dramatisch von einem einfachen Punkt oder einem Strich zu einem gähnenden Schlund verändern. Nach oben gekrümmte Linien geben dem Mund etwas Fröhliches, hängende Mundlinien deuten Aggression und Kummer an. Zähne und Zunge in einem offenen Mund können zusätzlich die Stimmung unterstreichen, die Sie zum Ausdruck bringen wollen.

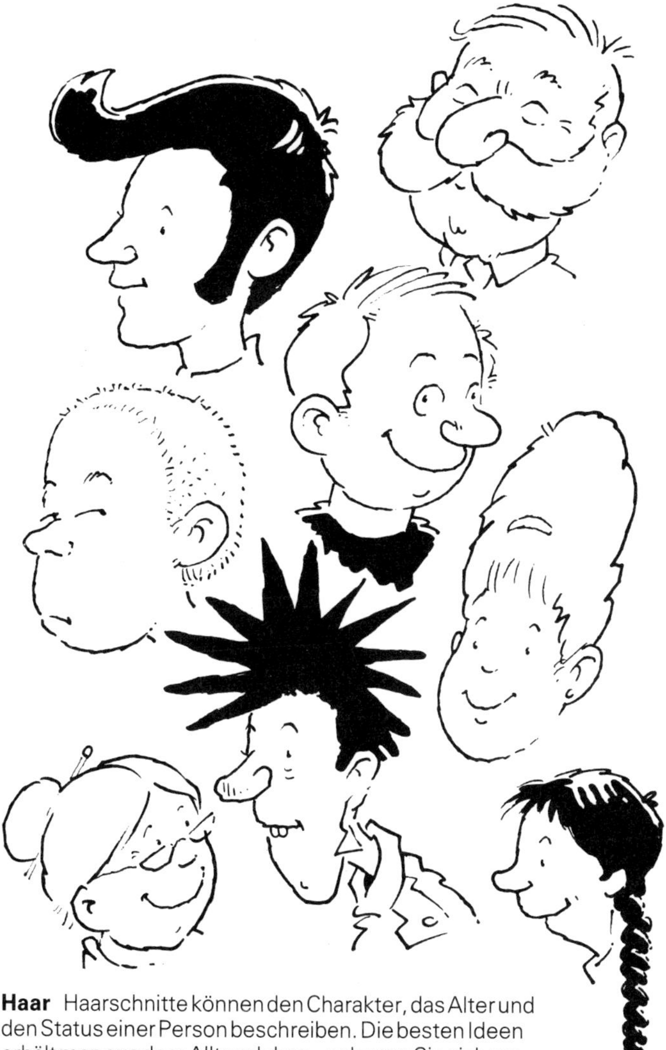

Haar Haarschnitte können den Charakter, das Alter und den Status einer Person beschreiben. Die besten Ideen erhält man aus dem Alltagsleben – schauen Sie sich um und beobachten Sie, was Menschen durch die Art, wie sie ihre Haare machen, ausdrücken. Sie können zum Ausdruck bringen, ob eine Person ordentlich oder schlampig, konventionell oder modebewußt, jüngeren, mittleren oder fortgeschrittenen Alters ist, indem Sie den Haarschnitt verwenden und damit die Vorstellung von Ihrem Charakter entsprechend den übrigen Aspekten der Zeichnung entwickeln.

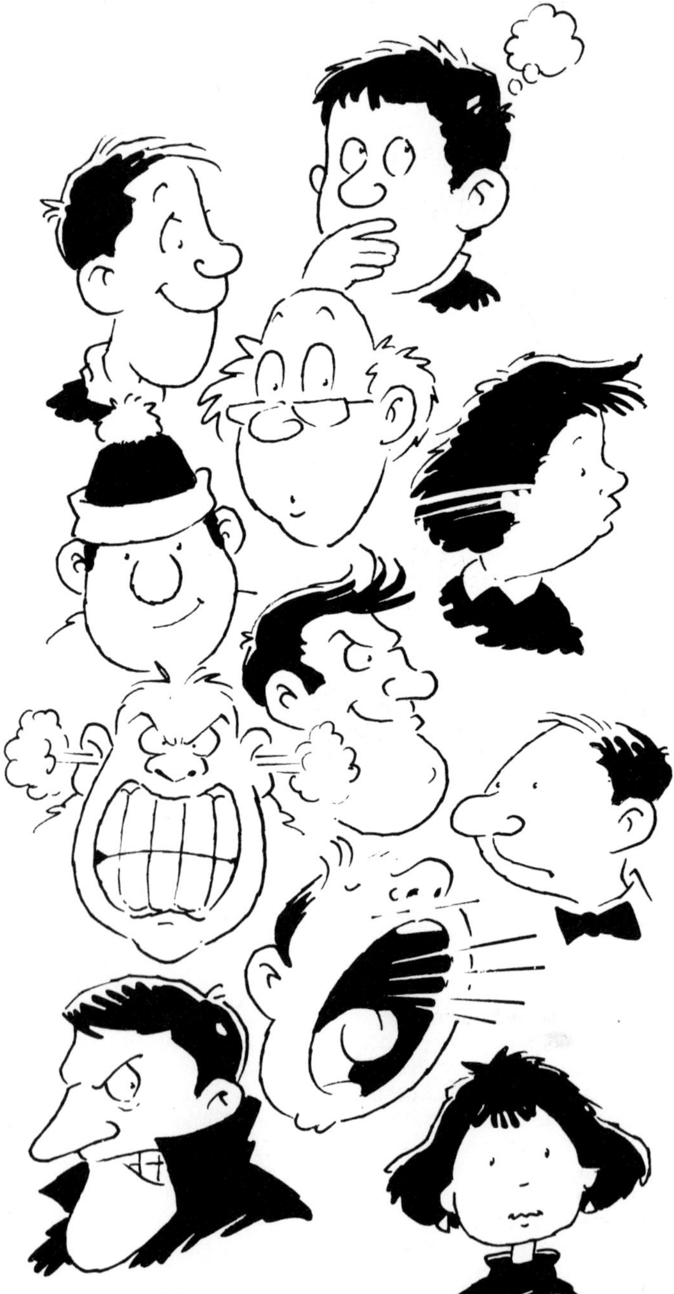

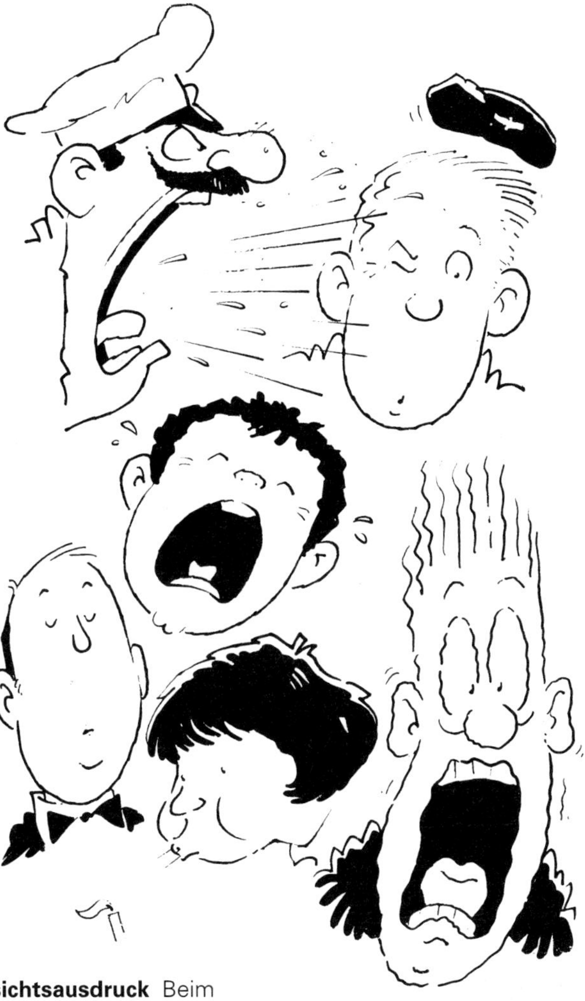

Gesichtsausdruck Beim Cartoonzeichnen wollen Sie Ihre Idee so direkt wie möglich vermitteln, wobei alle Merkmale des Gesichts die Stimmung und den Charakter unterstreichen. Wie zum Beispiel können Sie erkennen, ob ein weit aufgerissener Mund schreit, singt, heult oder Entsetzen ausdrückt? In so einem Fall müssen die restlichen Merkmale die Situation klären. Auch die Strichqualität drückt etwas aus – ein fester durchgezogener Strich hat etwas Ernstes oder Aggressives, gebrochene oder gewellte Linien etwas von Verwirrung, Sorge oder Entsetzen.

Karikaturen Die Kunst der Karikatur besteht darin, die spezifischen Charakteristika einer Person herauszuarbeiten. Beginnen Sie mit einem Foto von jemandem, den Sie kennen, greifen Sie die besonderen Merkmale heraus und übertreiben Sie sie ein wenig.

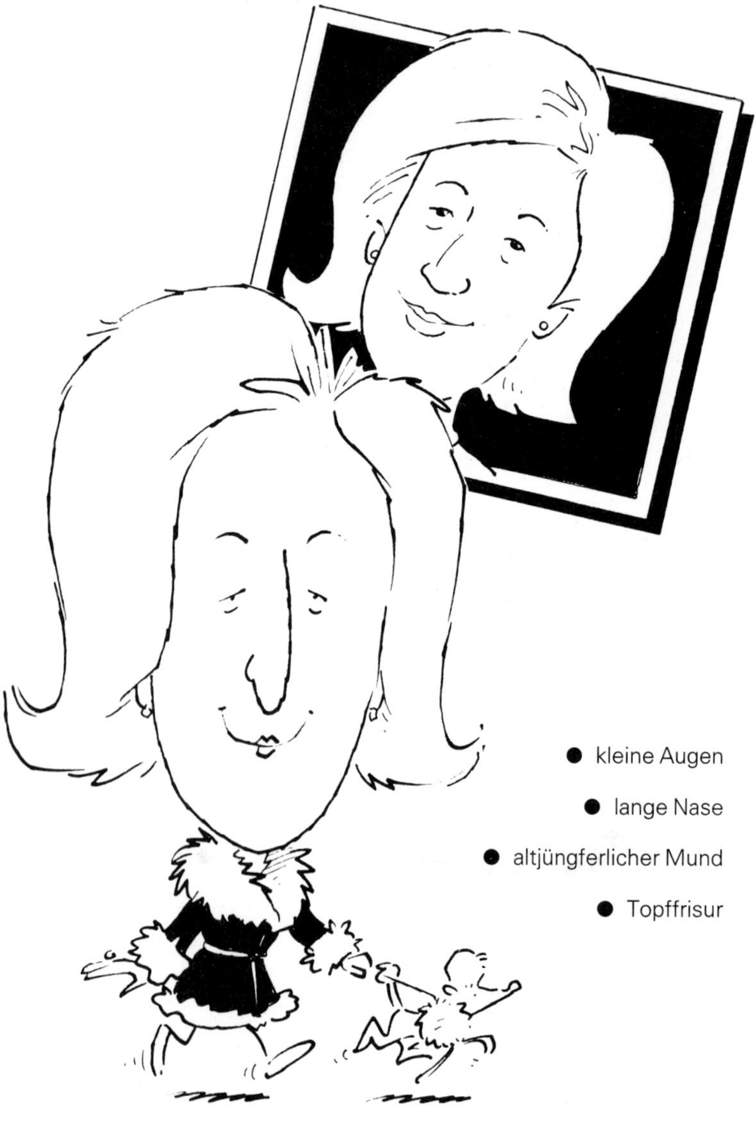

- kleine Augen
- lange Nase
- altjüngferlicher Mund
- Topffrisur

Wenn Sie einmal das Gefühl für die Feinheiten des Gesichts entwickelt haben, können Sie die Kleidung und die Extras hinzufügen. Damit kommentieren Sie die Lebensweise und die Interessen der Person. Für gewöhnlich werden die Proportionen in der Karikatur auch übertrieben.

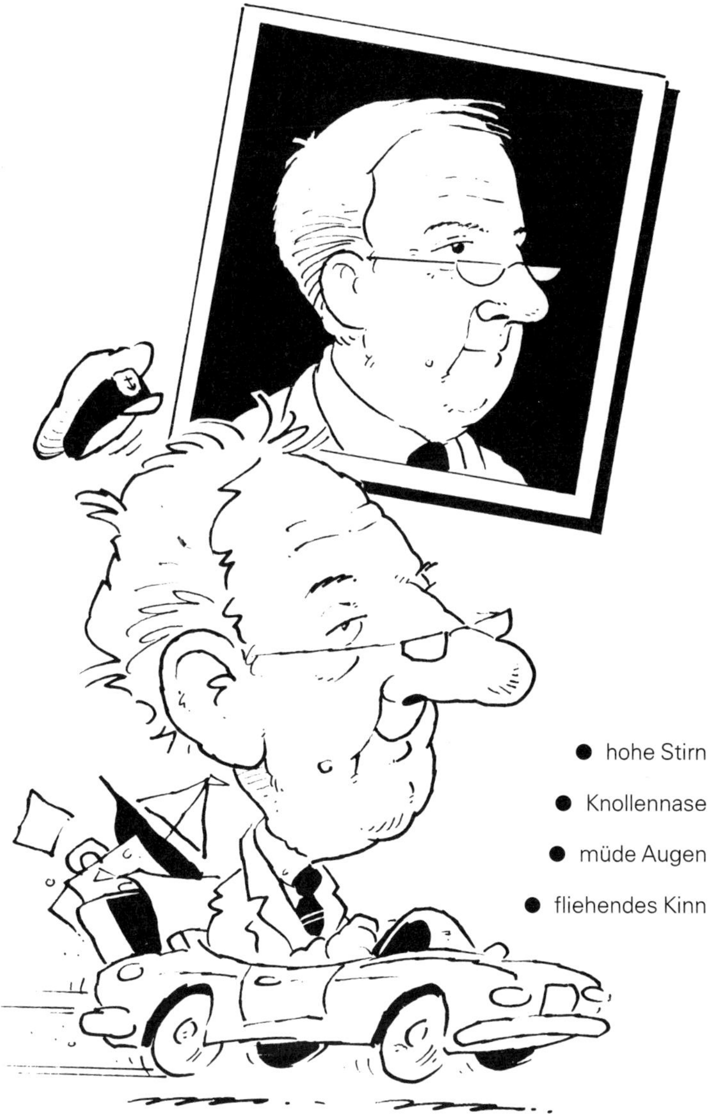

Kapitel drei

Personen

Aussehen und Handlungen von Personen werden aus Gründen der Komik oft übertrieben dargestellt. Ausgehend von den Grundproportionen lassen sich mit Details und einigen wenigen bildlichen Tricks Charakter und Bewegung der menschlichen Figur entwickeln.

Den einfachen und korrekten Weg einen Charakter zu entwickeln, gibt es nicht. Sie können beim Gesicht anfangen, ein Porträt der Person entwerfen und dann schrittweise den Körper aufbauen; oder Sie haben eine Gesamtidee vom Körper der Person – klein und dick, groß und dünn –, oder wissen, was die Person ist – ein Sportler, ein Glamourgirl oder ein freches Schulkind. Wie bei den Gesichtern geben Ihnen auch hier die Leute um Sie herum eine Menge Anregungen, die Sie verwerten können, angefangen von den Grundposen und Bewegungen bis zu den vielen aufschlußreichen Details der Kleidung und der äußeren Erscheinung, die eine Persönlichkeit ausmachen.
In diesem Kapitel wollen wir die menschliche Gestalt in ihre verschiedenen Einzelteile zerlegen, um Ihnen mehrere Anhaltspunkte zu geben, eine überzeugende Figur zu entwickeln. Auch wenn man eine ganze Menge Phantasie braucht, bringt das Verstehen der Grundelemente des Figurenzeichnens – wie die allgemeinen Proportionsregeln und die korrekte Wiedergabe spezifischer Bewegungsabläufe – viele Vorteile. Das hilft Ihnen, die Person zu entwickeln, nach der Sie suchen. Später dann können Sie sie mit einigen Extradetails weiter ausarbeiten und sie ganz genau zu Ihrer Schöpfung machen.

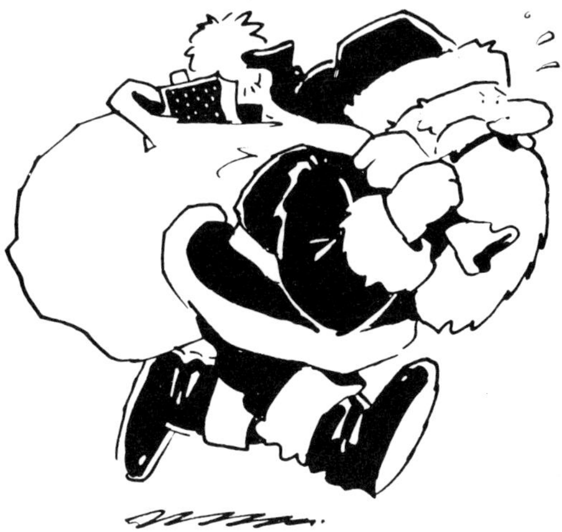

Wenn Sie soweit sind, die Person in einen Kontext zu setzen, gibt es verschiedene Möglichkeiten, der Handlung Gewicht zu verleihen oder innerhalb eines einzigen Bildes eine einfache Geschichte zu erzählen. Obwohl die bildliche und humoristische Idee Ihre eigene sein muß, machen Sie trotzdem so viele Rohskizzen wie möglich und gehen Sie jeder Idee nach, Ihrer Figur zum Leben zu verhelfen.

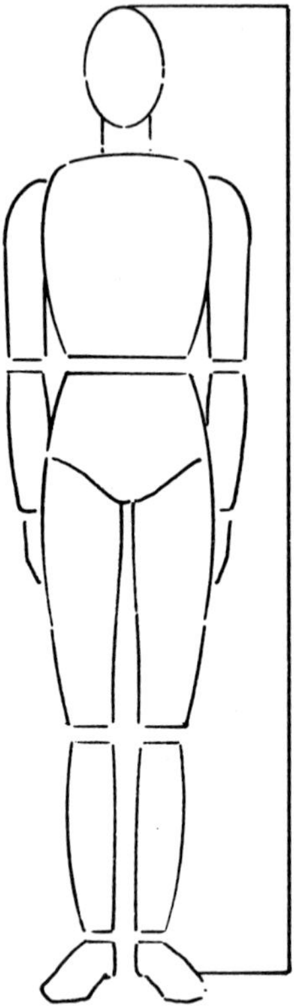

Proportionen Wenn Sie Figuren zeichnen, bleibt genügend Raum für Verzerrungen und Übertreibungen, um einen komischen Effekt zu erzielen, aber was für eine Figur Sie auch immer entwikkeln, Ihr Bild ist erst dann überzeugend, wenn die Grundproportionen stimmen. Diese Gliederpuppe zeigt die einzelnen Körperteile und ihre Beziehung zueinander. Der Körper läßt sich in zwei, die äußeren Gliedmaßen in jeweils drei Teile zerlegen. Das Ellbogengelenk liegt in Hüfthöhe, der Abstand vom Ellbogen bis zum Handgelenk ist etwas kürzer als die Länge des Oberarms. Ähnlich ist das Bein von der Hüfte zum Knie und weiter zum Knöchel aufgeteilt. Wenn Sie eine klare Vorstellung von diesen einfachen Proportionsgesetzen haben und wissen, wo die Gelenke liegen, dann können Sie sich die Figur auch leichter in einer bestimmten Bewegung vorstellen.

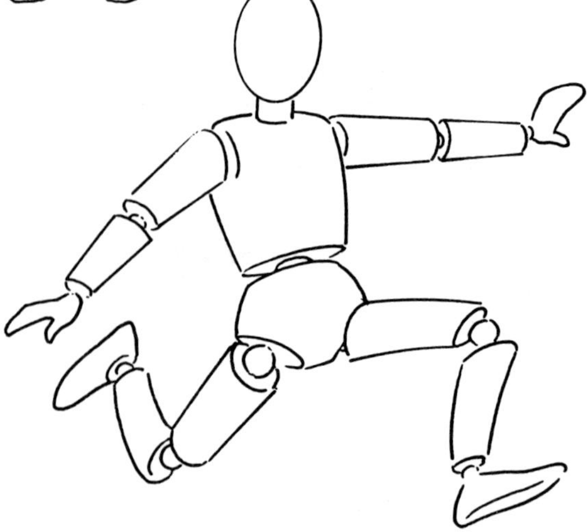

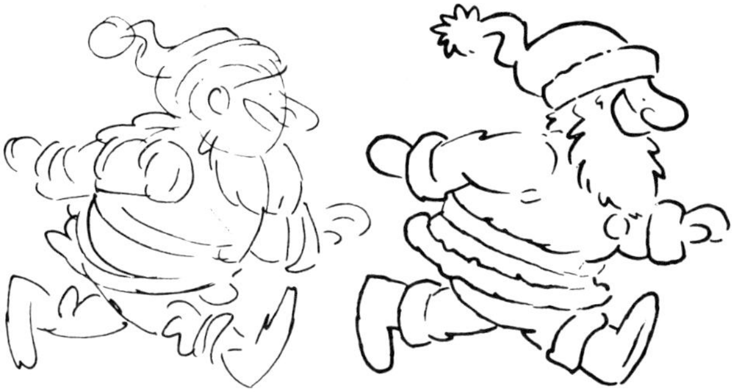

Klein und groß Auch wenn diese beiden Figuren äußerst verschieden aussehen, entsprechen sie doch dem Grundschema der Proportionen, wie es zuvor beschrieben wurde. Die unveränderlichen Beziehungen zwischen den einzelnen Körperteilen bleiben gleich, egal ob sie auf eine kleine oder große, eine dicke oder dünne Figur angewendet werden. Es ist einfach eine Frage, wie man die Gesamtform anpaßt, die Schlüsselpunkte, wie die Arme, die sich in Hüfthöhe abwinkeln, verändern sich nicht.

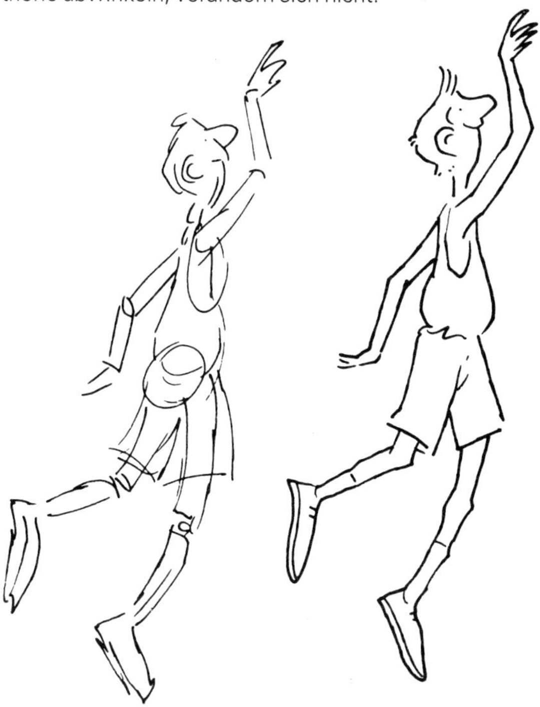

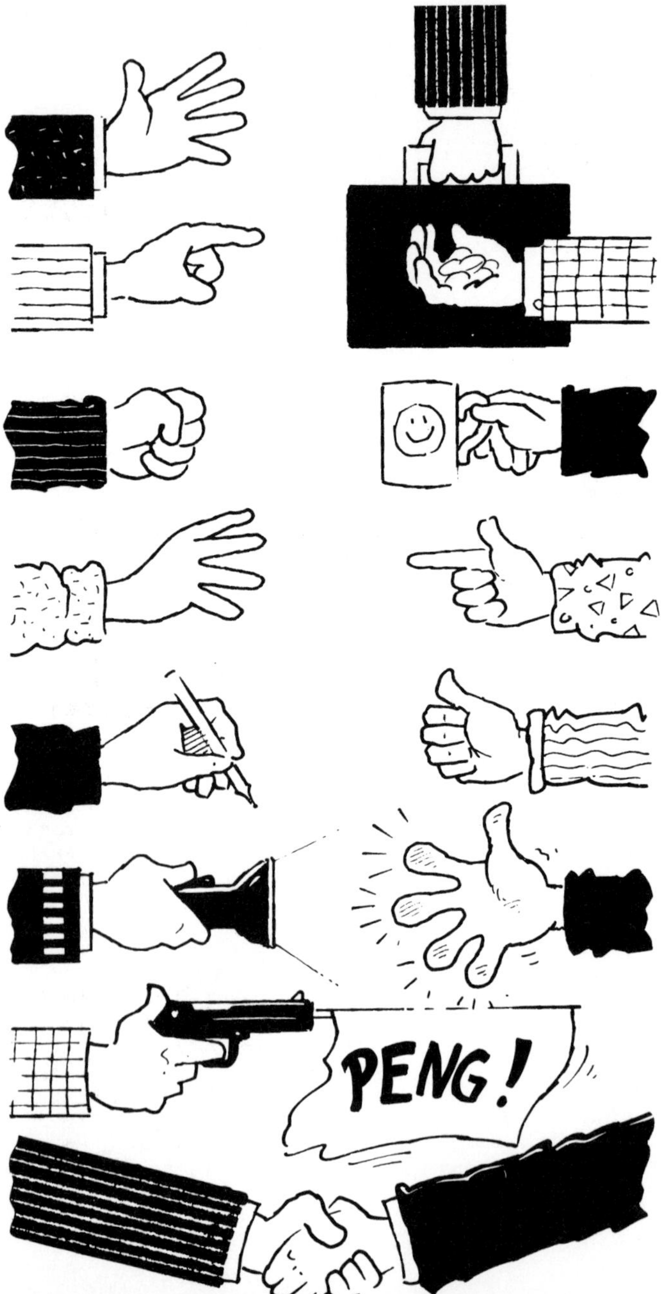
PENG!

Hände und Arme Die Hände sagen sehr viel über eine Person aus. Sie können ganz einfach oder mit etwas mehr Formsinn gezeichnet werden. Unter Umständen schaut die Hand ziemlich plump aus – viele Cartoonhände kommen sehr erfolgreich mit nur drei Fingern und einem Daumen aus. Auch die Armform kann weitgehend vereinfacht werden entsprechend dem Rest der Figur, oder aber Sie heben Handgelenk oder Ellbogen aus Gründen der Komik besonders stark hervor.

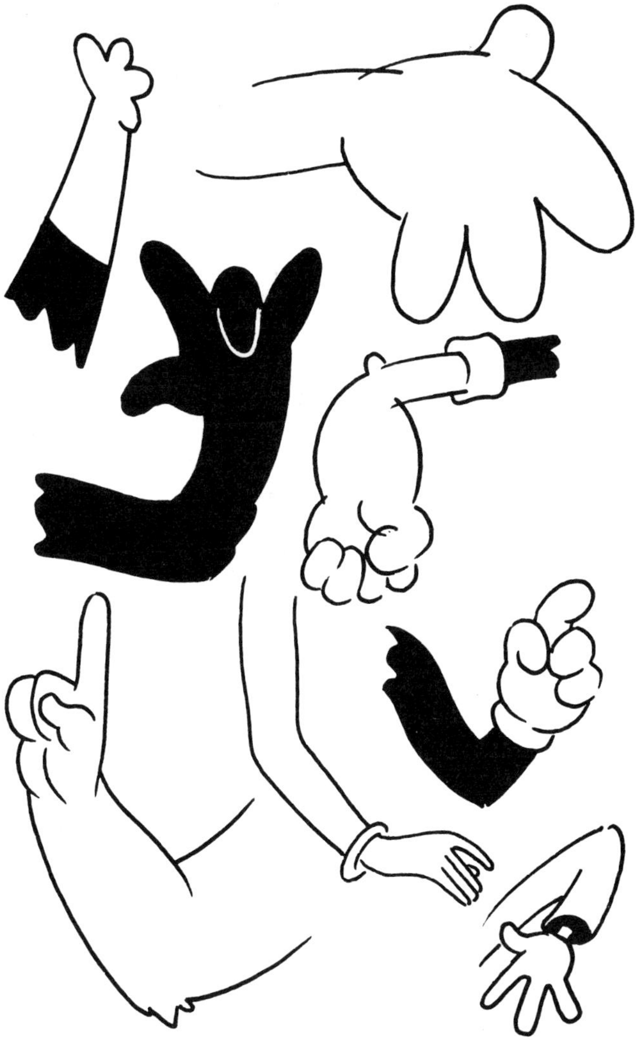

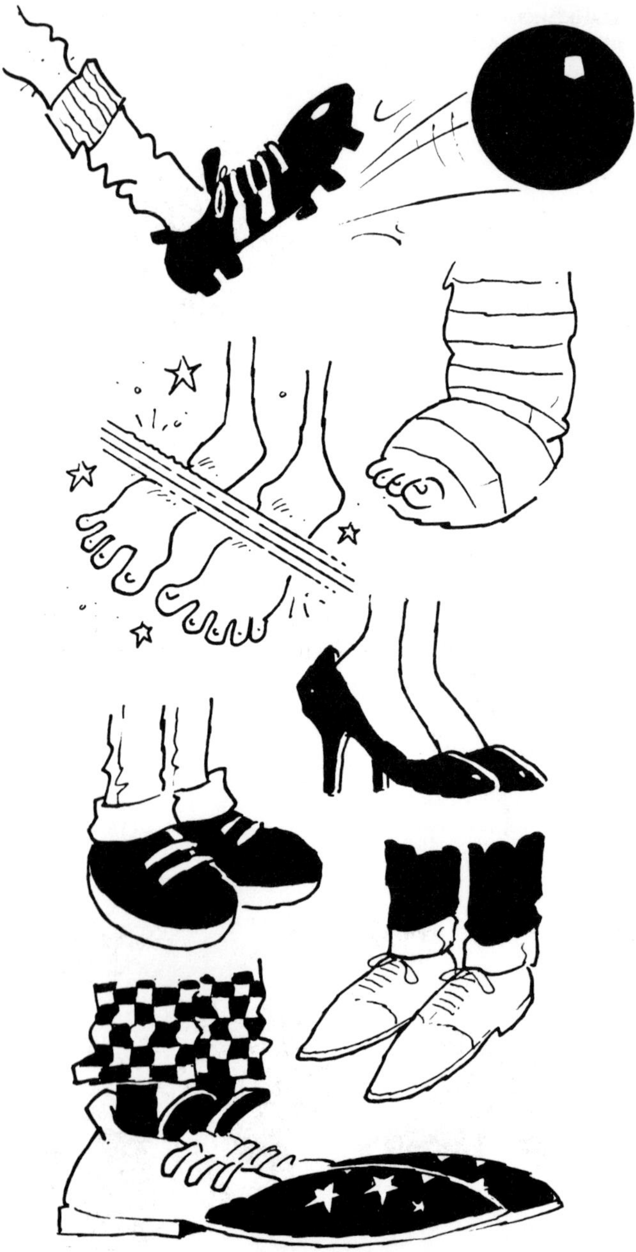

Füße und Beine Diese Körperteile geben Ihnen einen breiten Spielraum, um auszudrücken, wer die Person ist und was sie oder er gerade tut. Schuhe geben einen sehr feinen und humoristischen Hinweis auf die Persönlichkeit oder den Charakter der Figur. Auch Beine sind eine Hilfe, das Charakterprofil abzurunden oder bestimmte Handlungen oder Bewegungen wiederzugeben.

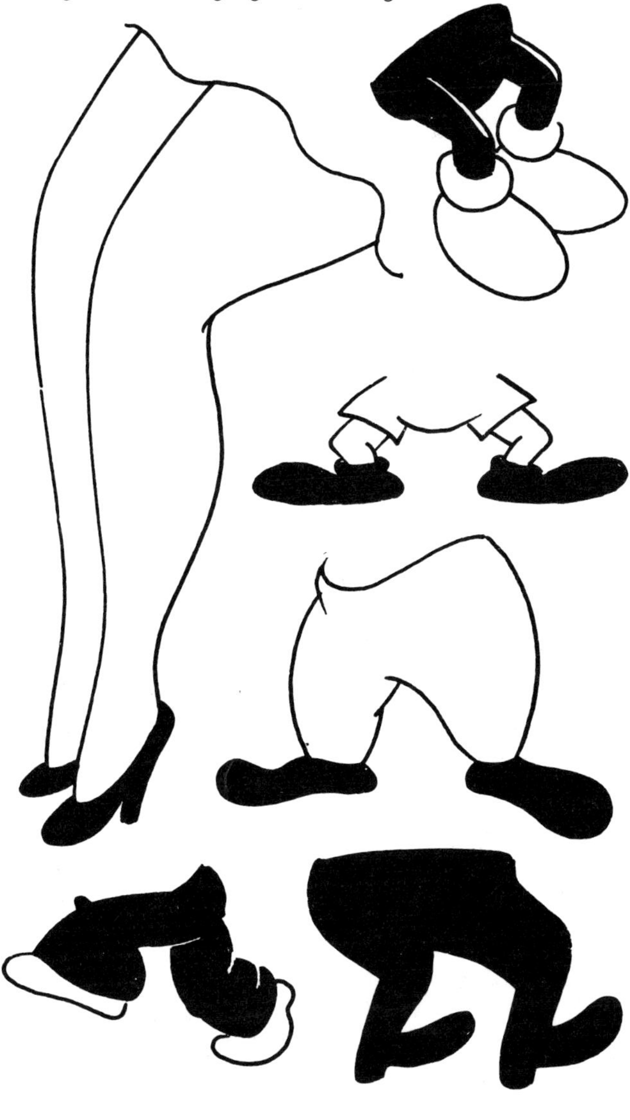

Kinder Es ist schwieriger, einen ausgesprochen kindlichen Typus zu zeichnen als einen, der wie ein verkleinerter Erwachsener aussieht. Aber es gibt ein paar wesentliche Dinge, die einem helfen, ein echtes Cartoon-Kind darzustellen. Die allgemeinen Körperproportionen sind dieselben wie die auf Seite 30 und lassen sich genauso auf Bewegungen und Handlungsabläufe anwenden, nur ist im Vergleich zum Gesamtkörper der Kopf für gewöhnlich größer. Eine hohe Stirn und einfache Gesichtszüge, wie beispielsweise eine Stupsnase, sind charakteristisch für Kinder.

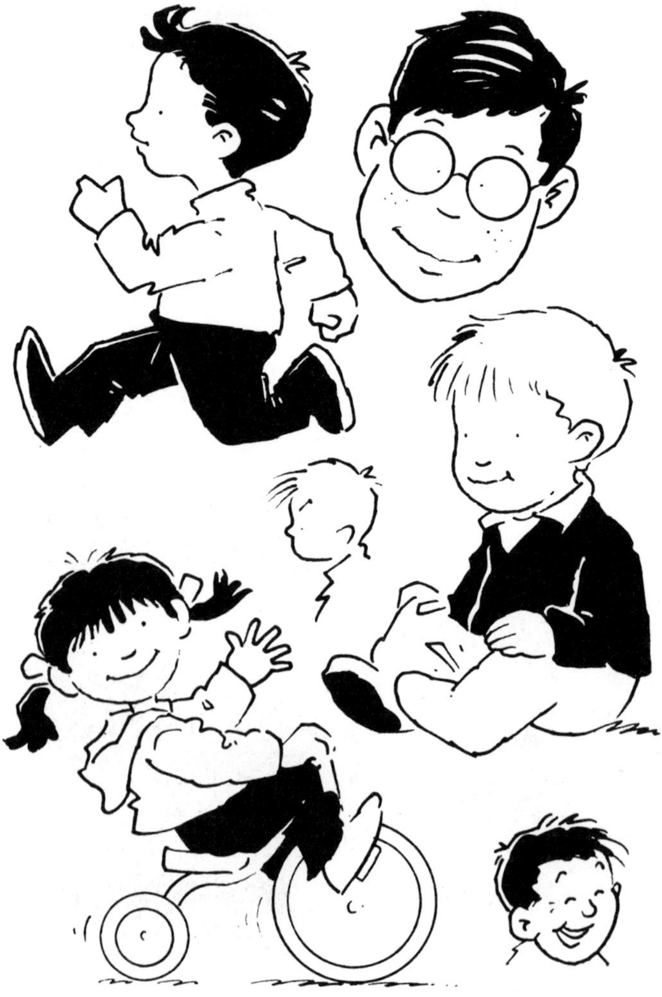

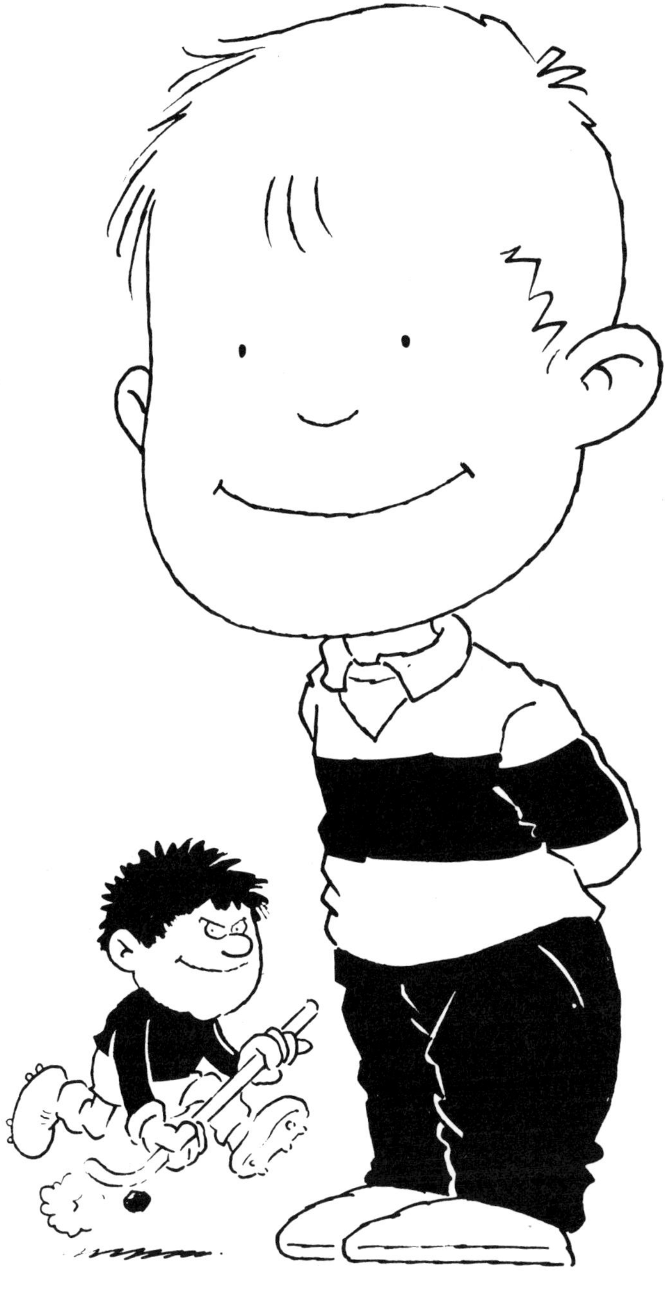

Gehen Die Bilderfolgen auf diesen Seiten zeigen die Figur, wie sie Grundbewegungen ausführt – gehen, laufen, springen und fallen. Auch wenn diese Figur mit großen Schritten zielgerichtet voranschreitet, deuten der aufrechte Oberkörper und die entspannten Arme an, daß sie nicht läuft, sondern geht.

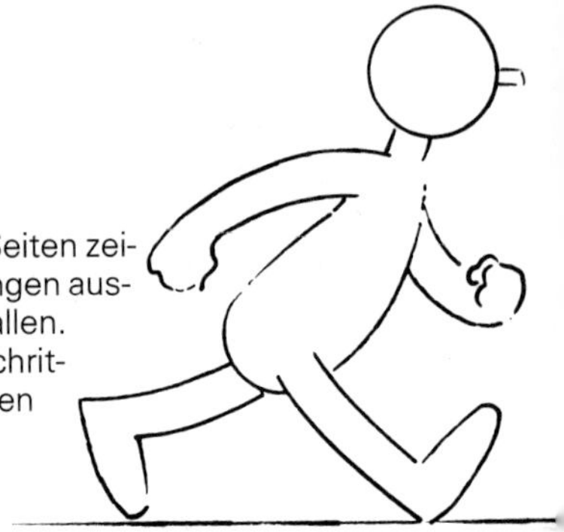

Laufen Sobald die Figur schneller wird, beugt sie sich in Laufrichtung nach vorn, die Arme schwingen nach hinten höher aus und winkeln sich im Ellbogen mehr ab. Das Bein, das beim Laufen nach hinten schwingt, ist auch stärker gebeugt.

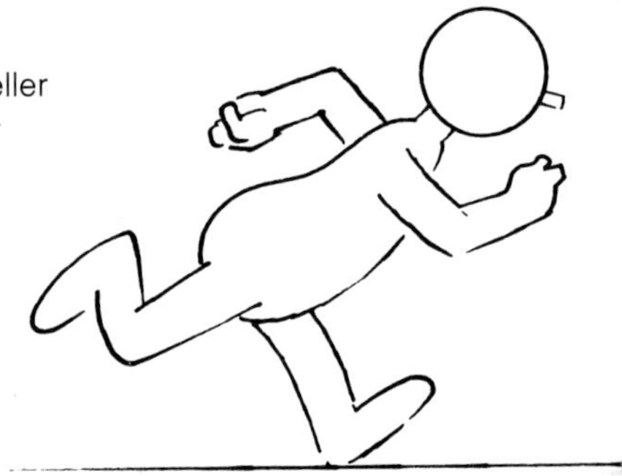

Springen Die Bewegungen einer Figur im Cartoon sind gewöhnlich übertrieben. Diese Bilderfolge soll zeigen, wie der Sprung graphisch besonders hervorgehoben wird. Der Körper duckt sich zum Sprung, wirft sich dann nach oben in die Luft und landet schließlich mit den Füßen voraus. Die Lage der Arme unterstreicht das Gleichgewicht des Körpers in jeder Sprungphase.

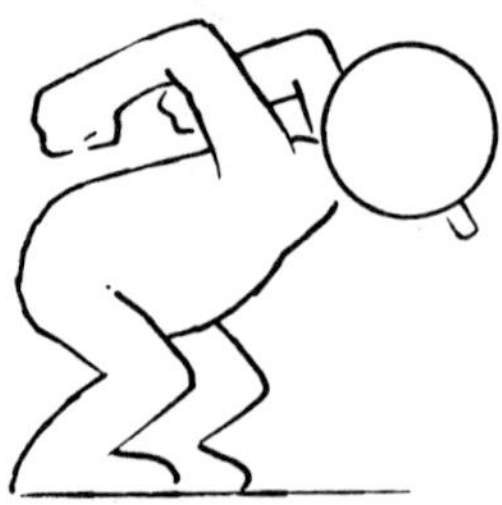

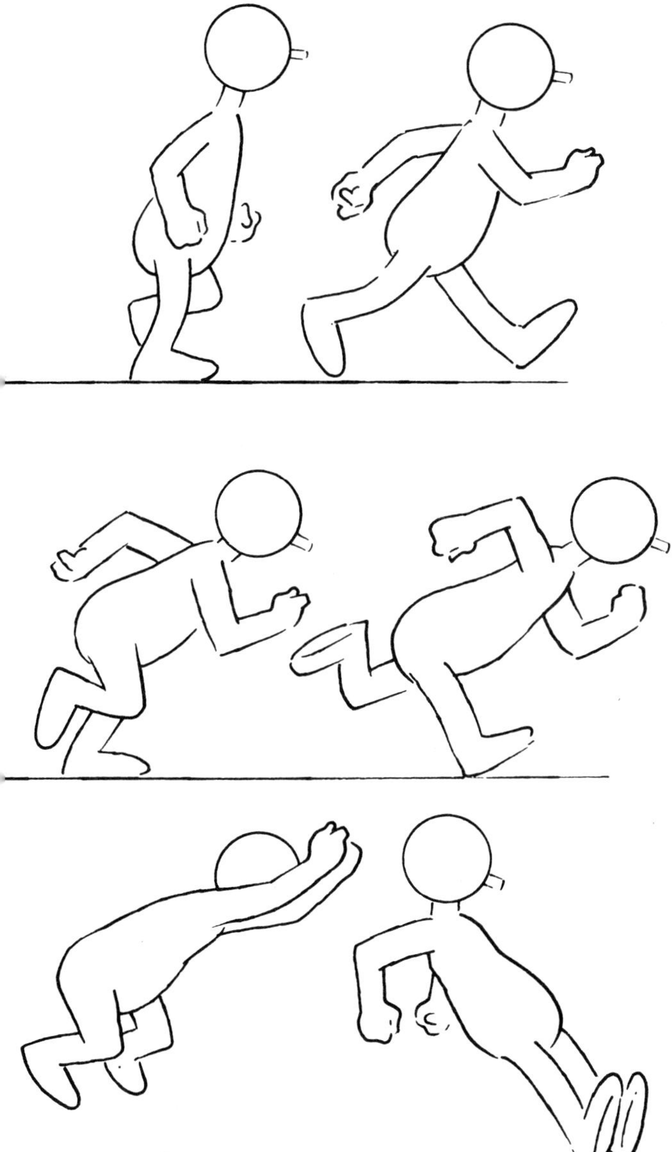

Gehen – von vorne gesehen Bei einer Seitenansicht ist die Bewegung klar erkennbar aus dem Beugungsgrad des Oberkörpers und der Position der Gliedmaßen. Die Vorderansicht zeigt einen weniger dynamischen Umriß, und deshalb müssen Sie die Bewegung so klar wie möglich verdeutlichen. Das Männchen geht wieder ganz entspannt, doch bleibt der Beugungsgrad des Oberkörpers in allen drei Bildern relativ konstant. Die Bewegungen der Arme, Beine und Füße machen die Gesamtbewegung deutlich.

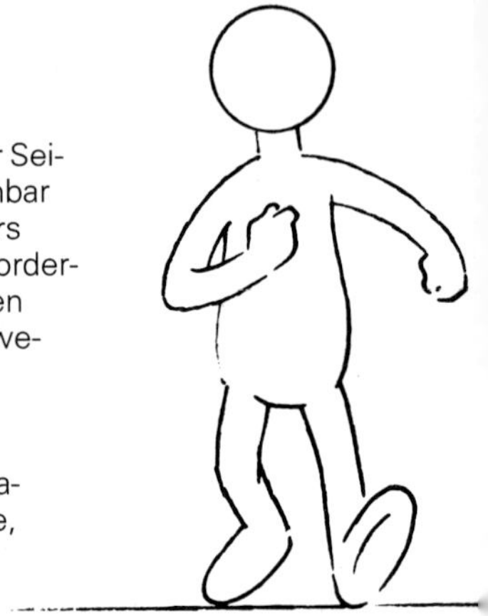

Laufen – von vorne gesehen In dieser Bilderfolge wird der Körper, der sich nach vorne beugt, leicht perspektivisch dargestellt und die Bewegungen der Arme und Beine werden dynamischer und stärker hervorgehoben, um das Moment des Zulaufens auf den Betrachter zu erklären. Die Knie und Arme winkeln sich stärker ab, die Füße berühren kaum den Boden. Die gesamte Körperform ist kompakter, der Hals verschwindet fast gänzlich, die äußeren Gliedmaßen sind aber stärker angewinkelt.

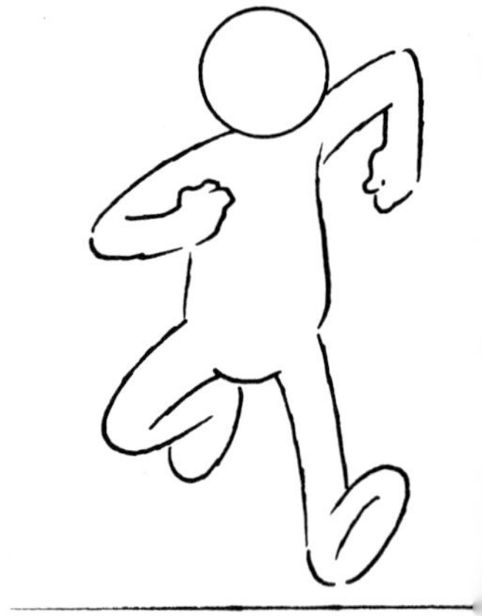

Fallen Das passiert, wenn man nicht auf seinen Weg schaut. Die Bilder sind typisch für die übertrieben dargestellte Cartoon-Bewegung. Die Beine und Arme werden vom Körper weggerissen, wenn die Figur ausrutscht, fliegen dann nach oben, sobald die Figur auf dem Rücken landet.

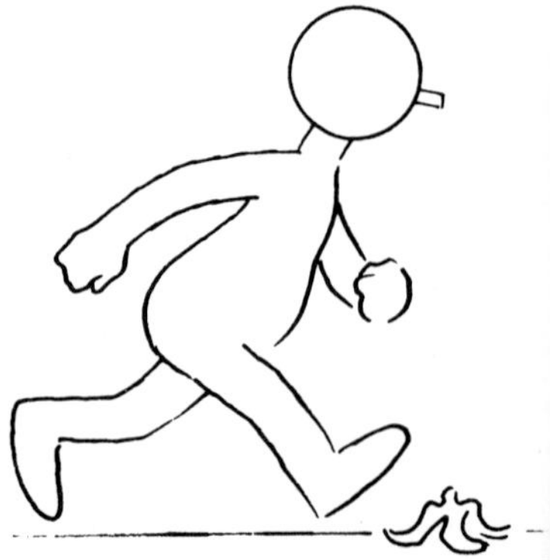

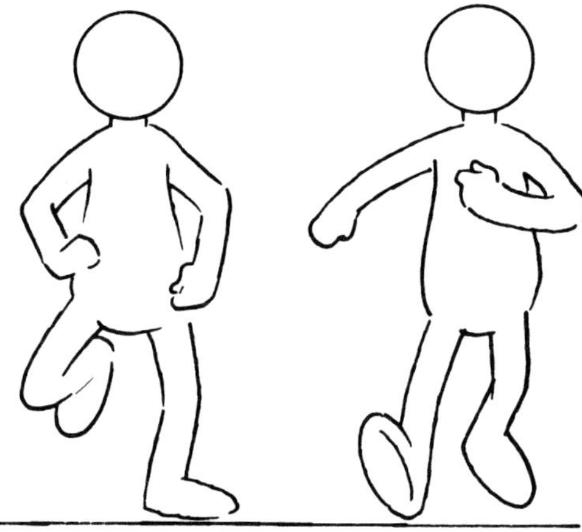

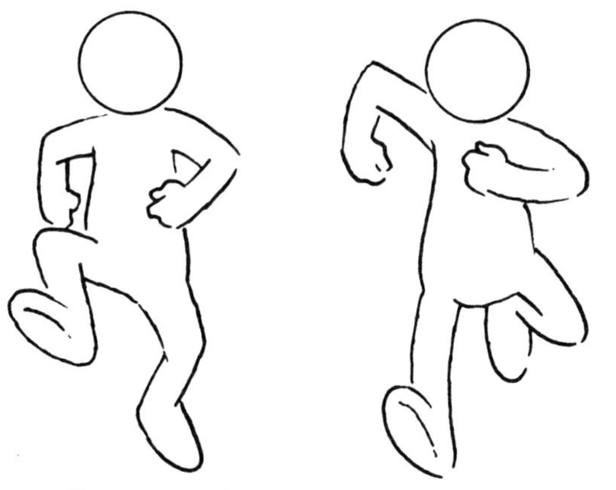

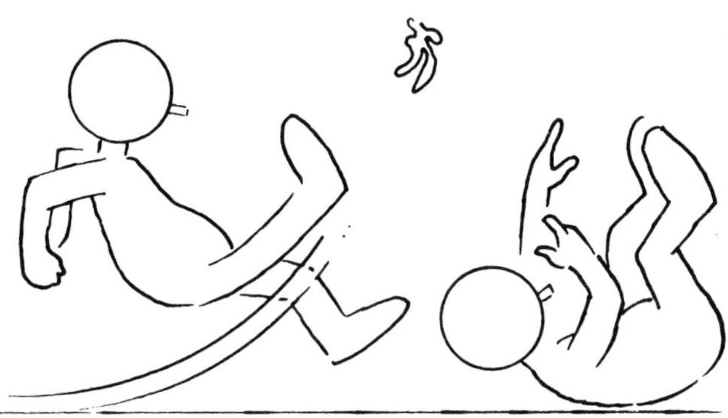

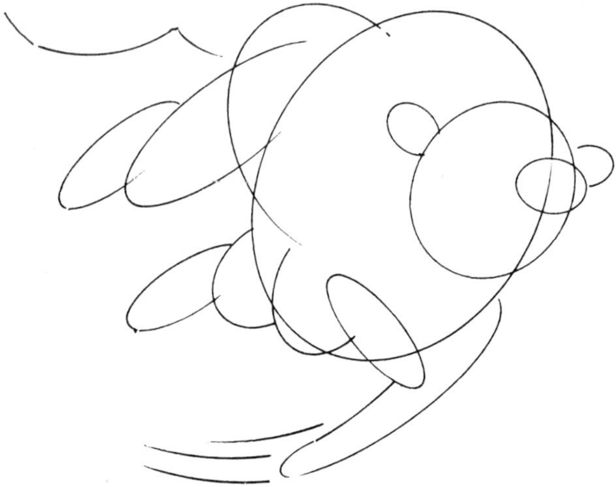

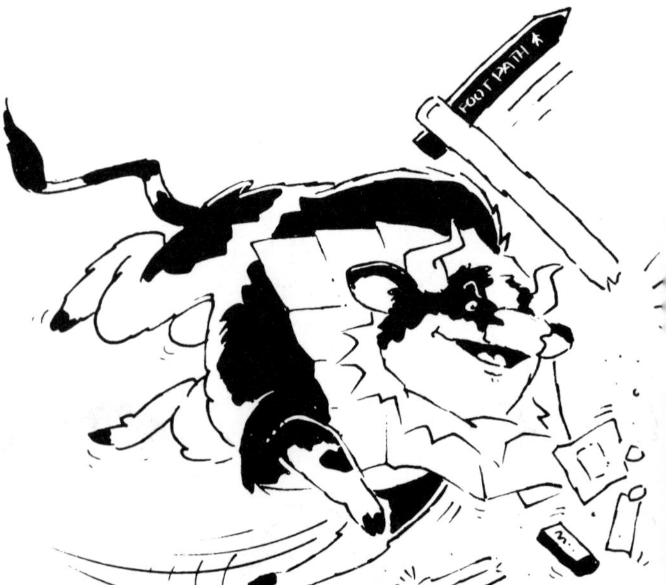
FOOT PATH

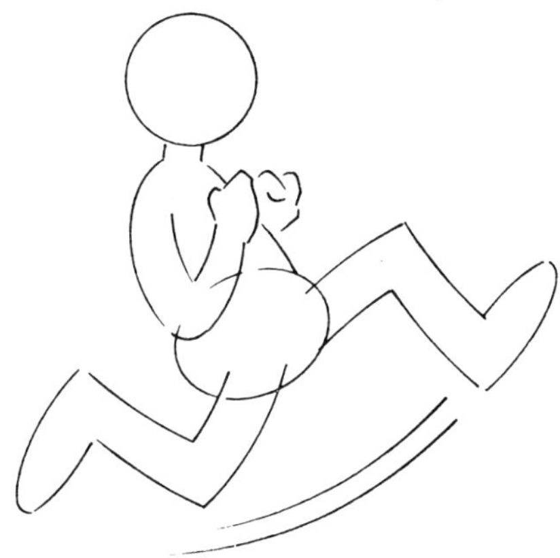

Die graphische Aufschlüsselung dieses Cartoons läßt mit der breiten Schulterpartie und der schmalen Hüfte die stark betonte Vorwärtsbewegung des Stiers erkennen. Der davonrennende Mann ist nach rückwärts gebeugt, weil ihn der Rucksack nach hinten zieht. Der fertige Cartoon ist voll von ereignisreichen Details, wie zum Beispiel der Kopf des Stiers, der die Landkarte durchstößt, und die persönlichen Gegenstände des Wanderers, die hinter ihm herumfliegen.

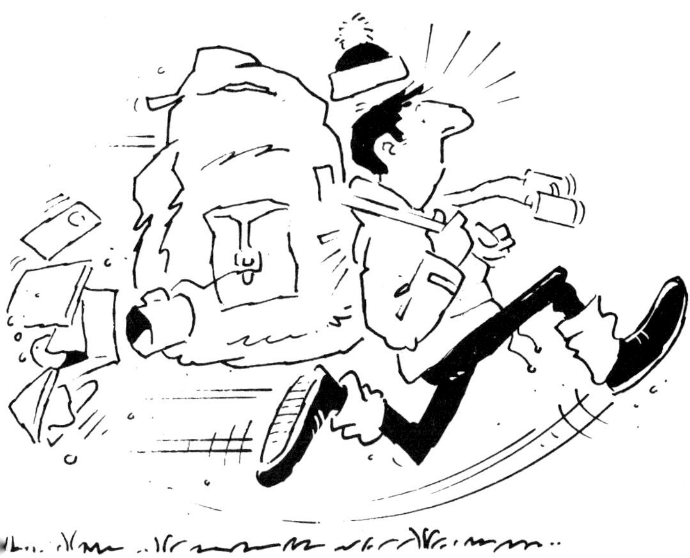

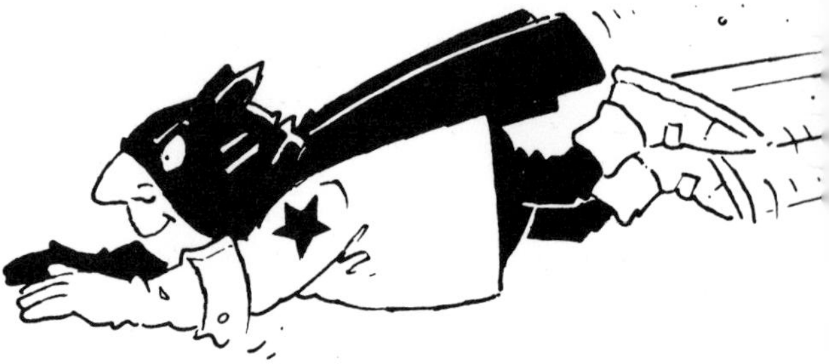

Bewegungslinien Die Figur macht die Grundbewegung klar, aber, wie in diesen Beispielen, geben einige zeichnerische Konventionen, wie beispielsweise Bewegungslinien, dem Ganzen etwas mehr Dynamik. Im oberen Bild deuten die gekrümmten Linien, die der Supermann hinter sich läßt, seine Flugrichtung und -geschwindigkeit an. Die »Auspuff«-Wölkchen um seine Bewegungsspur heben die Flugbewegung besonders hervor. Im unteren Cartoon wird das Los des armen Postboten, der vor einem bissigen Hund davonläuft, mit einer Reihe von zeichnerischen

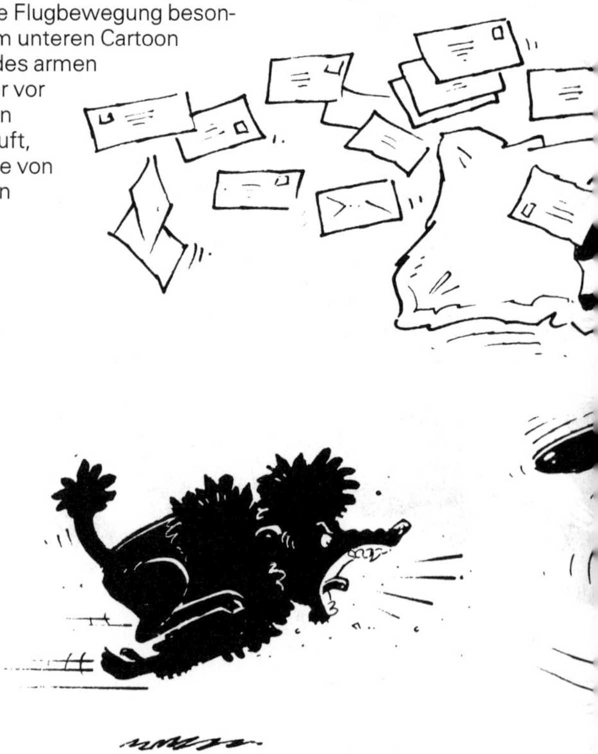

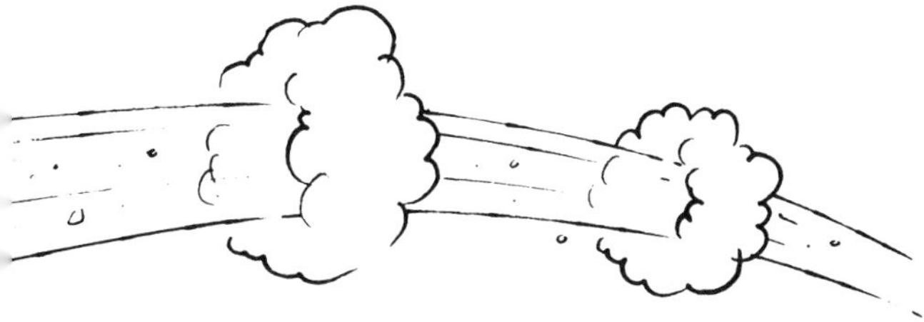

Tricks humoristisch genau dargestellt. Weiße Striche auf dem kompakten Schwarz beschreiben seine ramponierte Kleidung. Die hektischen Striche um seinen Kopf, seine Hände, Beine und Füße zeigen seine Angst, und die Bewegungslinien, die vom vorderen Bein ausgehen, betonen seine Geschwindigkeit. Die schrofferen und konzentrierteren Einzelheiten geben der kompakten Form des bellenden Hundes etwas entschieden Aggressives.

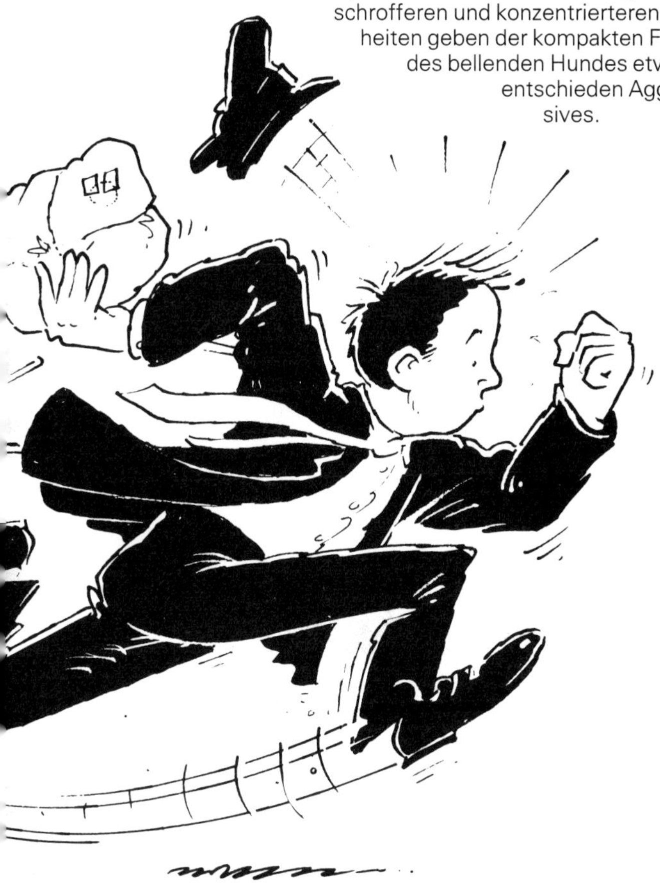

Visueller Eindruck Diese Cartoons zeigen einige einfache Tricks, mit denen man eine Handlung zusätzlich packender und humoristischer gestalten kann. Der Eindruck des Schlags mit einer Faust, einem Schläger oder der Wurf mit einer Sahnetorte ist um so schmerzlich-komischer, wenn man das Ganze übertreibt, wie bei der Sprungfederfaust, die sich voll in das Gesicht des Opfers eingräbt. Große Gesten, wie Werfen oder Schlagen, sollten fließend und mit direktem Bezug zu den verschiedenen Elementen der Illustration dargestellt werden.

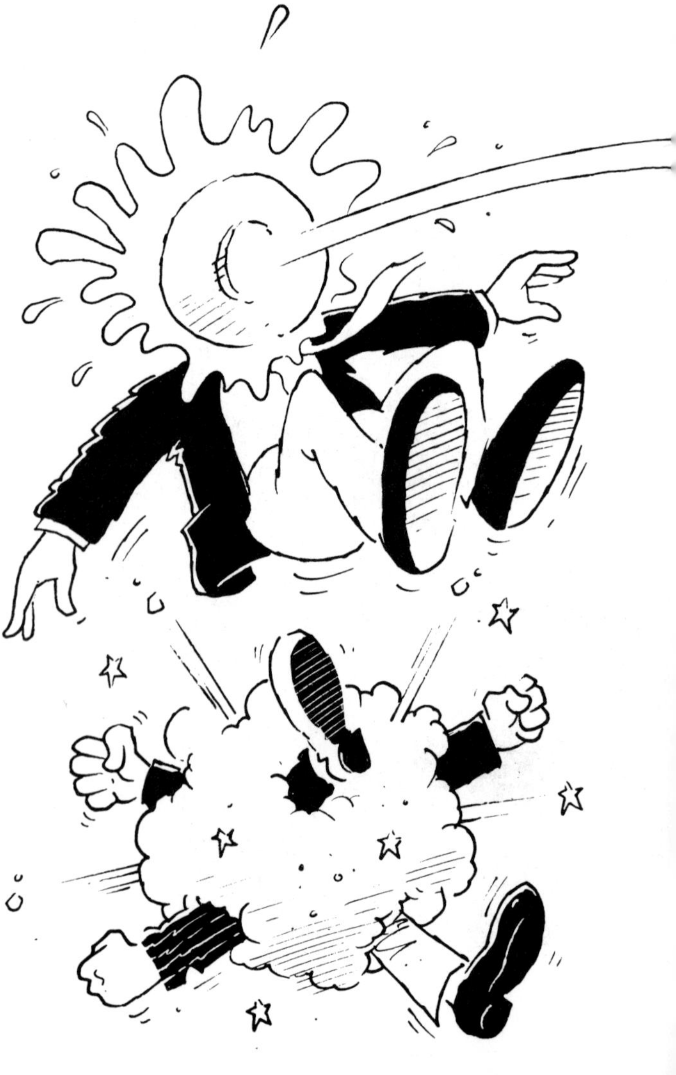

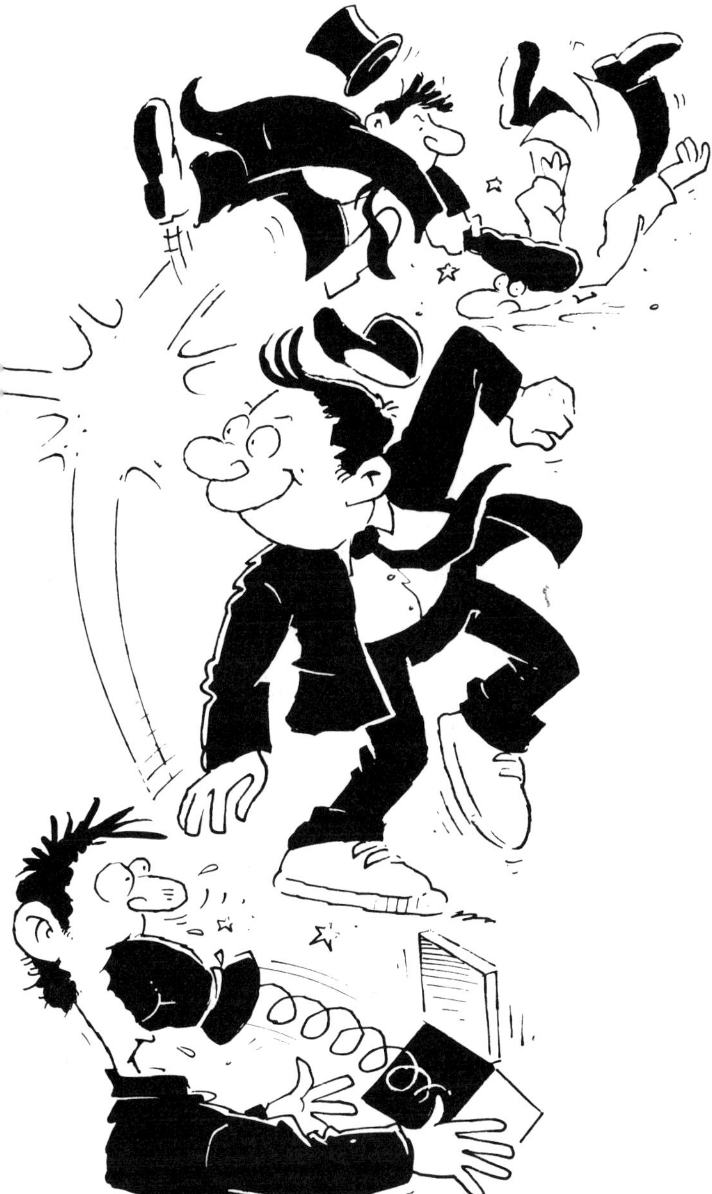

Kapitel vier

Tiere

Die Vielfalt der Tierarten ist ein unerschöpflicher Brunnen für die Illustrations-Metaphorik. Tiere haben für einige unsterbliche Cartoon-Helden Pate gestanden und bieten dem Zeichner eine weite Palette für zufällige Details und komische Effekte.

Tiere sind ein großes Thema für den Zeichner. Sie eignen sich für vielfältige witzige Interpretationen und geben Ihnen eine Menge verschiedener Formen, Strukturen und Bewegungen an die Hand, die Ihre Zeichnungen noch interessanter machen können. Sie können Tiere in der Illustration oder im Cartoon als Träger menschlicher Eigenschaften einsetzen oder sie mit ihren eigenen Merkmalen ausstatten, die mehr menschlichen als tierischen Charakter tragen. Sie können sie zu Haustieren oder Zoobewohnern machen oder »Geschichten« erfinden, in denen sie als Helden oder Schurken, als Betrüger oder als dessen Opfer auftreten.
Wie bei allen Aspekten des Zeichnens sollte auch hier das Bild schnell und eindeutig auf den Betrachter überspringen, und deshalb muß absolut klar sein, um was für ein Tier es sich handelt und was es gerade macht. Sie müssen die natürliche Vorlage studieren, um die charakteristische Form und die spezifischen Merkmale herauszuarbeiten. Hilfreich dabei ist, wenn man sich einen Ordner mit Photos aus Zeitungen und Zeitschriften anlegt, die einen mit Material für jede Tierart und jede beliebige Situation versieht. Wenn Sie ein Tier so zeichnen können, daß es in seiner Grundstruktur als solches zu erkennen ist, dann können Sie mit seinen Bewegungen und seinem Ausdruck solange herumspielen, bis Sie die Aussage auf den Punkt gebracht haben.

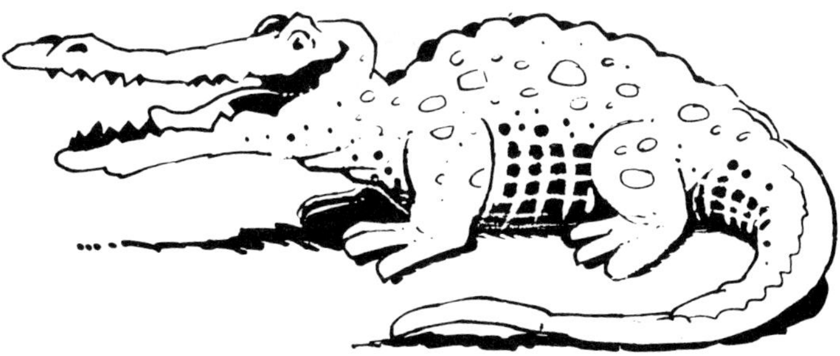

Manchen Tieren haften bestimmte Charakteristika an, die man ihnen zugeschrieben hat – Schafe zum Beispiel werden oft für dumm gehalten, Katzen für hinterhältig, Füchse für schlau und Kühe für friedfertig. Setzen Sie diese Vergleiche ruhig ein oder geben Sie dem Ganzen eine unerwartete Wende ins Humorvolle, indem Sie die Erwartung des Betrachters durch entgegengesetzte Attribute enttäuschen. Wichtig für den Charakter ist auch der körperliche Ausdruck – dick oder dünn, rund oder eckig, einheitlich in der Farbe, gesprenkelt oder gefleckt. Übergehen Sie nichts, was die Wirksamkeit verstärken könnte, sei es vom visuellen Eindruck her oder vom Witz oder der Geschichte.

Tiere Genauso wie bei Menschen übertragen Ausdruck und Haltung Ihrer Tiere etwas vom Hintergrund in die Geschichte. Aus der Beziehung zwischen Tieren läßt sich viel Lustiges herausholen. Nehmen Sie das übermütige Kätzchen, das scheinbar unbeeindruckt zu einem großen, bösen Hund aufschaut.

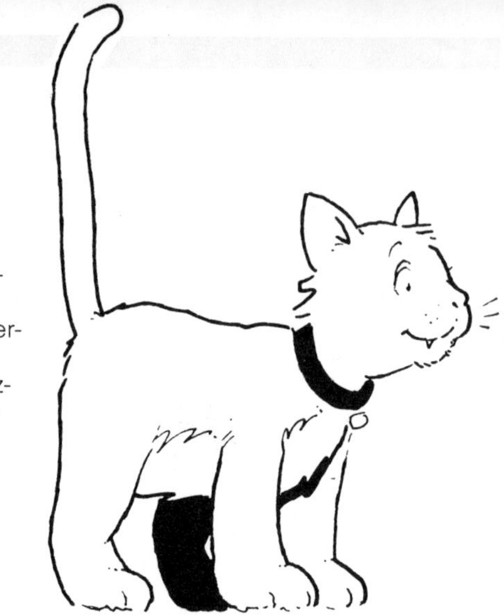

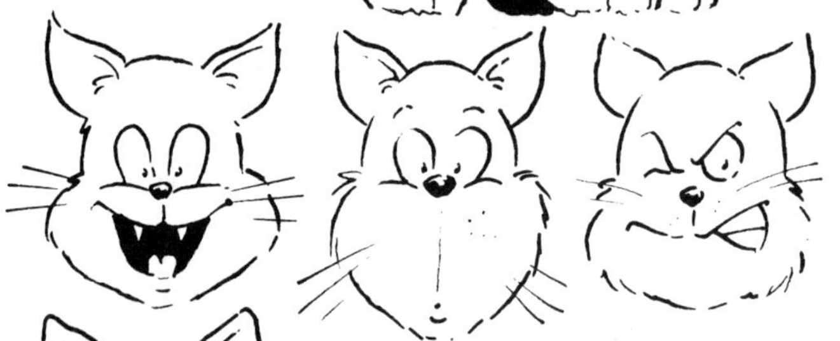

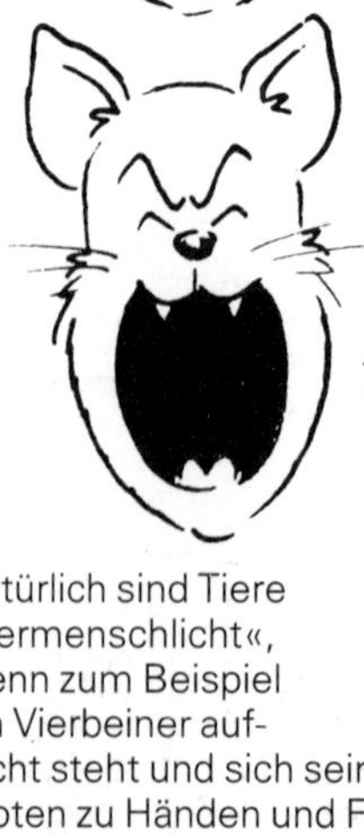

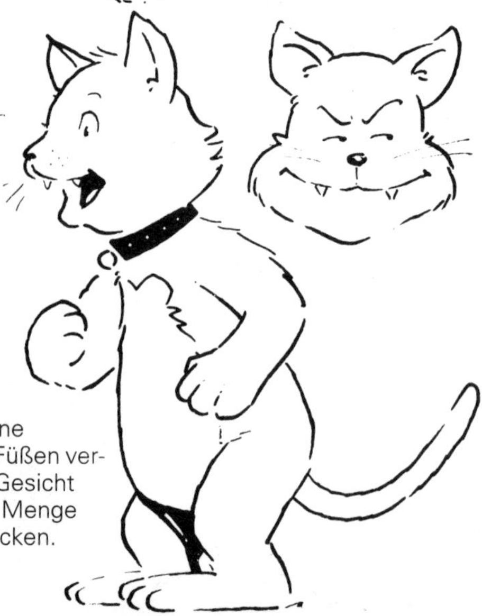

Natürlich sind Tiere »vermenschlicht«, wenn zum Beispiel ein Vierbeiner aufrecht steht und sich seine Pfoten zu Händen und Füßen verwandeln. Auch in dem Gesicht der Katze läßt sich eine Menge an Stimmungen ausdrücken.

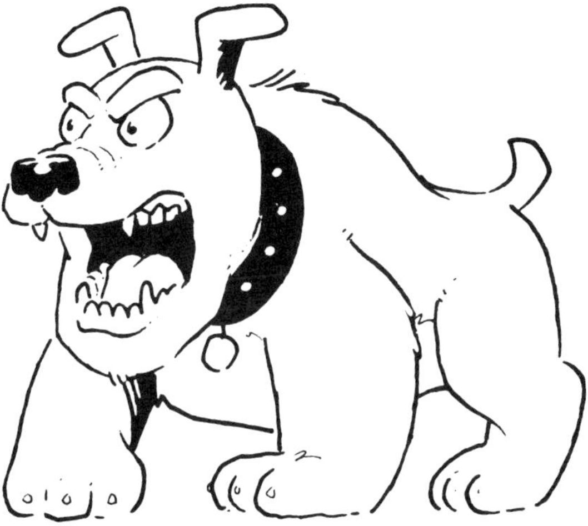

Wichtig sind die Grundformen – ein Hund kann lustig, dümmlich oder listig erscheinen.

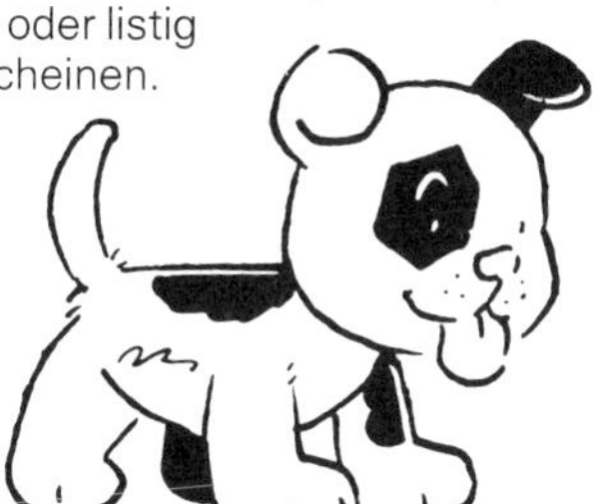

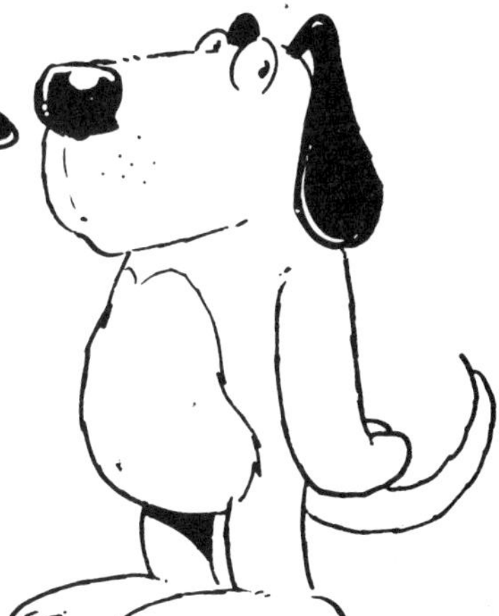

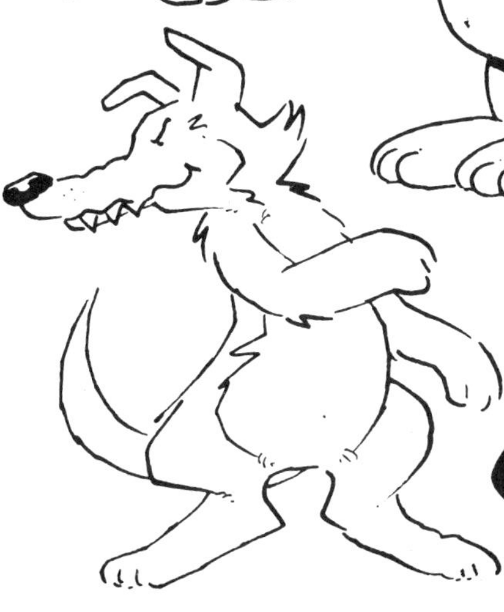

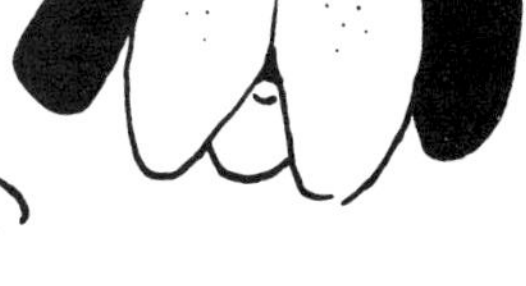

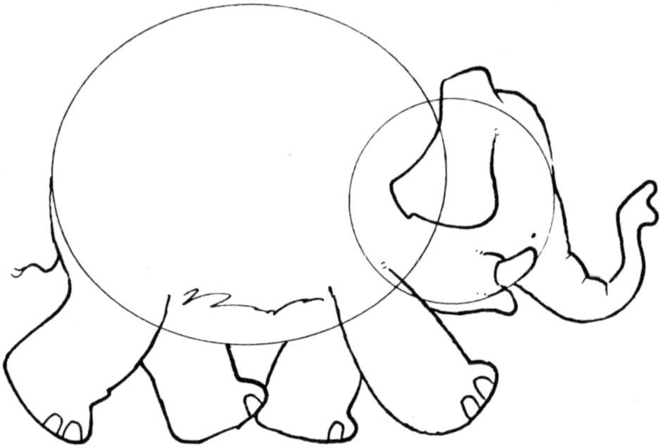

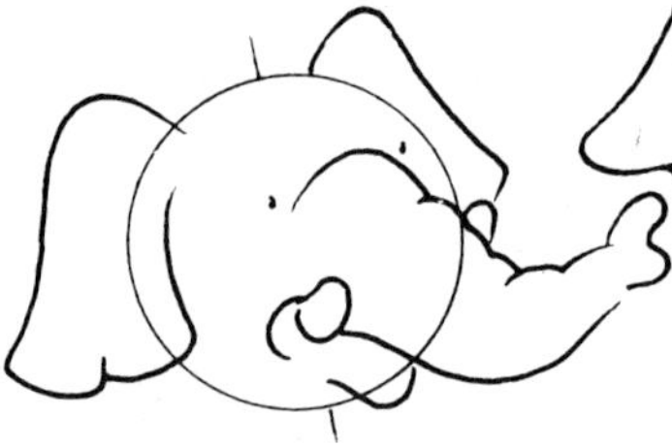

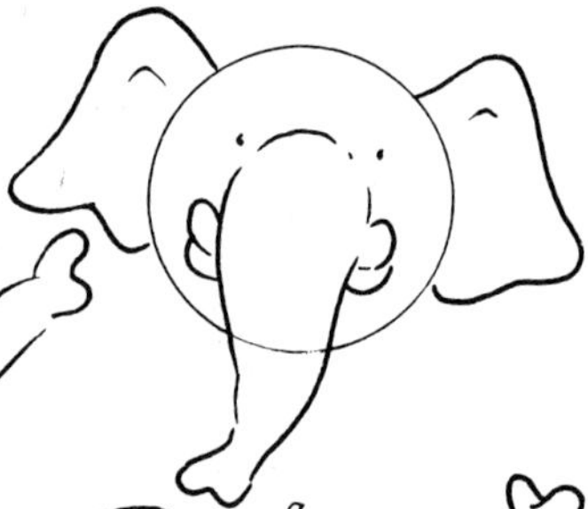

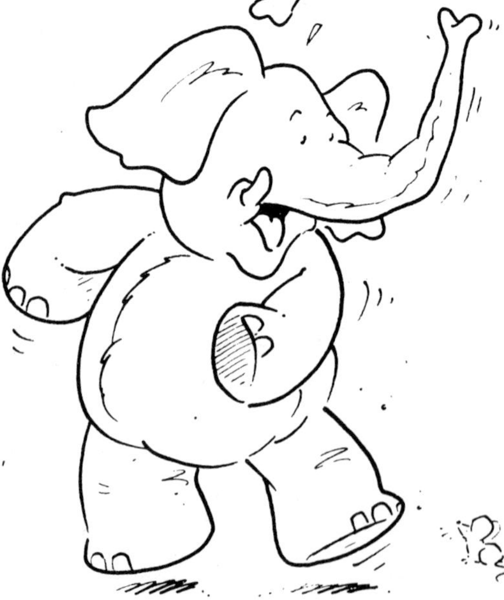

Strukturen
Wenn es Ihnen schwierig vorkommt, von einem Tier die richtige Formen und Proportionen zu finden, zerlegen Sie es in ganz einfache Grundkomponenten, setzen Sie diese zusammen und arbeiten Sie dann die Feinheiten heraus.

Bewegungen
Eine klare Vorstellung von den einzelnen Körperteilen eines Tieres und davon, wie diese zusammengehören, macht es Ihnen leichter, es in unterschiedlicher Weise bildlich darzustellen. Leicht gefranste oder gebrochene Linien geben dem Ganzen etwas Bewegtes.

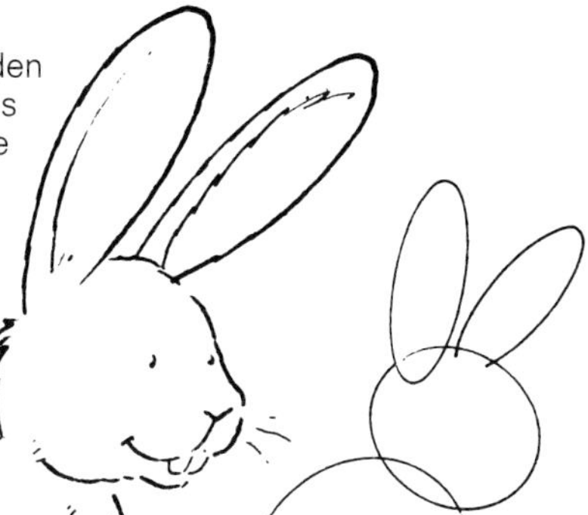

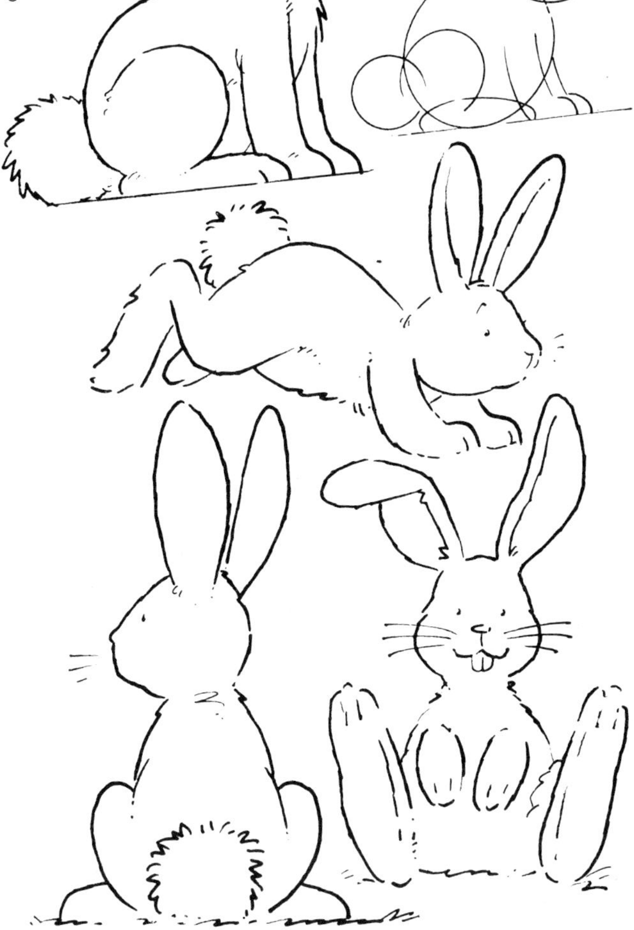

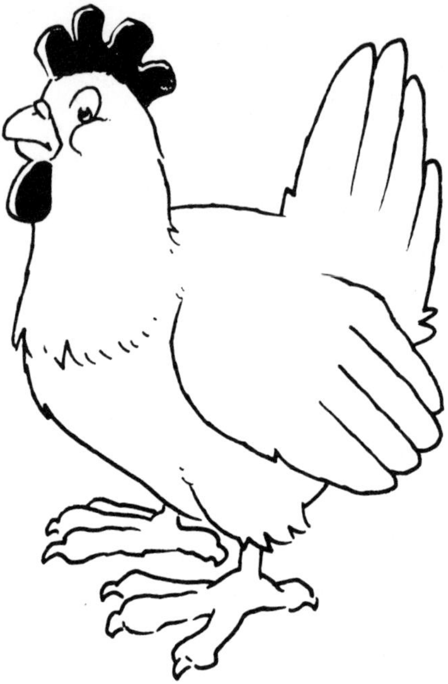

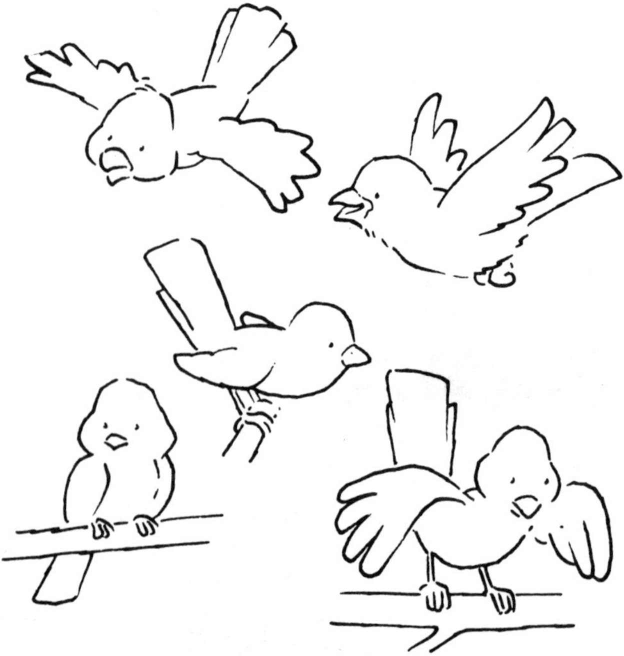

Vögel Der gesamte Körperbau und die spezifischen Attribute, wie Schnabel, Krallen, Klauen und die Schwanzfedern, charakterisieren sehr schnell jeden beliebigen Vogeltyp.

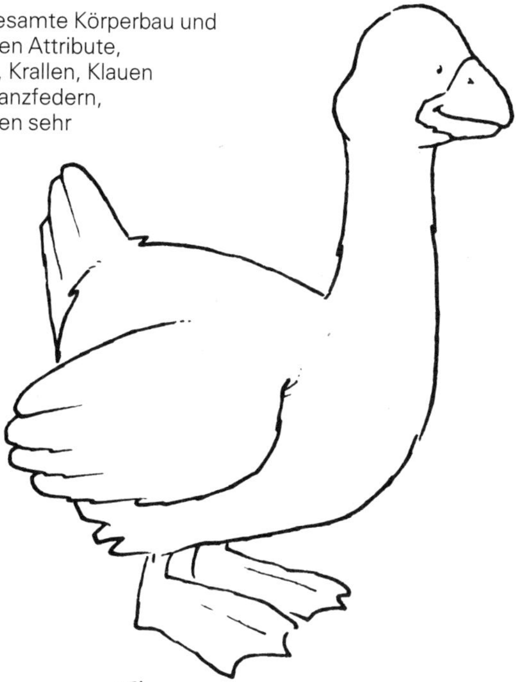

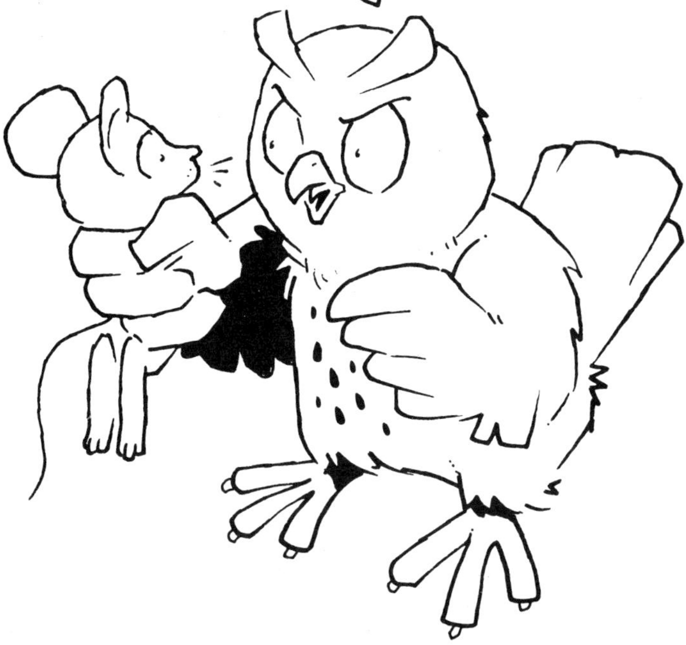

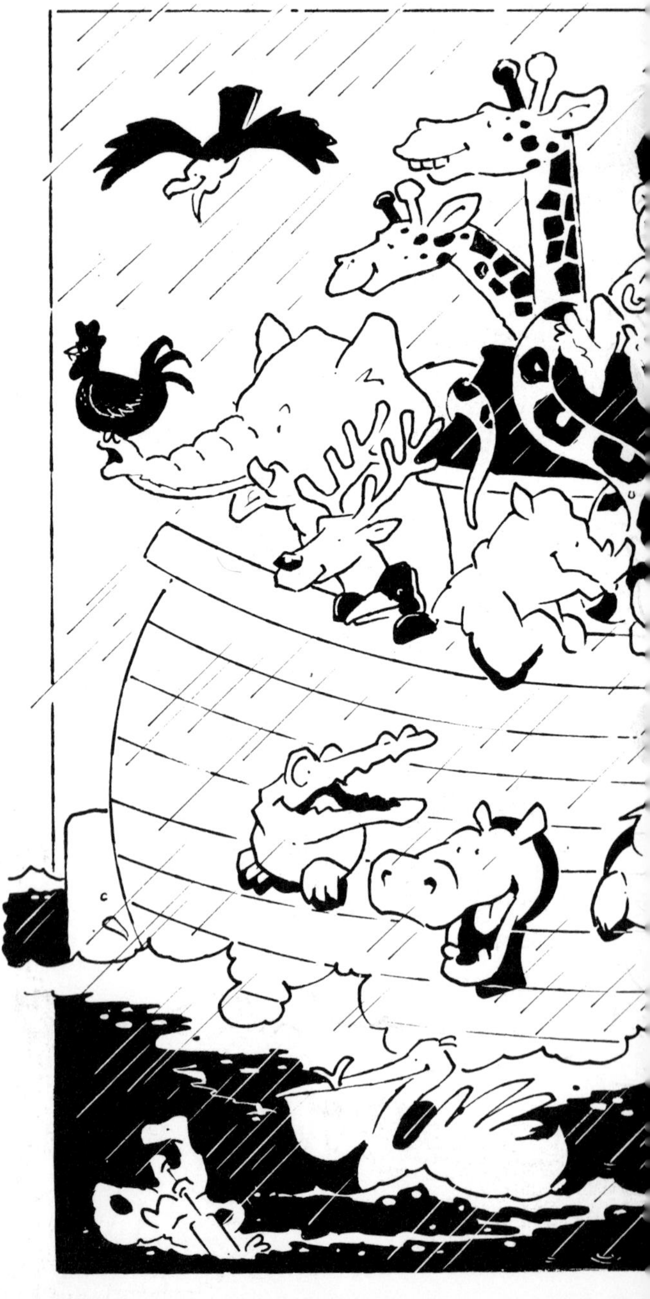

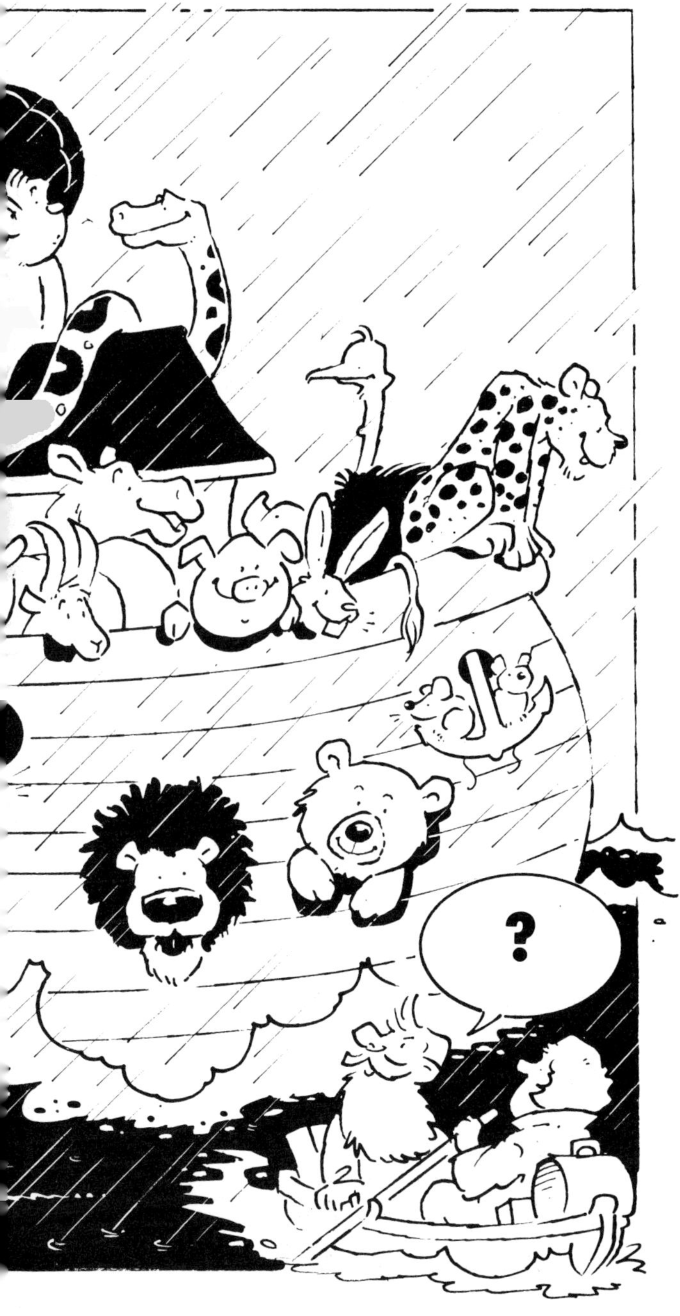

Kapitel fünf

Unbelebte Objekte

Jede Art von Objekt läßt sich in Illustrationen oder Cartoons umsetzen. Mit ein bißchen Phantasie werden Sie rasch den wirkungsvollsten Weg finden, künstliche oder natürliche Formen zu beleben und ihnen Persönlichkeit zu geben.

Jeder Gegenstand läßt sich in eine Figur umwandeln. Manche lassen sich sehr leicht »vermenschlichen«, da sie bereits mit Komponenten ausgestattet sind, die man mühelos in Gesichtszüge oder Gliedmaßen umsetzen kann. Bei anderen müssen Sie vielleicht mehr spielerisch mit der Form und der Gestalt herumexperimentieren, bis der Gegenstand seine endgültige Persönlichkeit erhält. Auf den folgenden Seiten sehen Sie eine breite Palette an Beispielen – einfache Gegenstände, wie ein Handschuh, Spielkarten oder Geschirr und Besteck und mechanische wie auch elektrische Produkte mit etwas schwierigeren Einzelteilen, die Sie zu einem spezifischen Charakter abändern können.
Fahrzeuge vermitteln einem oft schon durch ihre Gestalt und ihre Funktion einen menschlichen Charakter – Fenster, Lampen, Schornsteine, Tragflächen und Reifen sind wahre Fundgruben, um einem Auto, Flugzeug, Schiff oder Zug Persönlichkeit und Leben zu geben. Die Kühlerhaube eines Autos läßt sich fast automatisch in ein Gesicht verwandeln, und die Anordnung der einzelnen Teile deutet oft schon den Charaktertyp an – ein Kleinwagen wird zum Pummelchen mit einem lieben Gesicht, während ein langgestrecktes, kantig stromlinienförmiges Fahrzeug eine ausgesprochen bedrohliche Personalität ausdrückt.

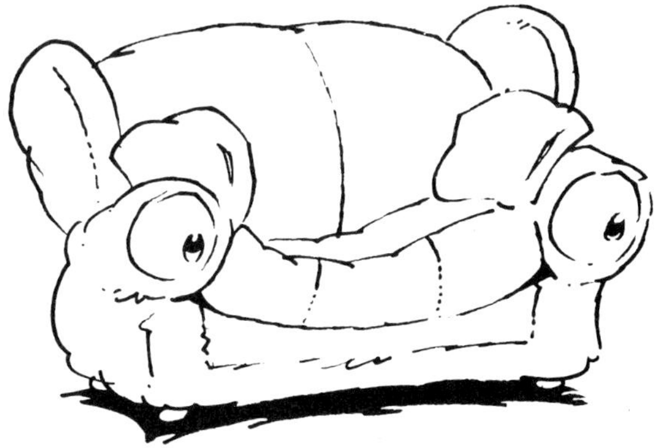

Einige sehr erfolgreiche Cartoon-Helden und -Bösewichter mit unerwarteten Erlebnissen, die sie manchmal aus ihrem normalen Kontext herausreißen, sind aus unbelebten Gegenständen hervorgegangen. Sie können auch als Extras für eine Geschichte fungieren, in der Menschen oder Tiere die Hauptrolle spielen, oder sie tragen einfach etwas Hintergrundhumor bei, der nicht unbedingt in direktem Zusammenhang mit der Pointe des Cartoons steht, aber visuell etwas Interessantes darstellt. Cartoondarstellungen werden oft mit großem Erfolg in der Werbung und der Produktwerbung eingesetzt. Sie lassen das ausgestellte Objekt unter einem menschlichen Blickwinkel erscheinen.

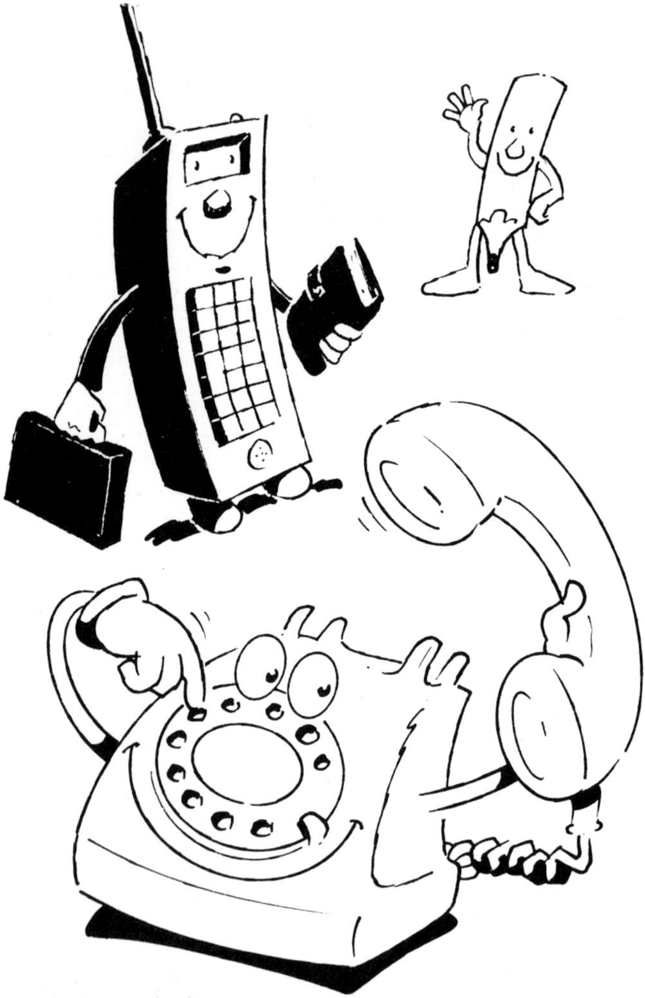

Haushaltsgegenstände Nicht alle kleineren Gegenstände, die Sie verwenden wollen, haben sofort erkennbare »Gesichter«, aber Sie können normalerweise einen geeigneten Platz finden, um zum Beispiel die Augen und einen Mund einzuzeichnen. Man muß ja nicht gleich alle Merkmale aufnehmen, obwohl so etwas wie die Tülle einer Teekanne oder eines Wasserkessels sich geradezu als Nase für Ihre Figur anbietet. Man braucht auch oft nur die Grundform zu aktivieren, sie mit einfachen Gliedmaßen und mit verwandten Extras zu versehen, und schon ist der Gag hervorgehoben.

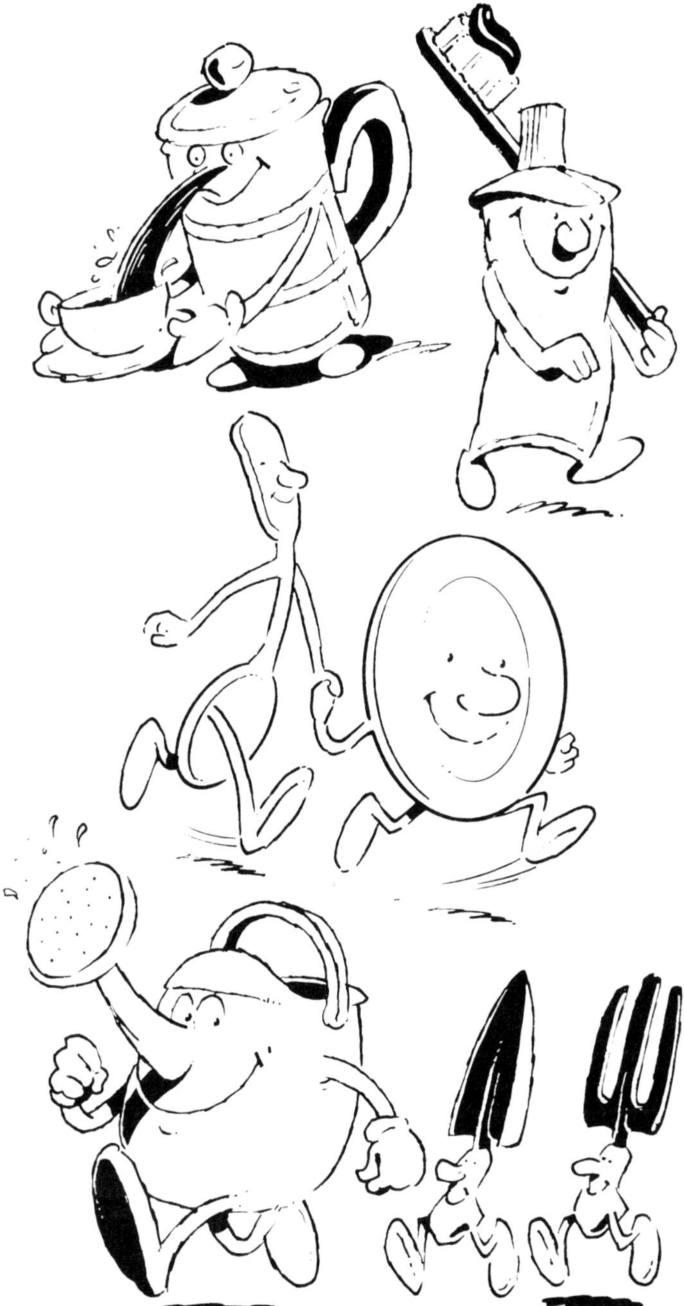

Fahrzeuge Die Kühlerhaube eines Autos sieht aus wie ein Gesicht. Die Scheinwerfer sind die Augen, und der Kühlergrill läßt sich leicht in einen lächelnden oder grimmigen Mund verwandeln. Man fühlt sich fast gezwungen, Autos, Züge und Flugzeuge zu personifizieren, wenn man sich die Grundkomponenten anschaut und erkennt, wie leicht es ist, ihnen einen menschlichen Ausdruck zu verleihen.

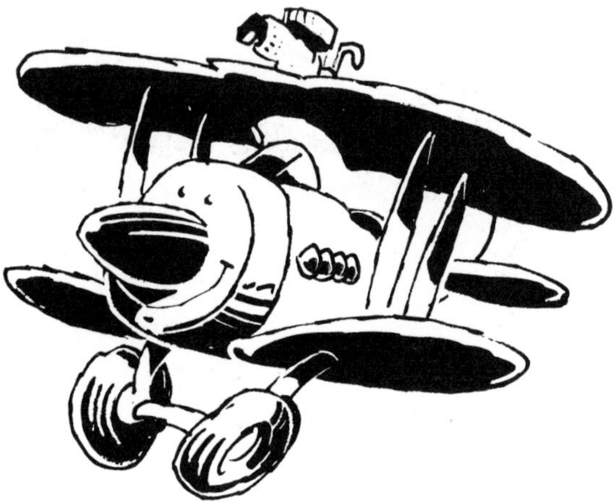

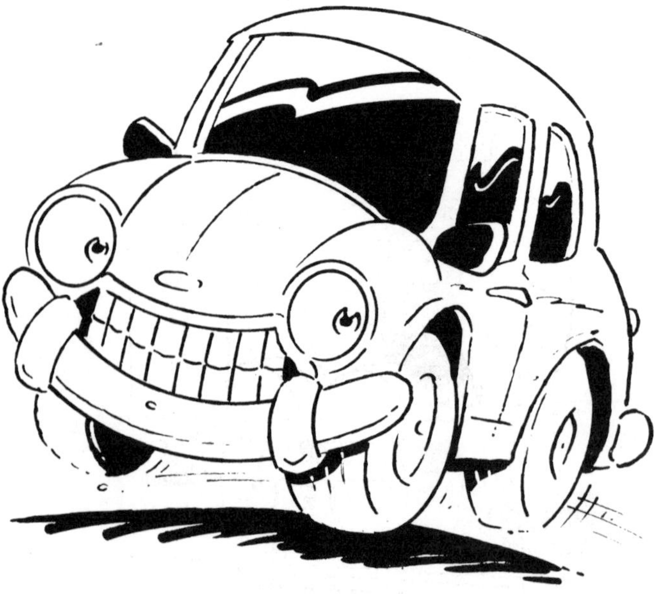

Eine Vereinfachung der Gesamtform eines Gegenstandes trägt ebenfalls zum Ausdruck des Cartoons bei; wie in den hier abgebildeten Beispielen vermitteln die gerundeten Formen der zwei unterschiedlichen Flugzeugtypen eine dem Fliegen angemessene fröhliche, sorglose Stimmung.

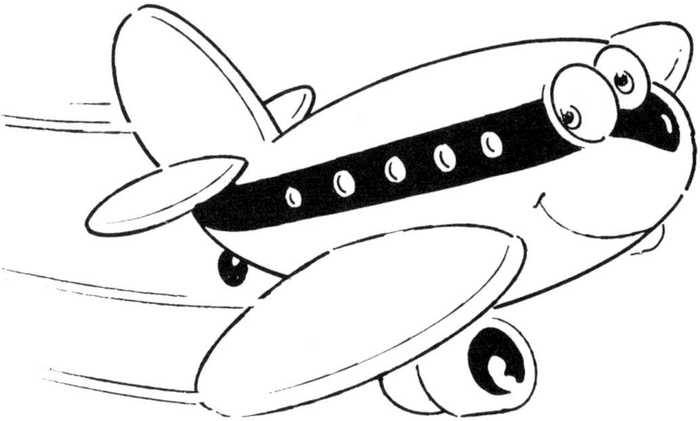

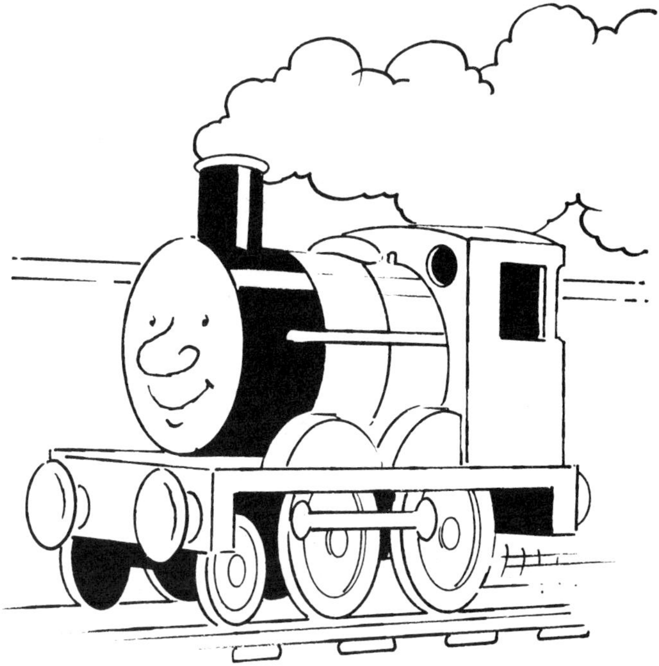

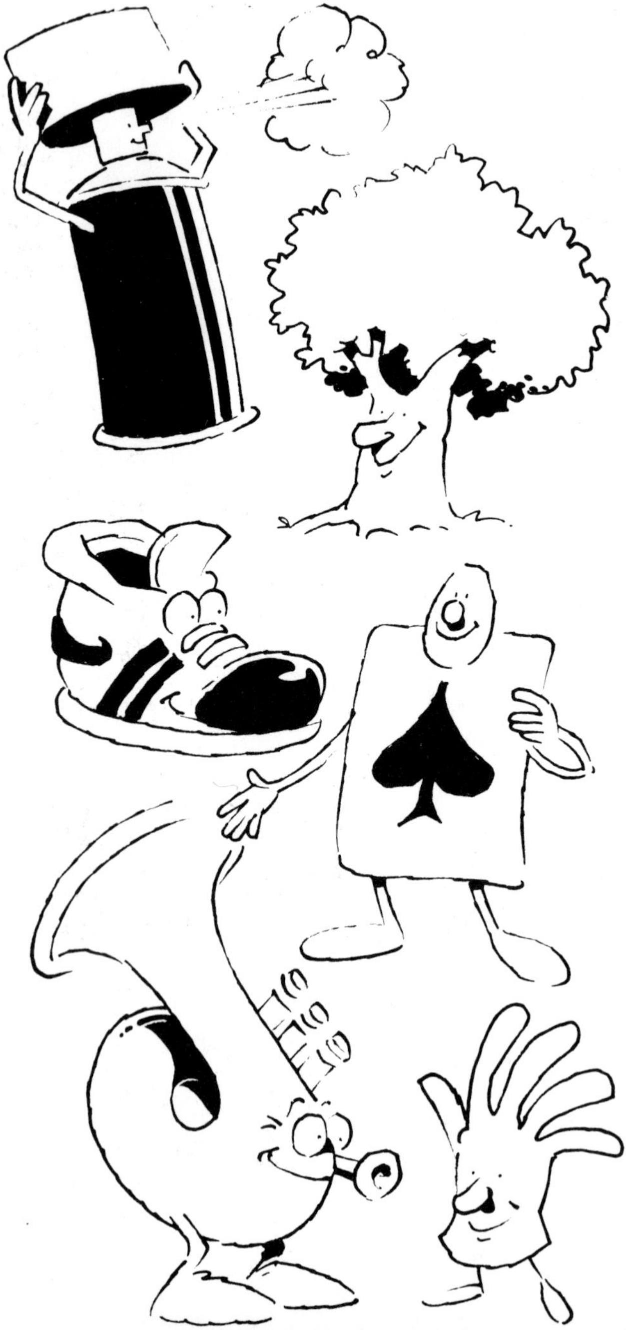

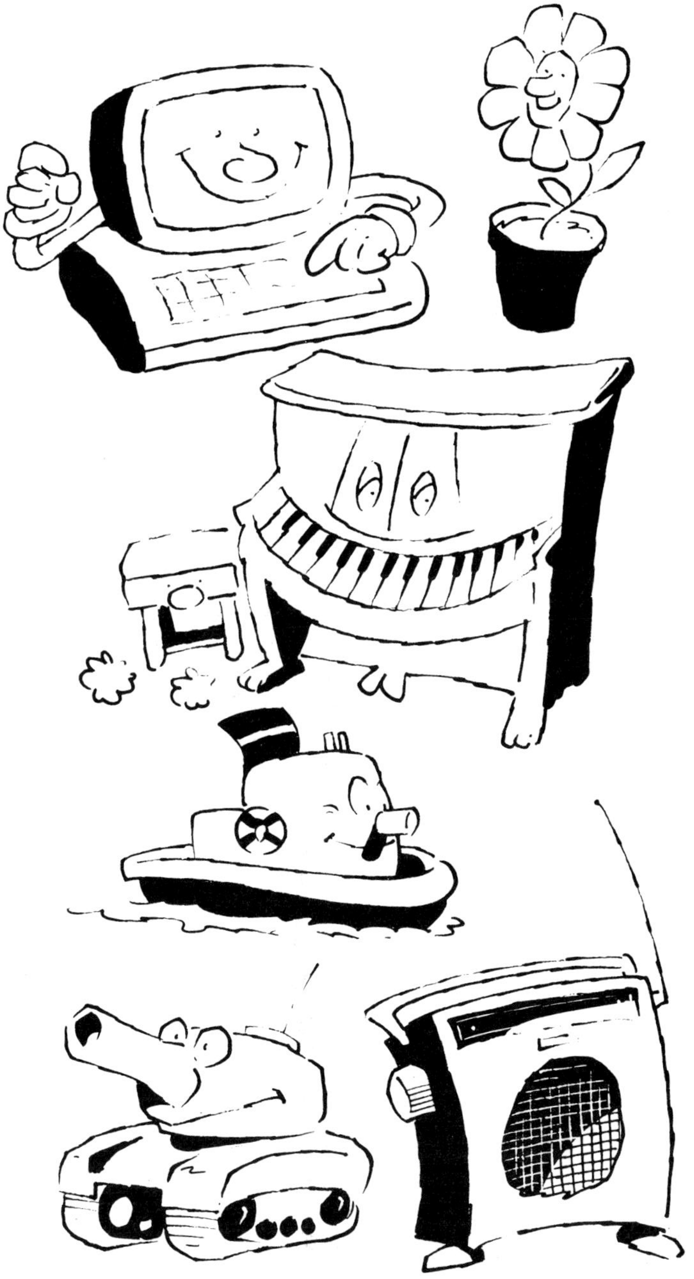

Kapitel sechs

Hintergrund

Mit einem Grundverständnis für Perspektive und einem phantasievollen Blick fürs Detail können Sie einen Schauplatz für Ihre Figuren herstellen, der den Witz oder die Geschichte unterstützt und die Zeichnung außerdem optisch interessant macht.

Der Schauplatz einer Illustration – wenn Sie sich dafür entscheiden, eine Szenerie oder einen Hintergrund aufzunehmen – kann so einfach oder so kompliziert sein, wie Sie es wünschen. Wenn Sie einen in der Wüste herumirrenden Mann zeigen wollen, genügen bereits ein paar Striche, die den fernen Horizont und die Hitze beschreiben, um das Dilemma, in dem er steckt, unmittelbar auszudrücken. Wollen Sie hingegen einen Supermann auf dem Flug zu einem Rettungseinsatz darstellen, werden Sie wohl eine kompliziertere Luftansicht von hohen Gebäuden konstruieren müssen. Der Hintergrund steht natürlich in einem engen Verhältnis zum Kontext der Illustration – eine Vampir-anekdote könnte sich auf einem düsteren Friedhof zutragen, ein Ehepaar, das sich streitet, wird vielleicht in seiner häuslichen Umgebung zu sehen sein.
Grundkenntnisse im perspektivischen Zeichnen sind eine Hilfe, um die Figuren im beschreibenden Kontext richtig zu plazieren. Ein- und Zwei-Punkt-Perspektiven erzeugen einen wirkungsvollen dreidimensionalen Eindruck von Innenräumen, Landstraßen oder Gleisen, die in die Ferne laufen, und von Straßenszenen oder architektonischen Strukturen. Drei-Punkt-Perspektiven erhöhen die Dramatik zusätzlich – Wolkenkratzer aus der Vogelperspektive oder aus der Froschperspektive, die ein Gebäude extrem hoch und dominant erscheinen läßt. Auf den folgenden Seiten sehen Sie Beispiele für verschiedene perspektivische Ansichten, und es lohnt sich, das Thema ein wenig zu vertiefen, wenn Sie detaillierte Hintergründe zeichnen wollen. Viele verschiedene Punkte müssen in Erwägung gezogen werden, bevor Sie Ihre Szene entwerfen – nicht nur der Maßstab und die Perspektive von Grundstrukturen, sondern auch die geeigneten Details, die Sie aufnehmen sollten, und die Art, wie Sie Strich und Farbe einsetzen müssen, um die atmosphärische Stimmung Ihrer Zeichnung zu erhöhen. Die letzten Zeichnungen in diesem Kapitel (Seite 72 und 73) zeigen, wie man ein- und dasselbe Gebäude auf verschiedene Arten darstellen kann, indem man die Perspektive und den Schauplatz ändert. Dieses Prinzip läßt sich auf alle möglichen Situationen, die Sie als Umgebung für Ihre Figuren vorgesehen haben, anwenden.

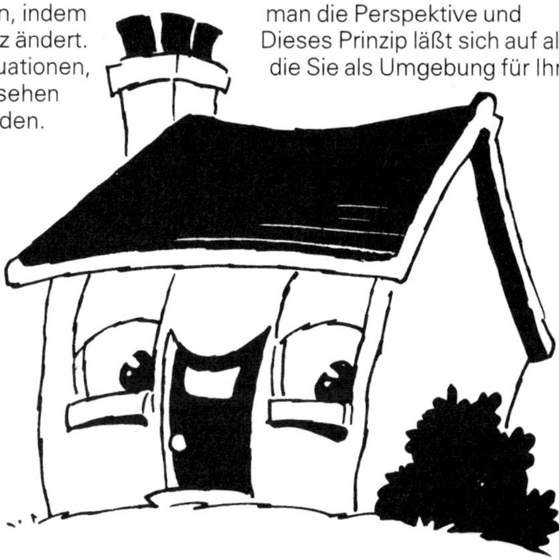

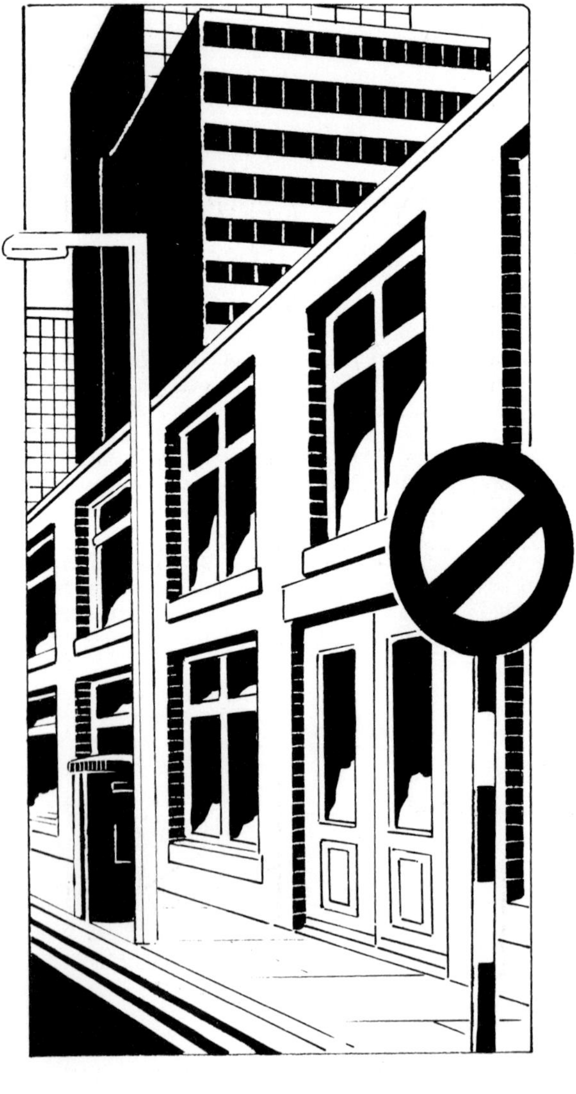

Diese Straßenszene basiert auf einer einfachen Ein-Punkt-Perspektive, wie sie auf der nächsten Seite gezeigt wird.

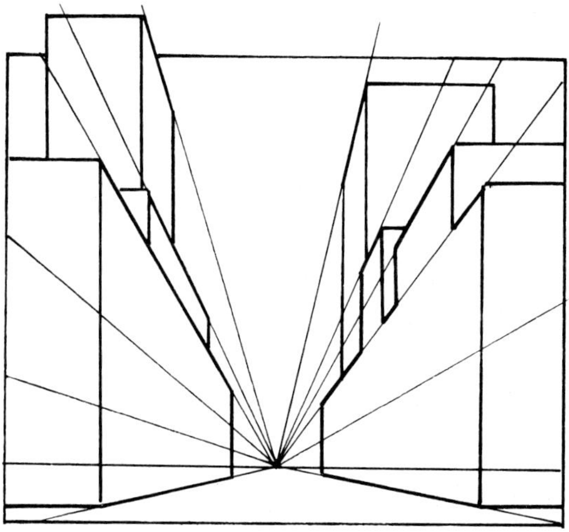

Ein-Punkt-Perspektive Horizontale Linien laufen in einem einzigen Fluchtpunkt auf der Horizontlinie zusammen.

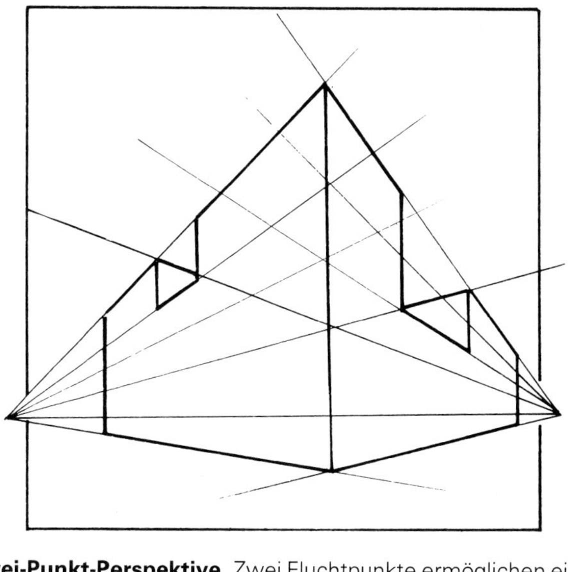

Zwei-Punkt-Perspektive Zwei Fluchtpunkte ermöglichen einen flexibleren Blickwinkel.

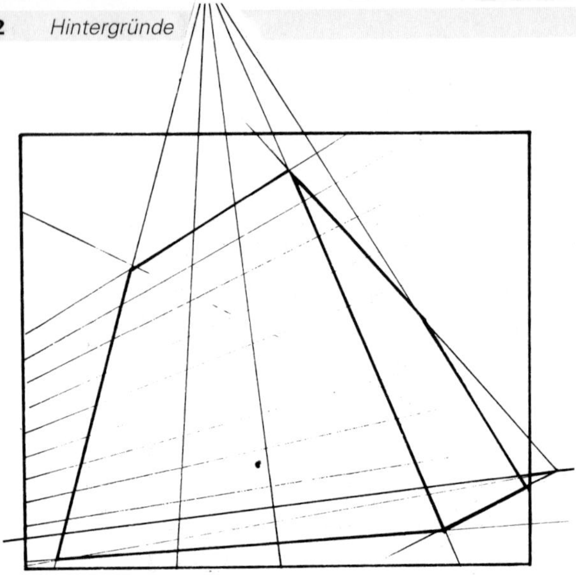

Drei-Punkt-Perspektive Sowohl die vertikalen als auch die horizontalen Linien konvergieren. Laufen die Linien nach oben zusammen, ergeben sie den Eindruck einer Untersicht.

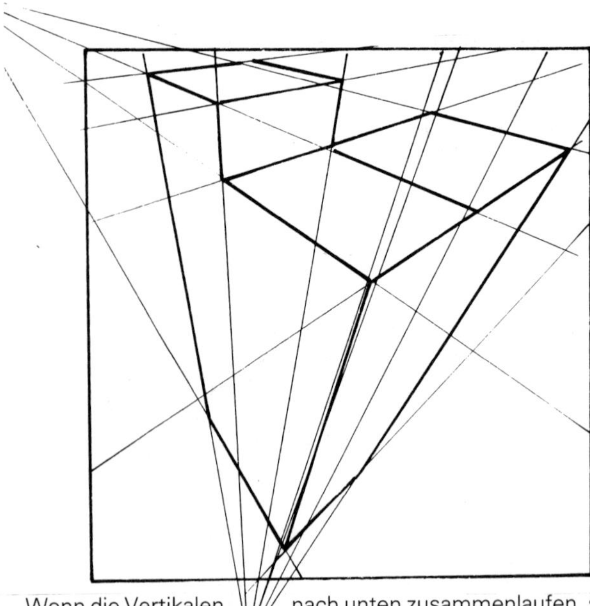

Wenn die Vertikalen nach unten zusammenlaufen, sieht man den Gegenstand aus der Vogelperspektive.

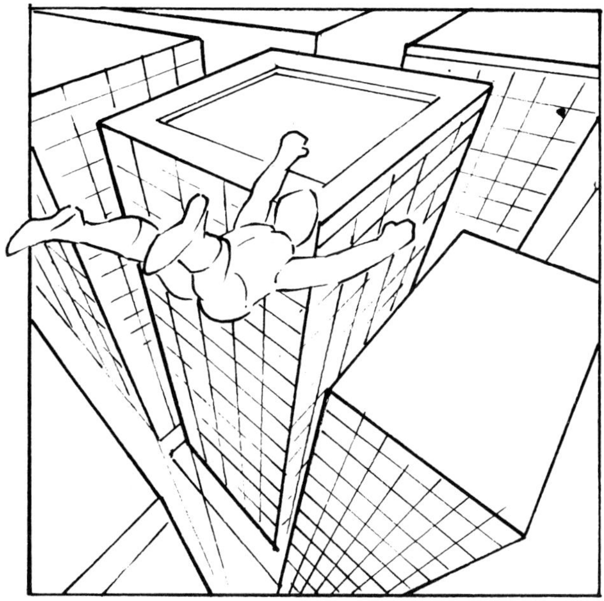

Die Grundprinzipien der Vogelperspektive lassen sich leicht auf Wolkenkratzer übertragen.

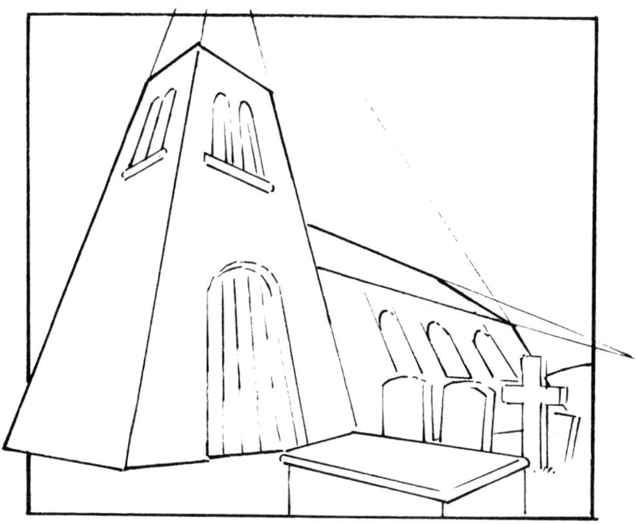

Eine Untersicht verstärkt den Eindruck der Höhe und macht ein Gebäude äußerst beherrschend.

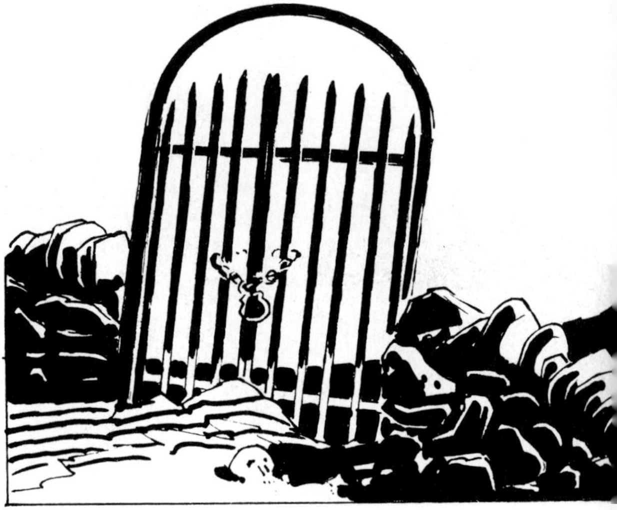

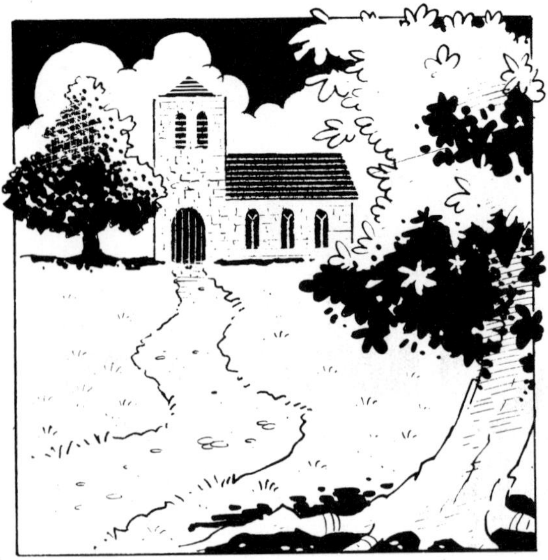

Eine einfache Frontalansicht ist fürs Auge angenehmer und einladender. Dieser Eindruck wird noch verstärkt durch den Laubbaum und einen Weg, der sich durch das Bild schlängelt.

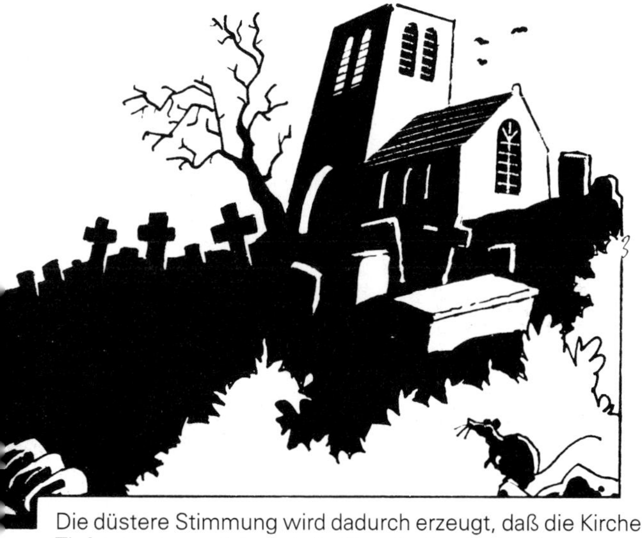

Die düstere Stimmung wird dadurch erzeugt, daß die Kirche in den Tiefenraum gesetzt wird, die Einzelheiten im Vordergrund vergrößert werden und dicke kompakte Schwarzfärbung den Formen etwas Silhouettenhaftes verleiht.

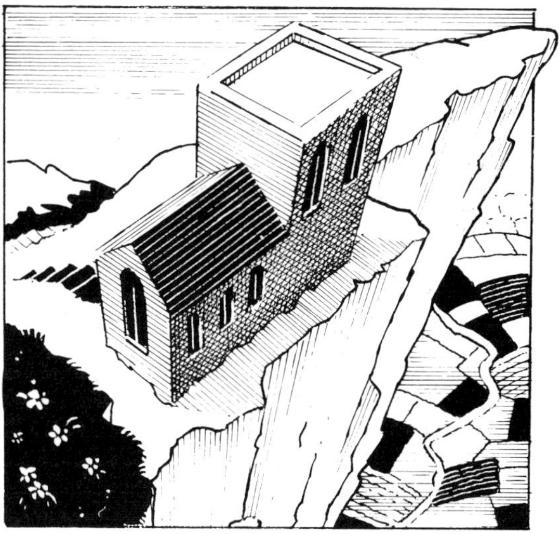

Die Vogelperspektive, vorher auf die Stadtansicht angewendet, bewirkt eine ebenso starke Dramatik in natürlicher Umgebung – ein hohes Kliff, mit einer Landschaft, die sich ins Weite ausdehnt.

Kapitel sieben

Zusammen-spiel

Ob Ihre Illustration ein einmaliger Gag oder eine Abenteuergeschichte in Fortsetzungen ist, dieses Kapitel zeigt Ihnen, wie Sie die Bilder wirkungsvoll präsentieren und wie Sie sie mit wenigen gutgewählten Worten – als Titel, Dialoge oder Laute und Geräusche – abrunden können.

Wenn Sie alles, was in den vorhergegangenen Kapiteln gesagt wurde, befolgt haben, dann dürften Sie jetzt den Cartoon, seine Figuren und Situationen ganz gut beherrschen. Dieses Kapitel handelt davon, auf welche verschiedene Arten Sie Ihre Zeichnung als einmaligen Gag oder in Form einer Geschichte präsentieren können.
Fangen wir mit dem Bildwitz an, einer einzelnen Zeichnung mit oder ohne Titel – die Art von Cartoon, die in Zeitungen und Zeitschriften Spalten füllt. Denken Sie sich einen Witz aus, der zu einer Figur, die Sie schon gemacht haben, paßt, oder eine Idee für einen einmaligen Gag und erfinden Sie dazu passend die Figuren und die Situation. Das Wesentliche dabei ist, einen unmittelbaren, starken Eindruck auszulösen, da man Witze nur oberflächlich betrachtet, und sich niemand den Kopf darüber zerbrechen möchte, den Witz erst zu suchen.
Die zweite wichtige Form ist der Comic. Das kann ein unabhängiger Gag-Strip sein, der in drei oder vier Bildern einen Witz erzählt, oder eine Bildgeschichte, die täglich oder wöchentlich über einen langen Zeitraum in einer Zeitung fortgesetzt wird und in jeder Folge meist superspannend endet, um den Leser bei der Stange zu halten. Das Comic-Heft kann verschiedene Formen in sich vereinen – einzelne Geschichten in Worten und Bildern mit humoristischem oder aufregendem Inhalt, manchmal eine Kombination aus beiden, oder Gag-Strips in vielfältiger Art.
Comic-Strips bieten die Möglichkeit, Erzähltexte und Dialoge miteinzubauen. Das bedeutet aber, Sie müssen die Fertigkeit entwickeln, in einer Sprechblase oder in einem Teil des Bildes zu schreiben. Denken Sie jedoch daran, daß der Witz dieser Art des Geschichtenerzählens die bildliche Darstellung ist. Die Wörter treiben die Geschichte nur voran, sind nur ein Detail und bereichern die Stimmung, die Geschichte aber sind die Bilder, sie sind keine Illustrationen zum Text. Auf den Seiten 78 bis 83 finden Sie Comic-Strips, die Ihnen genau erklären, wie man die visuellen Hilfsmittel einsetzt.

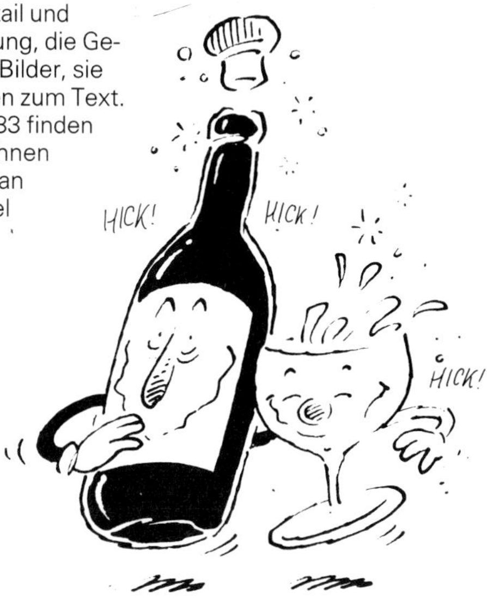

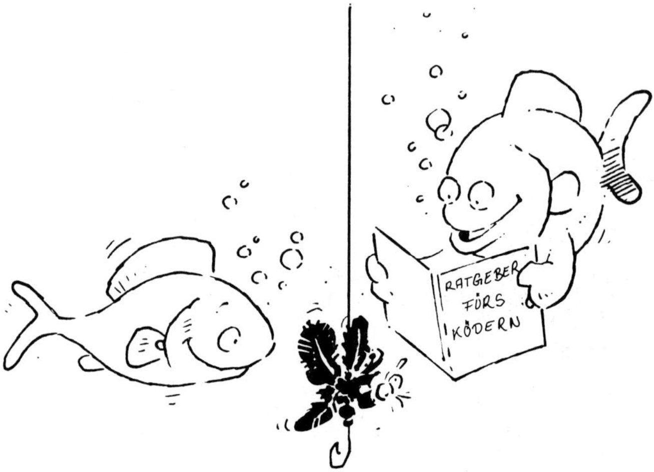

"AHA! DA HAB'N WIR'S..."

Der Witz Die Grundidee bei einem Witz kann Ihnen über das Wort kommen, als Bildtitel, der nach einer humorvollen, visuellen Umsetzung verlangt, oder als eine eigenartige komische Situation, die sich vor Ihrem inneren Auge herausformt. Das Bild muß den Betrachter anspringen, den Witz unmittelbar umsetzen. Wenn Sie einen Bildtitel verwenden – Sie müssen nicht –, dann sollte er kurz und prägnant sein und den Bildwitz ergänzen. Wie bei dem Fisch-Cartoon oben, ist es manchmal unerläßlich, in die Zeichnung hineinzuschreiben, um den Witz auf den Punkt zu bringen. Oft haben diese Cartoons keinen Rahmen, und Sie brauchen auch keinen Hintergrund zu zeichnen, aber Sie können Details hinzufügen, die den Effekt verstärken, wie zum

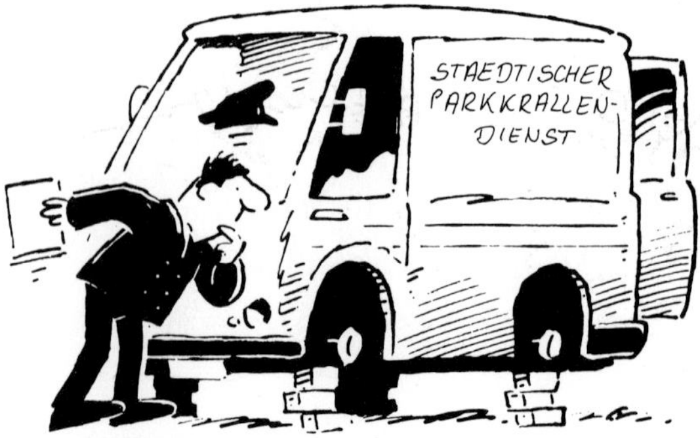

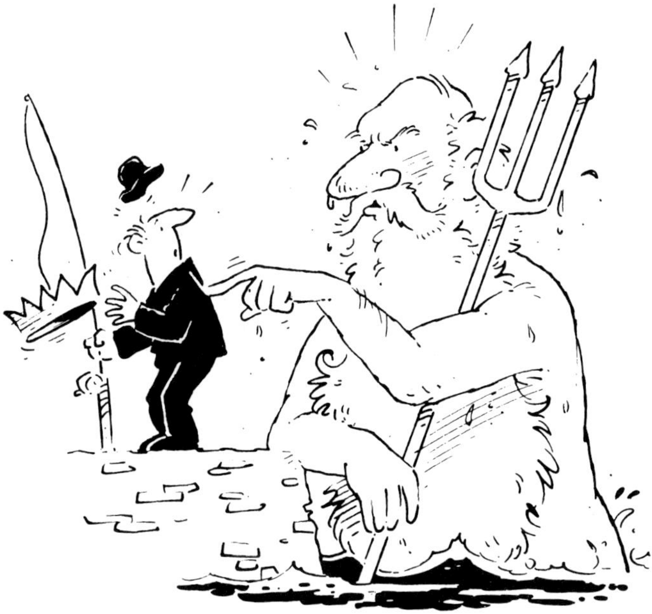

Beispiel die Luftblasen um die Fische herum, die einen Eindruck von ihrer wäßrigen Umgebung vermitteln.
In dem Neptun-Cartoon ist genügend vom Wasser und der Mole angedeutet, um den Kontext eindeutig zu bestimmen. Die beiden Cartoons unten dagegen brauchen keinen bestimmten Ort, da der Witz durch die Figuren und Gegenstände vollkommen klar wird und es wirklich nicht auf den dazugehörigen Ort ankommt.

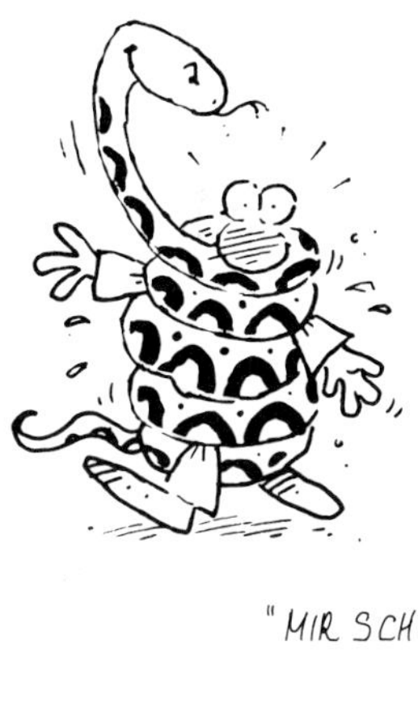

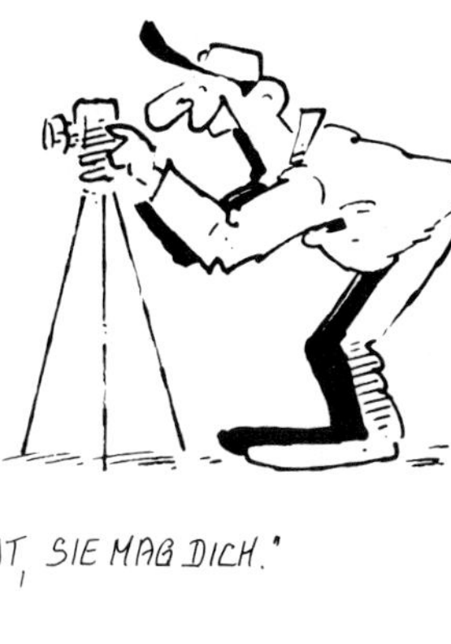

"MIR SCHEINT, SIE MAG DICH."

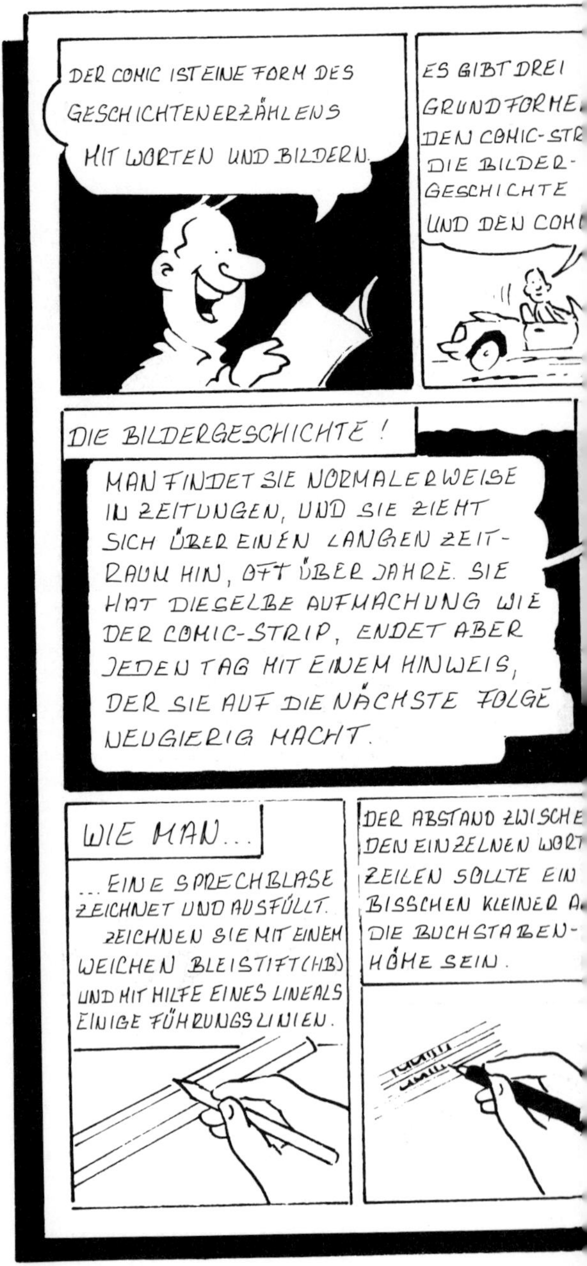
DER COMIC IST EINE FORM DES GESCHICHTENERZÄHLENS MIT WORTEN UND BILDERN.
ES GIBT DREI GRUNDFORME
DEN COMIC-STR
DIE BILDER-GESCHICHTE
UND DEN COM
DIE BILDERGESCHICHTE!
MAN FINDET SIE NORMALERWEISE IN ZEITUNGEN, UND SIE ZIEHT SICH ÜBER EINEN LANGEN ZEIT-RAUM HIN, OFT ÜBER JAHRE. SIE HAT DIESELBE AUFMACHUNG WIE DER COMIC-STRIP, ENDET ABER JEDEN TAG MIT EINEM HINWEIS, DER SIE AUF DIE NÄCHSTE FOLGE NEUGIERIG MACHT.
WIE MAN...
... EINE SPRECHBLASE ZEICHNET UND AUSFÜLLT.
ZEICHNEN SIE MIT EINEM WEICHEN BLEISTIFT (HB) UND MIT HILFE EINES LINEALS EINIGE FÜHRUNGSLINIEN.
DER ABSTAND ZWISCHE
DEN EINZELNEN WORT
ZEILEN SOLLTE EIN
BISSCHEN KLEINER A
DIE BUCHSTABEN-
HÖHE SEIN.

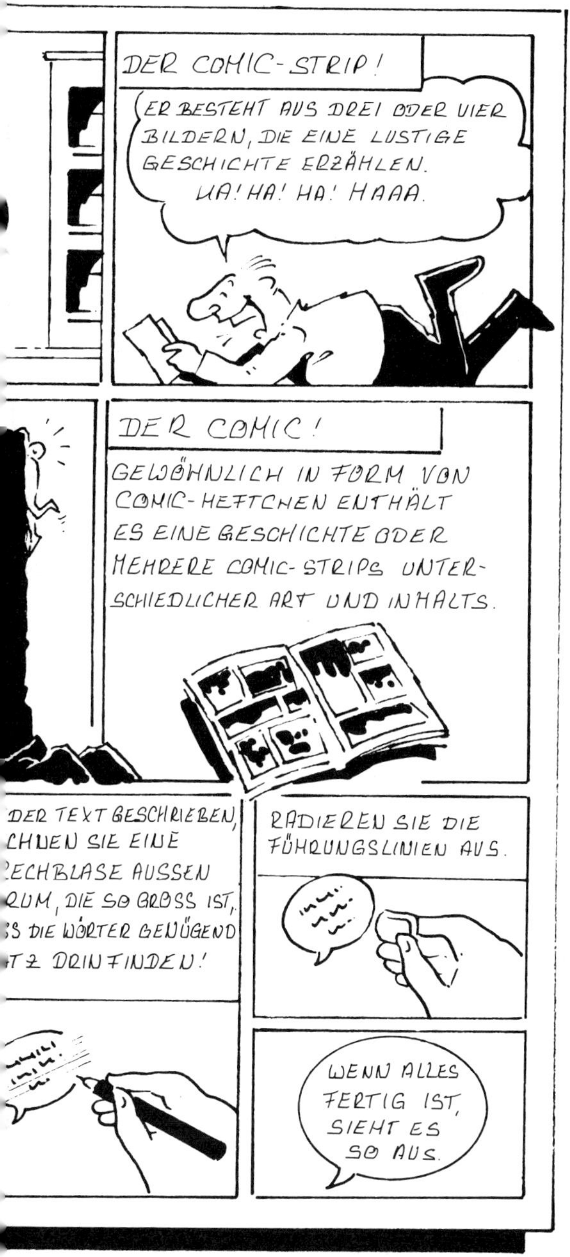
DER COMIC-STRIP!
ER BESTEHT AUS DREI ODER VIER BILDERN, DIE EINE LUSTIGE GESCHICHTE ERZÄHLEN. HA! HA! HA! HAAA.
DER COMIC!
GEWÖHNLICH IN FORM VON COMIC-HEFTCHEN ENTHÄLT ES EINE GESCHICHTE ODER MEHRERE COMIC-STRIPS UNTERSCHIEDLICHER ART UND INHALTS.
DER TEXT GESCHRIEBEN, CHNEN SIE EINE ECHBLASE AUSSEN RUM, DIE SO GROSS IST, S DIE WÖRTER GENÜGEND TZ DRINFINDEN!
RADIEREN SIE DIE FÜHRUNGSLINIEN AUS.
WENN ALLES FERTIG IST, SIEHT ES SO AUS.

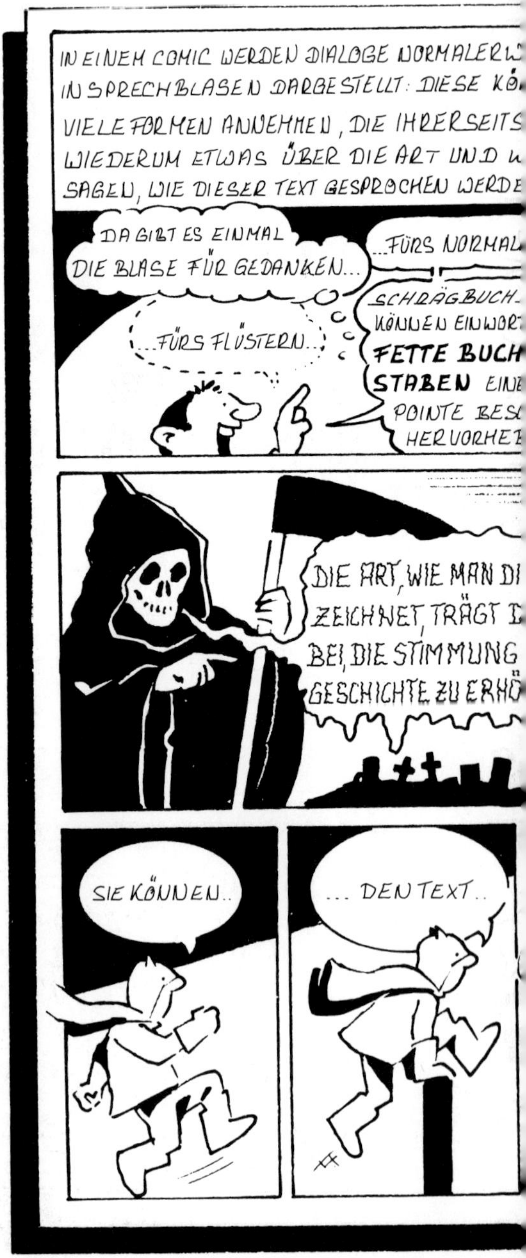
IN EINEM COMIC WERDEN DIALOGE NORMALERW
IN SPRECHBLASEN DARGESTELLT: DIESE KÖ
VIELE FORMEN ANNEHMEN, DIE IHRERSEITS
WIEDERUM ETWAS ÜBER DIE ART UND W
SAGEN, WIE DIESER TEXT GESPROCHEN WERDE
DA GIBT ES EINMAL DIE BLASE FÜR GEDANKEN...
...FÜRS FLÜSTERN...
...FÜRS NORMAL
SCHRÄGBUCH- KÖNNEN EINWORT
FETTE BUCH STABEN EINE POINTE BES HERVORHE
DIE ART, WIE MAN DI ZEICHNET, TRÄGT D BEI, DIE STIMMUNG GESCHICHTE ZU ERHÖ
SIE KÖNNEN..
... DEN TEXT..

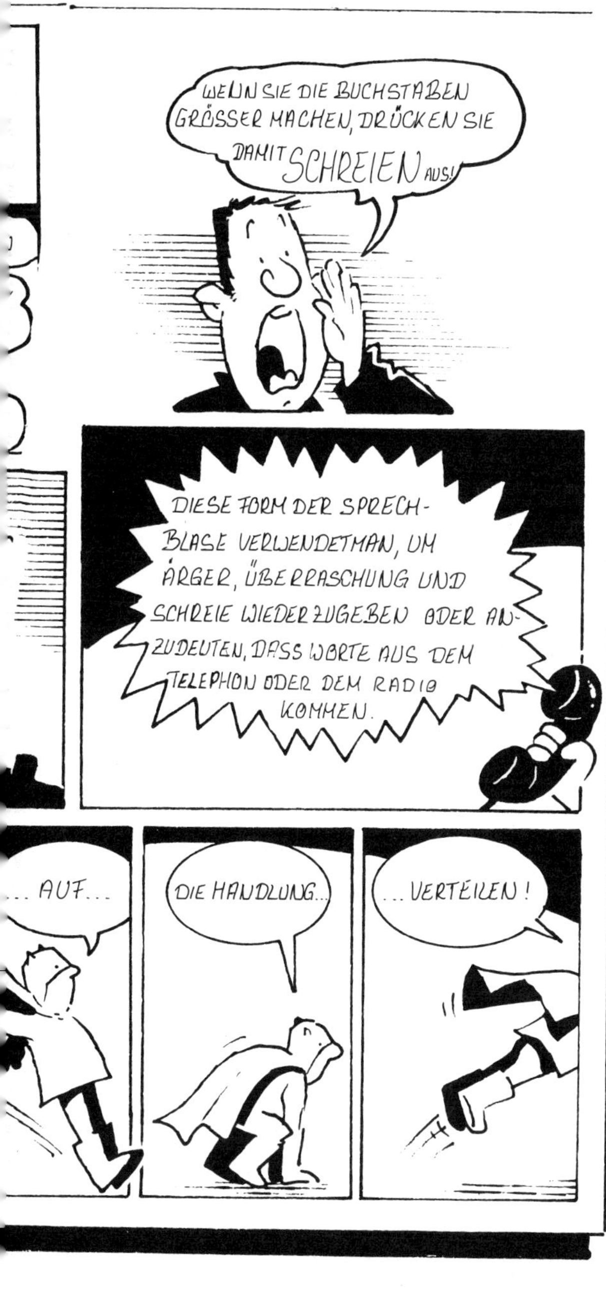
WENN SIE DIE BUCHSTABEN GRÖSSER MACHEN, DRÜCKEN SIE DAMIT SCHREIEN AUS!
DIESE FORM DER SPRECH-BLASE VERWENDET MAN, UM ÄRGER, ÜBERRASCHUNG UND SCHREIE WIEDERZUGEBEN ODER ANZUDEUTEN, DASS WORTE AUS DEM TELEPHON ODER DEM RADIO KOMMEN.
... AUF...
DIE HANDLUNG...
... VERTEILEN!

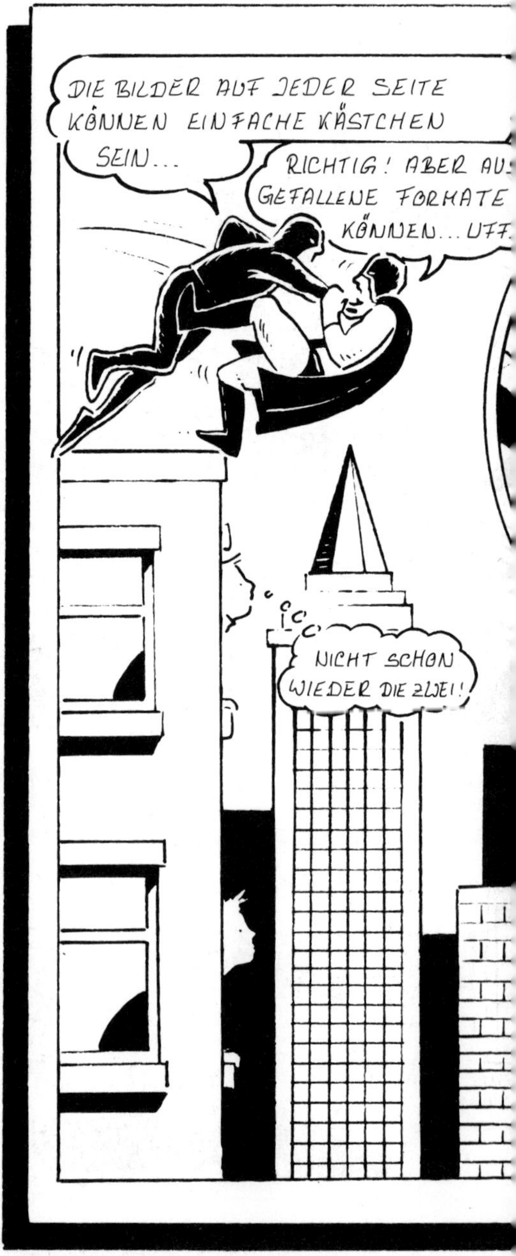
DIE BILDER AUF JEDER SEITE KÖNNEN EINFACHE KÄSTCHEN SEIN...
RICHTIG! ABER
GEFALLENE FORMATE
KÖNNEN... UFF
NICHT SCHON WIEDER DIE ZWEI!

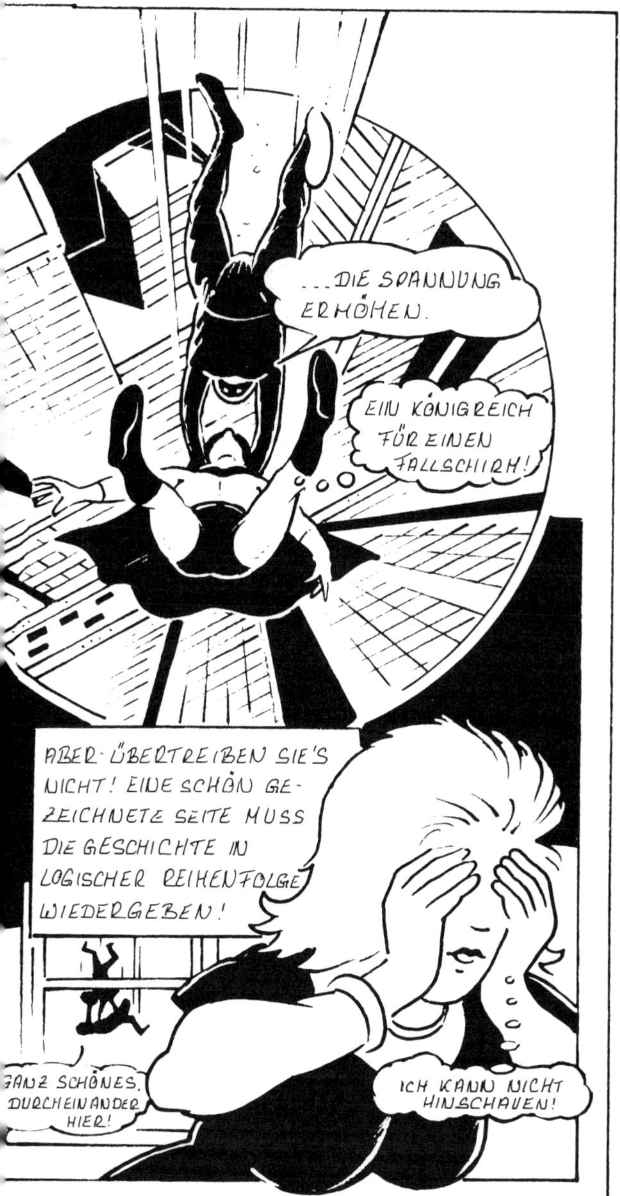
...DIE SPANNUNG ERHÖHEN.
EIN KÖNIGREICH FÜR EINEN FALLSCHIRM!
ABER - ÜBERTREIBEN SIE'S NICHT! EINE SCHÖN GEZEICHNETE SEITE MUSS DIE GESCHICHTE IN LOGISCHER REIHENFOLGE WIEDERGEBEN!
GANZ SCHÖNES DURCHEINANDER HIER!
ICH KANN NICHT HINSCHAUEN!

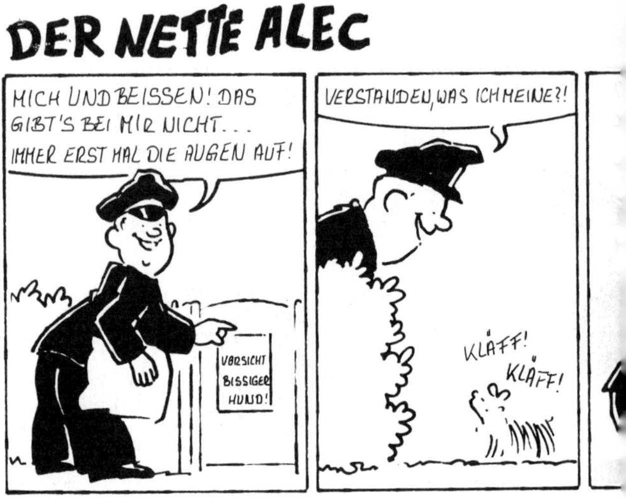

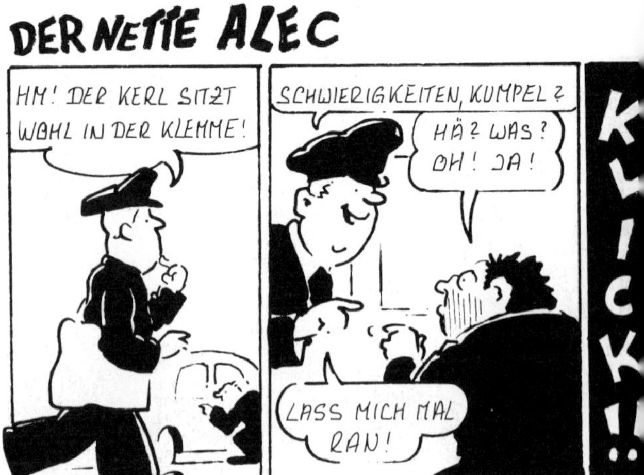

Comic-Strips Jede Bilderfolge in einem Comic-Strip erzählt eine abgeschlossene Geschichte, aber die Hauptfiguren tauchen immer wieder in verschiedenen Situationen auf, und sowohl in der bildlichen Darstellung wie auch in der Handlung sollten sie ständig in Erschei-

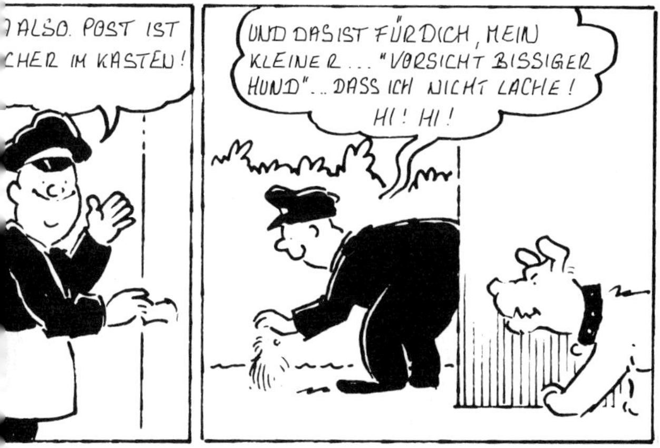

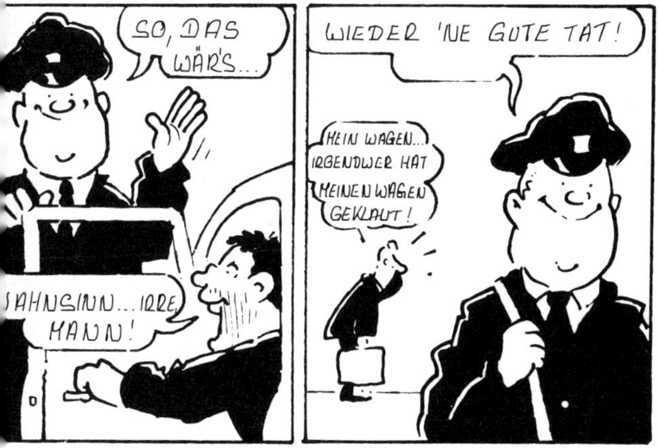

nung treten. Der nette Alec ist ein fröhlicher gutgelaunter Typ, der sich mit bester Absicht in alles einmischt, was aber dann unweigerlich zum Desaster führt.

Laute und Geräusche im Comic Wenn der Deckel einer Mülltonne aus großer Höhe auf den Boden fällt, kann man das wunderschön zeichnen, aber es wirkt noch stärker, wenn man ein »KLÄNG!« hinzufügt. Laut- und Geräuscheffekte erweitern Ihr Cartoon um eine neue Dimension, und man kann sie mit Menschen und Tieren, mit unbelebten Objekten und sogar mit Hintergrundelementen kombinieren. Heben Sie das Geräusch oder den Laut bildlich besonders stark hervor, so daß ein lautes Geräusch auch laut aussieht.

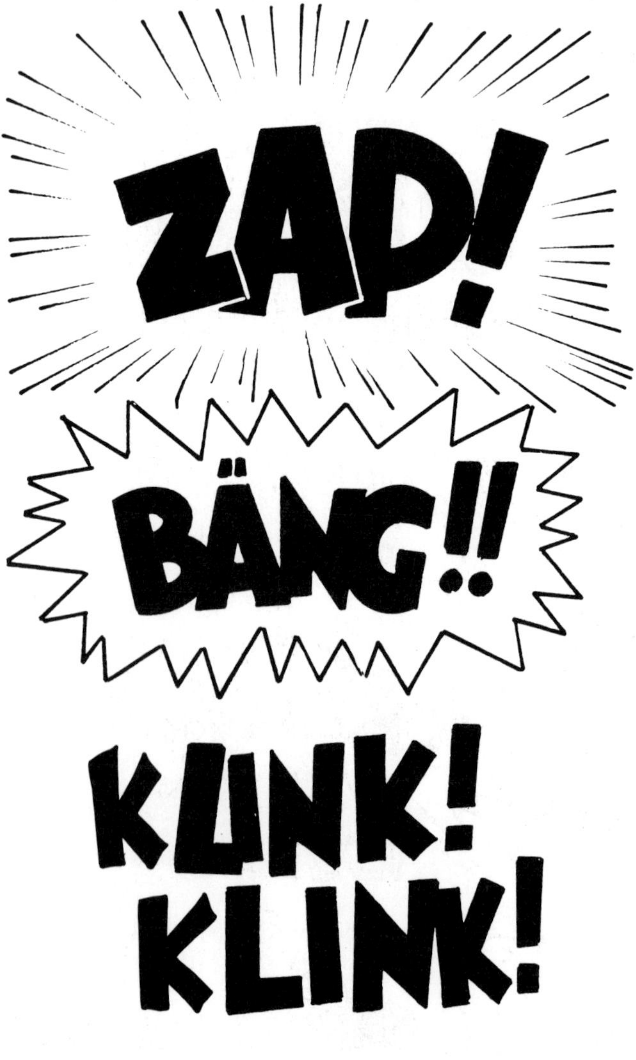

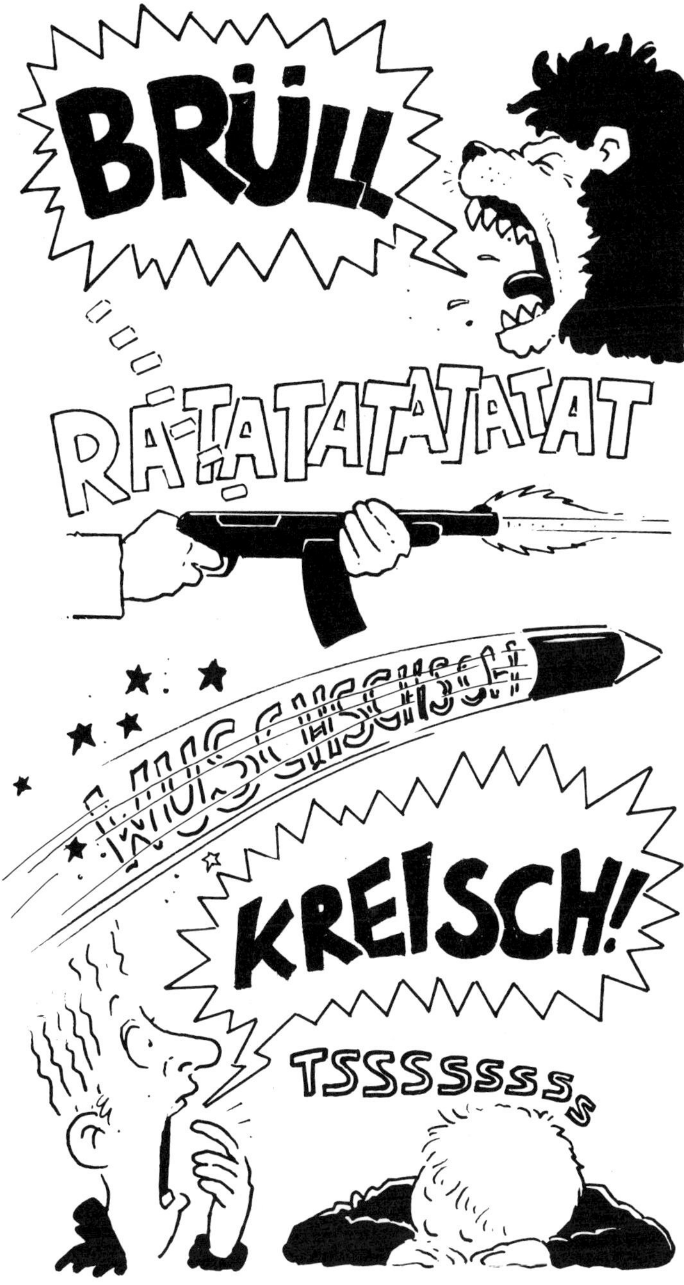
BRÜLL
KREISCH!

Geräusche bereichern die Zeichnung visuell wie auch handlungsmäßig. Wenn Sie sich die folgende Abbildung ohne Geräuscheffekte vorstellen, werden Sie feststellen, daß sie weniger ereignisreich wäre, obwohl die Figuren und die Situation äußerst detailliert dargestellt sind.

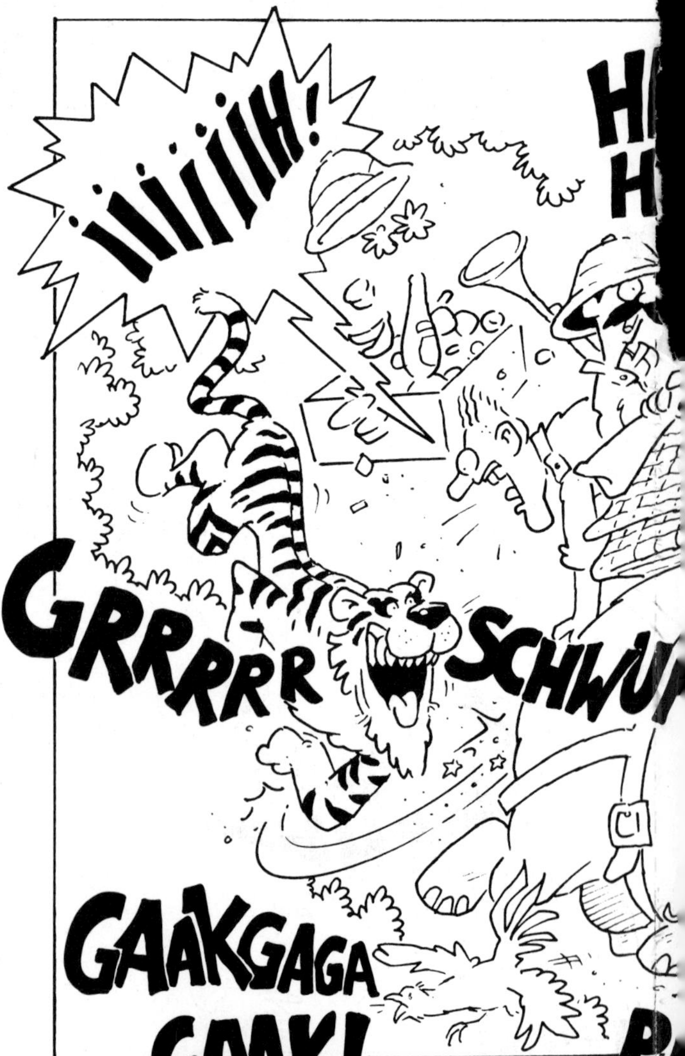

Größe und Anordnung der Buchstaben, um die Geräusche und Laute ausdrucksvoller zu gestalten, sind unterschiedlich. Solange sie lesbar bleiben, können Sie die optische Wirkung verstärken und die Buchstaben direkt aneinanderhängen oder überlappen lassen. Sprechblasen verleihen dem Ganzen Nachdruck und zeigen, woher der jeweilige Laut kommt.

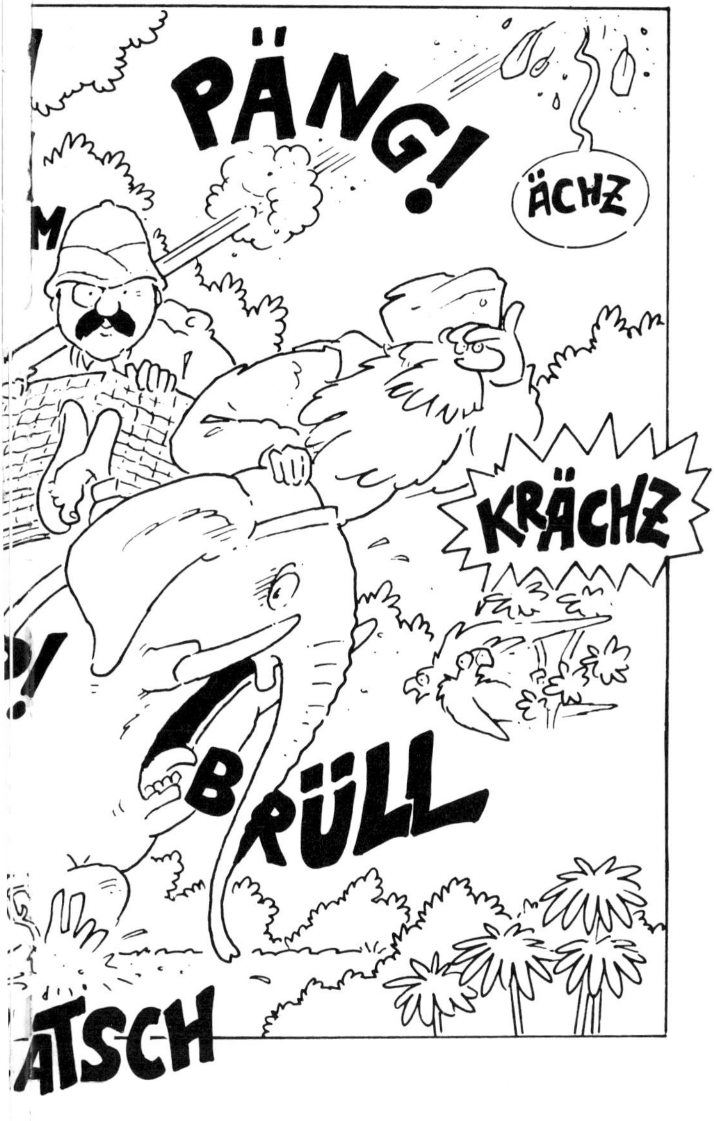

Register

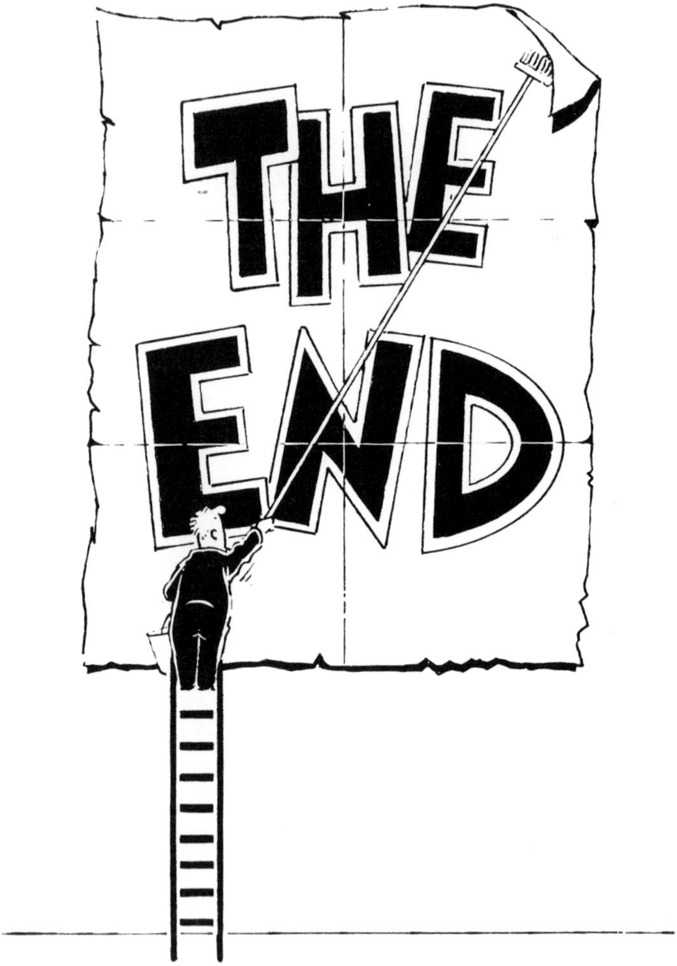
THE
END